LUIS MIGUEL

POR DEBAJO DE LA MESA

ALBERTO TAVIRA

LUIS MIGUEL

POR DEBAJO DE LA MESA

EL SOL Y SU RELACIÓN CON EL PODER POLÍTICO

Grijalbo

Penguin
Random House
Grupo Editorial

Por debajo de la mesa
El Sol y su relación con el poder político

Primera edición: septiembre, 2024

© 2023, Alberto Tavira

© 2024, derechos de edición mundiales en lengua castellana:
Penguin Random House Grupo Editorial, S. A. de C. V.
Blvd. Miguel de Cervantes Saavedra núm. 301, 1er piso,
colonia Granada, alcaldía Miguel Hidalgo, C. P. 11520,
Ciudad de México
© 2024, Penguin Random House Grupo Editorial USA, LLC.
8950 SW 74th Court, Suite 2010
Miami, FL 33156

penguinlibros.com

Créditos del pliego fotográfico:
Agencia *El Universal*
Archivo privado de Alberto Tavira
Archivo privado de Paulina López-Portillo
Archivo privado de Luz María "Lucero" Resano Bravo

Penguin Random House Grupo Editorial apoya la protección del *copyright*.
El *copyright* estimula la creatividad, defiende la diversidad en el ámbito de las ideas y el conocimiento, promueve la libre expresión y favorece una cultura viva. Gracias por comprar una edición autorizada de este libro y por respetar las leyes del Derecho de Autor y *copyright*. Al hacerlo está respaldando a los autores y permitiendo que PRHGE continúe publicando libros para todos los lectores.

Queda prohibido bajo las sanciones establecidas por las leyes escanear, reproducir total o parcialmente esta obra por cualquier medio o procedimiento así como la distribución de ejemplares mediante alquiler o préstamo público sin previa autorización.
Si necesita fotocopiar o escanear algún fragmento de esta obra diríjase a CemPro (Centro Mexicano de Protección y Fomento de los Derechos de Autor, https://cempro.com.mx).

ISBN: 979-889-098-279-7

Impreso en Colombia – *Printed in Colombia*

24 25 26 27 28   10 9 8 7 6 5 4 3 2 1

*A Brando Alcauter,
porque en el camino lo ha dado todo*

ÍNDICE

INTRODUCCIÓN 11

1. LOS LÓPEZ-PORTILLO
El debut por la puerta más grande 25

2. LOS DE LA MADRID
La búsqueda de Marcella Basteri 59

3. EL SECRETARIO DE LA DEFENSA NACIONAL
Un corte de pelo y un lavado de imagen 91

4. LOS SALINAS
La nacionalidad mexicana 123

5. LOS FOX Y LOS CALDERÓN
El desaire a la derecha 163

6. LA IMAGEN DE GUERRERO
El guiño a la izquierda..193

7. LOS HANK
La boda del millón de dólares................................. 237

8. EL PEÑANIETISMO
El ocaso del Sol y del PRI 257

9. MIGUEL ALEMÁN MAGNANI
El incondicional 281

ANEXO. INTERNACIONAL
   Argentina 311
   España 323
   Mónaco... 327

EPÍLOGO... 331

AGRADECIMIENTOS..333

BIBLIOGRAFÍA.. 339

INTRODUCCIÓN

Luis Miguel es un hombre con una de las biografías más fascinantes del mundo de la música. Cualquiera que haya tomado un asiento para ser espectador de la historia del ídolo con presencia internacional podría decir que todo está dicho. Sin embargo, hay un capítulo que ha sufrido un eclipse de Sol: su vínculo con los políticos.

El secretismo que Luis Miguel Gallego Basteri ha mantenido a lo largo de sus 54 años de edad sobre su relación con los presidentes de México y sus herederos, con gobernadores, con secretarios de Estado y con presidentes de partidos políticos, ha dado origen a esta investigación periodística donde, a través de los testigos clave, se revela qué favores ha pedido a los miembros de la cúspide política y de qué manera se ha beneficiado económicamente.

En este libro no hay ficción. Realicé entrevistas —grabadas en audio y en video— con los otros protagonistas de la historia, consulté documentos oficiales, hice solicitudes de acceso a la información pública, investigué en archivos y cité toda referencia bibliográfica. Todo este conglomerado se presenta en este material que muestra el lado desconocido del cantante mexicano más conocido a nivel mundial.

Ahora bien, haciendo honor a la verdad, debo confesar que fue la dinastía de los Salinas de Gortari la que, de manera indirecta, me dio la idea de escribir este texto de largo aliento. Pero no fue reciente, esto me surgió hace poco más de una década, gracias a una anécdota que tenía la cara de la superficialidad y que terminó en el cuerpo de la profundidad.

Era el año 2013. Yo estaba volcado en una investigación para mi segundo libro —el primero fue *Las mujeres de Peña Nieto* (2012)— sobre la familia Salinas de Gortari. Al ser un tema extenso, y del que ya se habían publicado algunas biografías, lo quise acotar a cómo habían vivido los días de brillo y de oscuridad los integrantes de la tercera generación de esta saga, a quienes había conocido años atrás, a través de mi trabajo para la revista *Quién*, en el tiempo que fui editor de Política.

Aquí debo precisar que, cuando me refiero a la tercera generación de los Salinas, estoy hablando de los nietos, tomando como punto de partida al primer integrante de la estirpe que ocupó un cargo público de relevancia en el siglo xx: Raúl Salinas Lozano (secretario de Industria y Comercio de 1958 a 1964), que se casó con Margarita de Gortari Carvajal y tuvieron cinco hijos: Raúl, Carlos, Enrique, Adriana y Sergio.

INTRODUCCIÓN

En los textos publicados anteriormente no se conocía a detalle cómo los hijos de ellos (es decir, la tercera generación) habían vivido los trágicos momentos políticos, económicos y familiares que ha tenido como protagonista su apellido. Por lo tanto ese fue el hilo conductor de mi libro que se tituló *Los Salinas. Retratos de los Cachorros del Poder* (publicado en octubre de 2014) y en donde en el capítulo dedicado a Cecilia Salinas Occelli, hija de Carlos Salinas de Gortari y de Cecilia Occelli González, yo mismo me vine a enterar de que Luis Miguel cantó en la fiesta de 15 años de la hija del presidente.

Y es que durante la investigación de *Los Salinas* encontré una entrevista que le dio la propia Cecilia Salinas Occelli a la reportera Verónica Olvera para la revista *Gente!* (publicada el 2 de octubre de 2004) donde le confesó: "A Luis Miguel lo conocí en mi fiesta de 15 años. Mi papá le pidió que fuera a cantar. No nos hicimos ni siquiera buenos amigos, somos simplemente conocidos […]".

Dado que Micky no era el personaje principal ni mucho menos el ángulo de aquél libro de 2014, la anécdota quedó en eso. Apenas documentada en una página. Sin embargo, "la superficialidad" se instaló de manera permanente en mi cabeza. ¿Luis Miguel cantándole y bailándole a la hija de Salinas en Los Pinos? ¿A cambio de qué?

Cuatro años después, en 2018, cuando Netflix anunció con bombo y platillo el estreno de *Luis Miguel, la serie,* supuse que de alguna u otra forma aparecerían los Salinas y, por fin, las respuestas a mis preguntas serían mostradas aunque fuera mediante la ficción. Lo relevante para mí era conocer la versión de Luis Miguel sobre su nexo con Salinas, pues desde siempre se supo que él participó en la elaboración de los guiones de su autobioserie.

Pero no sucedió. Ni en la primera temporada, ni en las venideras siquiera se insinuó el lazo que unió al Sol de México con Salinas de Gortari y su familia. Por el contrario, sí se hizo pública la relación del cantante con los López-Portillo, con los De la Madrid y con los Alemán. ¿Por qué se omitió toda referencia a los Salinas? ¿Cuánto le debe Luis Miguel a Salinas de Gortari como para haber accedido a su silencio permanente? Lo no dicho siempre revela más que lo dicho. A partir de los silencios de Luis Miguel comencé a escribir este libro.

Para el proceso de investigación y redacción, entre otras estrategias, apliqué la sabiduría popular de "meter para sacar". Con la experiencia de haber publicado anteriormente en seis libros, sabía muy bien que parte de la información valiosa llega sólo después de que sale al mercado el libro impreso. De tal manera que aproveché las distintas plataformas y medios de comunicación en los que colaboro para ir haciendo entregas, a manera de borradores, que de inicio me permitieran documentarme ampliamente del tema pero, sobre todo, retroalimentarme.

El primer borrador de este libro se publicó en la página *Cuna de Grillos* (www.cunadegrillos.com), en abril de 2018, a propósito del estreno de la primera temporada de *Luis Miguel: la serie*. En esta plataforma digital, de la que soy fundador y director, hice un especial que básicamente recopilaba y ordenaba en textos independientes lo que ya se había dado a conocer en

INTRODUCCIÓN

revistas y en las biografías oficiales de Luis Miguel, sobre su relación con los presidentes José López-Portillo, Miguel de la Madrid y Carlos Salinas, así como su vínculo con el general Arturo "el Negro" Durazo, con los descendientes del presidente Miguel Alemán Valdés y con los hijos del otrora presidente municipal de Tijuana, Baja California, Jorge Hank Rhon.

Por cierto, a propósito del especial de Luis Miguel en *Cuna de Grillos*, el 9 de mayo de 2018 hice pública antes que nadie la foto de Luismi cantando en 1981 en la boda de Paulina López-Portillo Romano y Pascual Ortiz-Rubio Downey. La primicia tuvo un amplio efecto multiplicador en diversos medios debido a que, para entonces, ya se había transmitido el episodio de la autobioserie donde Micky debuta como cantante en el banquete de la hija del presidente de México. La estrategia de "meter para sacar" había dado su primer fruto. El secreto de quién me dio esa fotografía se revela en este libro.

El segundo borrador se divulgó durante mayo de 2022, en cuatro partes, en mi columna "Política para guapos", que se publica semanalmente en el periódico *El Independiente*. Con más estructura, con más referencias bibliográficas y con más datos que fui encontrando en el camino, presenté y analicé la relación de Luis Miguel con los políticos. Gracias a que compartí las cuatro entregas en mis redes sociales recibí retroalimentación de algunos conocedores que aportaron información relevante. No obstante, me percaté de que también había mucha ignorancia en el tema. La fuerza de los mitos y leyendas que gravitan en torno al ícono de la cultura popular estaba más posicionada que la verdad.

El tercer borrador comenzó su fecundación en agosto de ese mismo año cuando Wendolín Perla, Directora de Contenido de Podimo en México, dio luz verde a mi propuesta de pódcast para narrar la conexión entre los políticos y Luis Miguel. Entonces había que dar veinte pasos más arriba y conseguir los testimonios de los que habían vivido una misma historia junto al Sol. Las entrevistas, que desde el inicio de las negociaciones con Podimo estuvieron pensadas para desembocar en este libro, comenzaron a grabarse en el último trimestre de ese 2022.

Sobre la marcha surgió información inédita a todo lo que, por años, ya había visto, leído y escuchado sobre el romance de Luis Miguel con el poder. Bajo la premisa de que todos los secretos tienen fecha de caducidad, salieron a la luz declaraciones tan enternecedoras como indignantes. Por eso titulé ese pódcast *Luis Miguel ¿Culpable o no?* y tras su estreno, el 19 de abril de 2023 en el marco del cumpleaños 53 del cantante, se avivó la conversación en las redes sociales de en qué momento Luis Miguel había sido responsable de sus actos y en qué momentos fue una víctima de su padre.

Ese proyecto, que contó con la extraordinaria producción de Jarpa Studio, sin duda es el pilar de este libro. Tuvo la participación de Claudia de Icaza, la primera biógrafa de Luis Miguel que, con su particular estilo, nos regaló la frase "A Luis Miguel le vale madres la política. Usa a los políticos". También colaboró la periodista de espectáculos Martha Figueroa, autora del libro *Micky. Un tributo diferente*, quien dijo que el propio Luis Miguel le confesó que le hubiera gustado ser secretario de Turismo del Gobierno de México.

INTRODUCCIÓN

Una de las voces con mayor peso cultural fue la del doctor Gerardo Estrada Rodríguez, quien, debido a su paso como la máxima autoridad del Palacio de Bellas Artes y del Auditorio Nacional, era un personaje imprescindible para hablar de los días que Luismi pasó por ambos recintos, en sus años de gloria y en los tiempos de decadencia. ¿Por qué no demandó a Luis Miguel cuando abandonó sus presentaciones en el coloso de Reforma? El doctor Estrada lo explica de manera más amplia en este libro y, de paso, aclara por qué nunca dejó cantar a Luis Miguel en el escenario del Palacio de Bellas Artes.

En el pódcast también participó de forma indirecta Margarita Zavala Gómez del Campo, esposa del expresidente Felipe Calderón, quien permitió que Alejandro Limón-Lason González, su mano derecha en Los Pinos, contara la anécdota de la ex primera dama de México con el Sol. Por su parte, Ana Cristina Fox de la Concha, hija del expresidente Vicente Fox, me ayudó vía WhatsApp con las precisiones necesarias.

Una de las joyas de la corona fue la entrevista que realicé a Enrique de la Madrid Cordero, hijo del expresidente Miguel de la Madrid Hurtado, quien me compartió (y según me dijo por primera y única vez) lo que le tocó vivir como habitante de Los Pinos, en los días que Luis Miguel pidió ayuda al presidente para encontrar a su mamá Marcella Basteri, desaparecida en Europa.

Otra de las voces más brillantes y reveladoras fue la del productor de videoclips Pedro Torres que, además de sus buenos recuerdos con Micky, rememoró uno de los episodios más polémicos del pódcast y que ahora, en este libro, se presenta con mayor información y documentación: la producción del video donde Luis Miguel se convirtió en la imagen turística del estado de Guerrero.

El material de todas esas entrevistas, en una versión más amplia de lo difundido en el pódcast *Luis Miguel ¿Culpable o no?*, está publicado en este libro que, por su parte, tiene mucho que presumir de lo que no se ha hecho público hasta el momento. Por ejemplo, la entrevista exclusiva que accedió a darme Paulina López-Portillo para detallar su primer encuentro con un Luis Miguel de diez años de edad, en la Residencia Oficial de Los Pinos, acompañado de su papá, el músico y cantante español Luis Gallego Sánchez, mejor conocido como Luisito Rey. Con esta primicia, "La Madrina" del niño rompió el silencio de más de 40 años para contar la versión que le corresponde de su historia con Luis Miguel.

En la parte gráfica también hay buenas noticias. Por primera vez salen a la luz las fotografías de Luis Miguel cantando en la fiesta de 15 años de la hija de Carlos Salinas de Gortari, que obtuve gracias a la generosidad de la artista plástica Luz María "Lucero" Resano Bravo, asistente a la fiesta en Los Pinos. Su entrevista para este libro me permitió hacer una crónica detallada de aquella anécdota que quedó consignada sólo en una página de mi libro *Los Salinas*, en 2014. Una década después he venido a descubrir la profundidad de aquella "superficialidad".

La aportación de este material de investigación tiene valor en su acotación: Luis Miguel ha visto pasar a ocho presi-

INTRODUCCIÓN

dentes de México. Ha observado su ascenso y descenso, pero no sólo ha sido testigo de la historia sino que también ha sido parte de ella con guiños, con sonrisas y desaires, con contratos, con enfados, con contradicciones y con beneficios. El ídolo de la música no ha tenido rubor en mostrar el melodrama de su historia, sólo que se le ha olvidado, o ha decidido olvidar, su vínculo con los políticos.

Por eso en este libro se hace acopio de la memoria de otros protagonistas y, para comprenderlo mejor, presento cronológicamente, a lo largo de nueve capítulos, los besos que Micky le ha lanzado al poder. Desde la petición de ayuda al Jefe del Ejecutivo para encontrar a su mamá Marcella Basteri, en el sexenio de Miguel de la Madrid Hurtado, hasta la no preocupación de sus problemas con el fisco, en el sexenio de Carlos Salinas de Gortari, cuando el propio presidente de la República le entregó la nacionalidad mexicana.

Cabe aclarar que en la crónica sexenal de este libro no está incluida la administración de Ernesto Zedillo Ponce de León, que corresponde de 1994 a 2000. Esto se debe a que no hubo suficiente material para armar todo un capítulo que demostrara los vínculos del Sol con este presidente o su familia. Apenas tuve algunos datos aislados de cuando coincidían los hijos de Zedillo con Luis Miguel en el Baby'O de Acapulco. Esto me llevó a plantear la hipótesis de que fue tan cercana la relación de Micky con los Salinas que, de alguna manera, les pudo haber guardado lealtad y, por lo tanto, mantuvo distancia del enemigo número uno de los Salinas en ese tiempo: el presidente Zedillo.

Tras el primer certificado de defunción del Partido Revolucionario Institucional (PRI), el cambio de milenio trajo consigo un nuevo inquilino en la presidencia de la República Mexicana, el Partido Acción Nacional (PAN), que aportó dos presidentes consecutivos: Vicente Fox Quesada y Felipe Calderón Hinojosa. En ambos casos, el astro de la música aplicó la famosa frase acuñada por Salinas de Gortari: "Ni los veo ni los oigo". A Calderón incluso lo desairó en la invitación que el mandatario le hizo para la celebración del Bicentenario de la Independencia de México.

Finalmente, con lo que respecta al periodo de 2012 a 2018, en el marco de la administración del presidente Enrique Peña Nieto —donde el PRI resucitó temporalmente—, hay dos momentos: el primero en 2013, cuando Luis Miguel se convirtió en la imagen de la campaña turística del estado de Guerrero, en aquel tiempo dirigido por un gobernador de izquierda, Ángel Aguirre Rivero, del Partido de la Revolución Democrática (PRD). En este trabajo de investigación se presentan pruebas de que aquel contrato con el gobierno, además de millonario y en dólares, sucumbió a los caprichos del cantante y pasó por encima de cualquier normativa. Por si no bastara, la campaña fue un fracaso.

El segundo momento en el peñanietismo comprende desde 2015 hasta 2017, cuando el Sol de México tocó fondo. Tuvo pleitos legales, problemas de salud, crisis emocionales y cancelaciones de conciertos que lo llevaron a la peor faceta de su carrera, hasta su renacimiento en 2018, año en que

INTRODUCCIÓN

el partido Morena y el presidente electo Andrés Manuel López Obrador sacaron nuevamente al PRI de Los Pinos.

Si bien este libro delimita su información a las relaciones de Luis Miguel con los políticos mexicanos, no quise dejar fuera los vínculos internacionales. Por lo tanto, este ejemplar incluye un anexo en el que se muestra, brevemente, su cercanía con las familias presidenciales Menem y Kirchner, de Argentina; su anécdota no amorosa con la princesa Carolina de Mónaco y la historia de cuando los entonces príncipes de Asturias (ahora reyes de España), Letizia y Felipe, acudieron a uno de sus conciertos en Madrid.

Por debajo de la mesa es un libro que tiene la virtud de entrelazar las exclusivas con un amplio contexto político e histórico, con la finalidad de que el lector comprenda lo que estaba pasando en México en las ocasiones en que Luis Miguel le sonrió a la política. Por ejemplo, cuando Micky creyó que iba a ser el único beneficiado de la relación con el secretario de Defensa (quien autorizó la filmación de "La incondicional" en el Colegio Militar), pero el Ejército Mexicano obtuvo una ventaja al usar a Luis Miguel como la cara de su campaña. Recordemos la percepción negativa que se les venía encima por el estreno de la película *Rojo Amanecer*, que mostraba la masacre de Tlatelolco en 1968.

Otro valor agregado de esta edición es su inmersión en el Archivo General de la Nación y en el acervo Genaro Estrada de la Secretaría de Relaciones Exteriores, con el fin de acceder a información oficial de la supuesta intervención de los servicios de inteligencia de Israel en la búsqueda de Marcella Basteri, a petición del gobierno de México, presidido por Miguel de la Madrid. Lo que obtuve en papel más la entrevista que hice al Embajador Eminente en Retiro Raúl Valdés Aguilar, representante diplomático de México en Israel en esa época, nos da nuevas pistas para uno de los secretos mejor guardados del cantante.

Antes de concluir este texto introductorio responderé la pregunta que todos me harán cuando este ejemplar esté a la venta: "¿Por qué no solicitaste una entrevista con Luis Miguel?" Por dos razones: la primera, porque Luis Miguel no habla de política (aunque en el salinato sí lo hizo públicamente y, en su autobioserie, abordó apenas la punta del iceberg). Esta postura la dejó clara en 2008, durante una entrevista con el periodista Javier Alatorre para *Hechos*, el noticiero estelar de Azteca Trece.

"Un artista debe estar ajeno a la política. Un artista no debe de hacer públicas sus opiniones con respecto a la política, porque creo que no es conveniente", dijo el mismo Luis Miguel que en el primer día del sexenio de Salinas de Gortari expresó frente a la cámara de televisión del conductor Óscar Cadena: "Es un día muy importante para todos los mexicanos, porque es un día en donde se inicia una nueva etapa para nuestro país. No solamente el presidente tiene que trabajar, sino todos y cada uno de nosotros en cada labor que hagamos, debemos esforzarnos por mejorar este país y lo vamos a hacer".

La segunda razón por la que no solicité una entrevista con Luis Miguel es porque desde la génesis de este proyecto decidí

INTRODUCCIÓN

que el reflector lo tuvieran las otras voces, los otros testigos, los otros protagonistas. Y ahí sí, mi trayectoria de más de 20 años como reportero de la fuente de política, hizo que me levantaran el teléfono los herederos de Los Pinos y otros funcionarios de primer nivel. Me sorprendía cuando me decían "es que eso nadie me lo había preguntado". Me emocionaba cuando me decían "esto sólo te lo voy a decir a ti".

Gracias a eso, a la perseverancia, a la suerte y a la ayuda de todas las personas que menciono en los agradecimientos, hoy tienen en sus manos este libro que no pretende otra cosa más que aportar un fragmento a la inacabable biografía del artista mexicano más exitoso de todos los tiempos. Una voz a lo no dicho porque en lo dicho ya sabemos que Luis Miguel es un prodigio, que la numeralia de su trayectoria no tiene precedentes, que Frank Sinatra, Stevie Wonder y Quincy Jones destacaron su grandeza como artista… Todo esto habita en el océano rojo, a mí me interesó mostrar lo que los mercadólogos llaman el océano azul. Lo inexplorado. Con los claroscuros que tiene la vida de cualquier persona.

Este es un libro que ha dejado en segundo plano los asuntos del corazón del ídolo para centrarse en los guiños que Luis Miguel le ha dado al poder político y la sonrisa que éste le ha devuelto de manera pública y por debajo de la mesa.

Alberto Tavira, 2024.

CAPÍTULO 1

LOS LÓPEZ-PORTILLO
El debut por la puerta más grande

La hija del presidente de México cruzó la puerta de madera fina de uno de los salones laterales del *hall* de la Casa Miguel Alemán, de pisos de mármol y candiles de cristal cortado. Detrás de ella ingresó el coronel José Manuel Orozco Pimentel, miembro del Estado Mayor Presidencial, quien se había convertido en su sombra luego de la llegada de la familia de José López-Portillo[1] y Pacheco a la residencia oficial de Los Pinos. Eran los primeros meses de 1981. En la habitación la esperaban el cantante español Luis Gallego Sánchez, mejor conocido por su nombre artístico de Luisito Rey, y su hijo Luis Miguel, con apenas diez años de edad. Ambos se pusieron de pie. La recibieron con una sonrisa que apenas les cabía en el rostro.

---

[1] Los apellidos López-Portillo y Ortiz-Rubio están escritos de la forma en que Paulina López-Portillo Romano confirmó que es lo correcto, durante la entrevista que le realicé en 2023.

El coronel presentó a los visitantes con Paulina López-Portillo Romano como lo dicta el protocolo: la persona de menor rango es presentada a la de mayor rango. El saludo incluyó doble beso en las mejillas. Sólo estaban los cuatro. Los adultos tomaron asiento en unos sillones austeros de estilo mexicano. Luis Miguel se quedó parado, al lado de su papá. "Era encantador sin que dijera más nada", me dice Paulina López-Portillo a 42 años de distancia, durante la primera entrevista que concede para contar la versión que le corresponde de su historia con Luis Miguel. "Me acuerdo perfecto. Era un muchachito con su pelo lacio y sus ojotes, su sonrisa enorme, y él superplantado. Me llamó mucho la atención su personalidad; se veía más seguro de sí mismo que su papá. No tienes idea del carisma".

La menor de los tres descendientes del matrimonio de José López-Portillo y Carmen Romano Nölck, Paulina, tenía veintiún años de edad y estaba en los últimos preparativos para llegar frente al altar con Pascual Ortiz-Rubio Downey, nieto del expresidente Pascual Ortiz Rubio (de quien merece la pena precisar que gobernó a México sólo dos años, de 1930 a 1932). Prácticamente todo estaba listo para el banquete que uniría dos dinastías presidenciales y reuniría a varios de los integrantes de la cúspide de la política, el empresariado, la cultura y el arte, como había sucedido con las bodas de los dos hermanos mayores de Paulina.

Primero, en 1979, Carmen Beatriz López-Portillo se casó con Rafael Tovar y de Teresa; luego, en 1980, el primogénito José Ramón López-Portillo contrajo nupcias con Antonia

LOS LÓPEZ-PORTILLO

Loaeza de García López. Todos en el sexenio de su papá, que comprendió de 1976 a 1982. Todos con sus bodas por lo civil en Los Pinos.

A diferencia de sus hermanos, Paulina puso mayor énfasis en que hubiera representantes del mundo de la música en su lista de invitados. Era de esperarse. La hija del mandatario había depositado las semillas de su talento como intérprete y compositora en su primer disco, *Paulina*, un álbum de diez melodías con el cual se había lanzado como cantante.

Luisito Rey no sólo conocía la incipiente trayectoria musical de Paulina sino que, antes de su cita con la inquilina de Los Pinos, había comprado el disco de vinilo para llegar preparado. En estricto sentido, para preparar a su hijo.

> Luisito Rey me dijo que el niño había ensayado dos canciones —recuerda Paulina, a quien entrevisté en mayo de 2023 por Zoom, en su casa de San Diego, California, donde tiene su residencia permanente desde 2013—. La mera verdad, pensé que era innecesario que cantara canciones mías para que me gustara su voz. No importaba qué hubiera cantado. Pero se me hizo muy impresionante que un niño se aprendiera letras que tal vez ni le gustaban y que las pudiera cantar.

No perdamos de vista que Luisito Rey sabía impresionar y tenía muy claro lo que implicaba ganarse el favor presidencial. En aquella audición en Los Pinos, Luis Miguel interpretó a capela dos de las canciones que Paulina había compuesto: "Just", con letra en inglés, y "Papachi", que escribió inspirada en su papá y tituló así porque ésa era la forma en que llamaba a José López-Portillo cuando era niña. Al escuchar la fuerza y la singularidad de la voz de Luis Miguel, y sobre todo los primeros agudos, a Paulina se le fue la quijada al piso. No lo podía creer.

—¿Qué sentiste después de escucharlo cantar, Paulina? —le pregunté a través de la cámara de video, desde la Ciudad de México, a la actual profesora de yoga kundalini y terapeuta de *sat nam rasayan*, técnica de sanación a través de la relajación.

—Sentí que era un ángel. Te lo juro. ¡Qué bárbaro! ¡Qué voz tiene! Lo que yo me acuerdo de Luis Miguel es que era un niño de diez años que tenía voz de ángel.

El encuentro duró menos de una hora. Tiempo suficiente para generar un torbellino de emociones en la futura novia. Paulina se levantó de su asiento y despidió a los asistentes reflejando la bienvenida que minutos antes le habían dado ellos: con una sonrisa que apenas le cabía en el rostro. La flecha que Luisito Rey había preparado para lanzar con dirección al ego de la cantante se había desviado hasta tocar el corazón y la sensibilidad de una joven que, sin saberlo, se convertiría en la "madrina" del cantante mexicano más exitoso de todos los tiempos.

Una vez que Luis Miguel y su padre abandonaron el salón, caminaron hacia la salida por el amplio recibidor de la Casa Miguel Alemán, la cual data de 1946, tiene alrededor de 5 700 metros cuadrados de construcción divididos en tres niveles y, por lo tanto, cuenta con una puerta principal acorde con su dimensión: la puerta más grande. En el último cuadro de esta escena se observa a Luismi descendiendo las escalinatas exteriores, volteando hacia el interior y levantando la mano al tiempo que grita: "¡Adiós, Paulina!".

—¿Sabe qué, coronel? —le dijo Paulina a José Manuel Orozco—. Quisiera que este muchachito cantara en mi boda.

—Pero qué, ¿va a hacer un debut, señorita? —el coronel, que no esperaba ese efecto de Micky en Paulina, le preguntaba de modo velado si pensaba arriesgarse en su día más importante.

—Pues sí, un debut, porque canta divino. Nada más lo quiero a él.

—A sus órdenes, señorita —respondió Orozco, que, con todo y las insignias del Ejército mexicano en su uniforme, también la hacía de *wedding planner*.

* * *

Hay que tener amigos hasta en el infierno. Eso lo sabía muy bien José Manuel Gallego, el hermano de Luisito Rey, el famoso tío Pepe en *Luis Miguel, la serie* de Netflix. Este personaje, también oriundo de España, mantenía una estrecha relación con el polémico jefe del Departamento de Policía y Tránsito del Distrito Federal, Arturo Durazo Moreno, el Negro Durazo para los cuates, a quien tanto el escritor español Javier León Herrera como el periodista mexicano Juan Manuel Navarro, los biógrafos oficiales de Luis Miguel, atribuyen el haber tomado la iniciativa de poner en contacto al tío Pepe con doña Carmen Romano Nölck, esposa del presidente López-Portillo, con el pretexto de presentarle a un "niño prodigio" que pudiera amenizar el banquete de la boda de su hija.

Sin embargo, el Negro Durazo no necesitaba intermediarios para acceder a la familia presidencial. Su cercanía con el presidente de México era del conocimiento de la mayoría, y otorgó un poder a Durazo que muchos envidiaron durante el sexenio lopezportillista. José González G., ayudante personal, jefe de su seguridad y de su familia, escribió el libro *Lo negro del Negro,* en el que contó varias anécdotas que lo dejan muy claro.

Por ejemplo, según José González, la amistad de infancia entre Durazo y López-Portillo permitió que, siendo muy jóvenes, el Negro invitara a bailar danzón a Margarita y Alicia López-Portillo y Pacheco a los tugurios que él acostumbraba a frecuentar, como El Chamberí, El Pigalle, El Mar y Cell.

Décadas más tarde, en la administración de López-Portillo, y ya como jefe del Departamento de Policía y Tránsito del DF, un día se encontraba Durazo en un evento oficial en el monumento del Ángel de la Independencia, cuando Francisco Sahagún Baca, jefe de la División de Investigaciones para la Prevención de la Delincuencia —lo que entonces era el servicio secreto del Departamento de Policía—, le dio a su superior la noticia de que el presidente lo había nombrado general de división. En ese mismo momento, Sahagún Baca le quitó a Durazo las insignias de general de la policía, que consisten en dos estrellas doradas rodeadas de laureles, y le colocó las del Ejército Nacional, es decir, tres estrellas y un águila de plata y oro.

"Prepotente, engreído y presuntuoso, Arturo Durazo las aceptó con mucho agrado y con ello dio motivo para que, en el mismo acto, inmediatamente el general de división diplomado del Estado Mayor, Félix Galván López, se le arrimara discretamente y le dijera: 'Señor director, a mí se me hace que el señor presidente se equivocó con usted'", escribió José González.

La afrenta del general Galván, entonces secretario de la Defensa Nacional, sacó de sus casillas a Durazo, quien dijo que él también pensaba que el presidente, quien acababa de llegar al evento, se había equivocado con Galván, y que, para salir de dudas, lo invitaba a éste a que le preguntaran de inmediato su opinión al mandatario. Atemorizado por la seguridad en las palabras de Durazo, Galván logró evadir el encuentro, pero el nuevo general siguió su camino y acompañó al presidente al presídium mientras le narraba el incidente. Al concluir la ceremonia, López-Portillo ya no se despidió del titular de la Sedena.

Al final, de acuerdo con el mismo José González, las diferencias entre los dos generales se solucionaron gracias a la mediación de Javier García Paniagua, quien fungió en ese sexenio como comandante de la Dirección Federal de Seguridad y posteriormente como subsecretario de Gobernación. Tras la reconciliación, el general Galván invitó al Negro a la boda de su hija en Chihuahua, invitación que Durazo aceptó.

Otra gran amistad que tenía el Negro era con el actor de cine y televisión Andrés García, quien habló de su relación con Durazo en una entrevista con el periodista de espectáculos Gustavo Adolfo Infante para el programa *El minuto que cambió mi destino* en Imagen Televisión. Con la confianza que otorga el paso del tiempo, Andrés se sinceró. Dijo que Durazo era su hermano y lo definió como "un hombre muy práctico, muy inteligente, que se crio en la calle y se fue empapando de sabiduría y cultura. Era un gran conocedor del pueblo mexicano; por eso manejó tan bien todo el asunto de la delincuencia y los robos que había en Las Lomas, esas cosas que había en aquellas épocas".

Fue Andrés García quien presentó a Luisito Rey con Arturo Durazo. Así se mostró en un episodio de la primera temporada de *Luis Miguel, la serie,* basada en el libro *Luis Mi Rey* (1998), una biografía autorizada por el cantante y que forma parte de una trilogía escrita por Javier León Herrera y Juan Manuel Navarro. La segunda entrega fue *Luis Miguel, la historia* (2018), y la tercera, *Oro de Rey* (2021). En estas páginas, los autores dejan claro que el papá de Luis Miguel, conocedor del alcance del poder del general Durazo, no dejó ir la oportunidad de sembrar su encanto en esa amistad para después cosechar favores. Según lo afirma León Herrera en *Luis Mi Rey,* un día Luisito Rey le dijo a un amigo suyo: "El camino del lanzamiento no ha hecho más que comenzar. Ya te dije que después de lo de Ciudad Juárez lo meteríamos [a Luis Miguel] en Televisa, y con Durazo a nuestro lado, lo demás es coser y cantar. Hará que el niño cante más en televisión".

***

Luego de la supuesta intercesión del Negro Durazo en favor de los Gallego Basteri, Carmen Romano habría dado entrada a Los Pinos al tío Pepe para presuntamente reunirse con el coronel José Manuel Orozco, el encargado de la organización de la boda de Paulina López-Portillo y Pascual Ortiz-Rubio, aunque su cargo oficial era ser jefe de escoltas de Paulina.

En esa reunión, el mayor de los hermanos Gallego habría conocido a Paulina, así como a su padre, el presidente López-Portillo, quien supuestamente llegó al final del encuentro y dio el visto bueno para que Luis Miguel cantara en la celebración. Paulina habría solicitado a Pepe que al día siguiente volviera con el niño para conocerlo.

En su libro *Luis Miguel, la historia*, Javier León Herrera, en colaboración con Juan Manuel Navarro, escribió:

> La cita en la Residencia Presidencial de Los Pinos sería un jueves a la 1 de la tarde. Allí debían estar Luisito Rey con su guitarra y su hijo para que Paulina López-Portillo lo conociera y quedara completamente convencida de que era la persona ideal para su gran día. Según la versión fiable que pude obtener de los hechos, a la hija del presidente le gustó en cuanto lo vio. Era un niño güero muy guapo, se veía muy formal, estaba tímido, tenía cierto aire angelical con aquella melena lacia. Luego de preguntarle si cantaba y de intentar establecer una conversación que relajara al niño, le pidieron que cantara. Desde la primera canción, la famosa "Malagueña salerosa", Paulina quedó deslumbrada [...]. Quedó no sólo convencida sino fascinada.

Sin embargo, yo no me podía quedar sólo con esa versión de los hechos. Por lo tanto, aprovechando mi cercanía con la familia López-Portillo en mi calidad de cronista, desde hace más de 20 años, de la aristocracia política, me di a la tarea de buscar a la protagonista de esta historia: Paulina López-Portillo Romano. Luego de algunas semanas de gestión para una entrevista, a través de su hija Tatiana Ortiz-Rubio López-Portillo, Paulina aceptó. Y, con ello, la otrora integrante de la familia presidencial rompió el silencio de más de cuatro décadas y habló de su verdad con Luis Miguel.

Cuando la entrevisté, Paulina López-Portillo, cuyo nombre espiritual es Guru Amrit Kaur —que significa la ambrosía del *guru* o el estado de dulzura (*amrit*) producido por aquello que lleva de la oscuridad a la luz (*gu-ru*)—, vestía por completo de blanco y llevaba un turbante que usa debido a la práctica de yoga kundalini. Me aclaró que el intermediario entre Los Pinos y Luis Rey no fue el Negro Durazo. En aquellos años, Paulina era una artista en toda la extensión de la palabra; aprovechó las oportunidades que tuvo para bailar, pintar y cantar, además de componer canciones. De hecho, para quienes no lo sepan, grabó dos discos: el primero, ya mencionado, se titula *Paulina* (lanzado a finales de 1980), y el segundo, *Just* (a finales de 1980). Ambos fueron orquestados por Bebu Silvetti, arreglista argentino cuyo nombre real era Juan Fernando Silvetti Adorno y que también hizo los arreglos de los discos *Romance* (1991) y *Romances* (1997) de Luis Miguel.

En ese mundo de la Sociedad de Autores y Compositores, donde estaban los Hermanos Zavala, Chamín Correa,

Roberto Cantoral y Armando Manzanero, entre otros, Paulina conoció a Bebu. Un día de los últimos meses de 1980, mientras ella y Bebu comían en un restaurante llamado La Cabaña, ubicado en la avenida Insurgentes Sur del entonces Distrito Federal, hablaron de la oportunidad que habían tenido de conocer a Consuelo Velázquez Torres, pianista y compositora mexicana mejor conocida por su nombre artístico de Consuelito Velázquez, autora de melodías inmortales como "Bésame mucho". En medio de la conversación, de la nada, el arreglista argentino mencionó a Luisito Rey. Paulina dijo que no lo conocía, cosa que a Bebu no le interesaba, pues más bien quería hablarle del hijo del cantante, que tenía un gran talento.

La joven Paulina se había interesado mucho en los niños desde el inicio del sexenio de su papá. De hecho, fue voluntaria del Sistema Nacional para el Desarrollo Integral de la Familia (DIF), que, por cierto, se creó el 10 de enero de 1977, durante la administración de López-Portillo, para promover el bienestar social, fomentar la nutrición y prestar servicios asistenciales.

La buena voluntad de Paulina y su afán de ayudar a los niños la llevaron también a organizar cada Navidad una posada para todos los hijos pequeños de los empleados de Los Pinos; evento al que la hija del presidente convocaba a artistas como el payaso Cepillín. Asimismo, siguiendo una idea de doña Carmen Romano, su madre, creó un programa en el que, en Navidad, invitaba a un niño de la calle con su mamá para disfrutar de un rato agradable en Los Pinos.

Así, con la mentalidad de ayudar a los más vulnerables y apoyar las capacidades de los niños, y después de que Bebu Silvetti le habló del talento de la joven promesa, Paulina mencionó al coronel Orozco "que había este muchachito que cantaba muy lindo". Cabe señalar que el trato diario con el coronel había hecho que Paulina le tuviera toda la confianza del mundo, al grado de considerarlo como de su familia.

Un mes después de la comida, el coronel le dijo: "Señorita, le tengo una sorpresa. Contacté a Luisito Rey y vamos a traer a Luis Miguel, su hijito, para que cante. Va a venir a Los Pinos. ¿Usted cuándo puede?".

Sobre cómo contactó el coronel Orozco a Luisito Rey, dice Paulina: "No lo sé. Sinceramente no sé cómo funcionaba que el Estado Mayor Presidencial arreglara una cita para que yo pudiera conocer a Luis Miguel. En ese entonces yo me movía en el ambiente de los cantantes, así que la forma más fácil era que el coronel hablara a la Asociación de Autores y Compositores y preguntara por él".

A pregunta expresa de si el tío José Manuel Gallego o Arturo "el Negro" Durazo tuvieron alguna intervención para la audición de Luis Miguel en Los Pinos, Paulina explica, derrumbando las leyendas: "Yo no conocí al tío [Pepe]. No veo por qué tiene que ver Durazo en esto". Si el coronel Orozco consiguió a Luis Miguel a través de Durazo, eso no lo sabremos; pero, de que el militar fue el primer intermediario a petición involuntaria de Paulina, no hay duda.

Paulina dijo que era falso que hubieran estado presentes el presidente José López-Portillo y su esposa Carmen Romano en la audición de Luis Miguel en Los Pinos. "Yo fui la que le dije a mi mamá, después de que llegó Luisito Rey con Luis Miguel a la casa de Los Pinos, que quería que [Luis Miguel] estuviera en mi boda y cantara; su debut, pues. No al revés. Mi mamá nunca me dijo a mí sobre Luis Miguel. No fue así. No sé de dónde viene esa versión".

Después de tomar su decisión, Paulina le comentó a su mamá que había escuchado a un niño que cantaba divino y tenía mucha madera. Lo hizo siguiendo las enseñanzas que siempre le inculcó doña Carmen: "Mira, ¿cómo un niño va a saber si es bueno para el arte, por ejemplo, para tocar un violín, si no le pones el violín en las manos? Hay que darles oportunidad a los niños para que se puedan volver grandes artistas". Confiando ciegamente en el criterio de su hija, la respuesta de la esposa del presidente de México fue: "Padrísimo, qué padre, vamos a hacerlo así". "Y así quedó", recuerda Paulina.

* * *

Después de su familia nuclear, de su maquillista y estilista, la persona que más cerca estuvo de doña Carmen Romano Nölck fue Blanca Charolet, fotógrafa privada de la primera dama de México en el mandato de José López-Portillo. Cuando Blanca llegó a Los Pinos tenía veintitantos años. Venía de trabajar como reportera gráfica en el periódico *El Universal*. A la rifa del tigre la invitó Ramón Guzmán, quien era jefe de un grupo de unos veinte fotógrafos que fueron contratados por la Presidencia de la República. A la mujer del dignatario le destinaron dos fotógrafos de tiempo completo: Anzurio Valdez Gómez, quien se encargaba de las películas a color, y Blanca Charolet, responsable de las imágenes en blanco y negro.

Siete sexenios después, Blanca sigue vigente. Su talento y prestigio como retratista la han llevado de un López a otro. Y es que en 2017 fotografió a Andrés Manuel López Obrador (AMLO) para la portada de su libro *2018: la salida. Decadencia y renacimiento de México.* Antes, en 2006, le hizo unos retratos a AMLO, después de las elecciones presidenciales de ese complicado año. Más adelante, en 2018, ya convertido en presidente, volvió a fotografiarlo, pero ésa es otra historia.

En mayo de 2023 contacté por correo electrónico a Blanca Charolet con el fin de solicitarle una entrevista para este libro. "Espero me recuerdes. En el 2015 nos tomaste unas fotos para nuestro libro *Quién confiesa. Los secretos mejor guardados de la revista de sociales más importante de México,* que escribimos Diana Penagos, Jessica Sáenz y yo". Al día siguiente tenía la respuesta de Blanca. Intercambiamos números de teléfono. Nos pusimos de acuerdo para vernos en un café al sur de la Ciudad de México.

—Fui la primera en la Presidencia en hacer ese trabajo —me dijo una Blanca tan sonriente como observadora, con un té de manzanilla enfrente. Fiel a su estilo, llevaba el pelo castaño muy corto y la cara sin una gota de maquillaje, lo que daba protagonismo a sus ojos claros. Llegó enfundada en pantalones; una blusa de manga larga habitaba debajo de su chaleco negro.

—¿Tú te enteraste del día que Luis Miguel y su papá Luisito Rey fueron a Los Pinos a ver a Paulina López-Portillo?

—Sinceramente, no.

—¿Supiste que Luis Miguel iba a cantar en esa boda?

—Pues no.

—¿Fuiste a la boda de Paulina y Pascual a cubrir el evento?

—Sí. Yo estuve en las tres bodas: la de Carmen Beatriz, la de José Ramón y la de Paulina.

—¿Cómo fue la participación de Luis Miguel en la boda?

—Yo no recuerdo eso, fíjate. No recuerdo que haya cantado. No sé si cantó o no cantó.

—¡Claro que sí cantó! Ya se han publicado las fotos de Luismi con el presidente López-Portillo en esa boda —le aclaro de inmediato, exaltado, a una Blanca que, o tiene memoria selectiva, o, tal vez, le cae mal Luis Miguel, o se fue a comer unos tacos cuando el niño hizo su debut.

—¿Sabes dónde sí cantó? —me dice la Charolet con la mirada brillante y la sonrisa cómplice de quien tiene un buen chisme que contar—. En los 15 años de Ceci, la hija del presidente Carlos Salinas de Gortari. Yo tomé esas fotos. Ahí las tengo.

No cabe duda de que nadie sabe para quién se baña. Yo iba a entrevistar a la maestra Charolet sobre los López-Portillo Romano y el movimiento telúrico lo provocaron los Salinas Occelli. Pero, como dijo Jack el Destripador, vamos por partes. La crónica de Luis Miguel en Los Pinos cantando en el cumpleaños de la hija del presidente Salinas de Gortari será narrada páginas más adelante en esta publicación. Mientras tanto, sigamos con los López-Portillo.

Al decir de Blanca Charolet, Carmen Romano Nölck era una mujer muy culta; "sin temor a equivocarme, yo creo que es la persona que ha hecho más por la cultura en México, independientemente de Vasconcelos. No se le reconoce porque hay en medio mucho humo".

La socióloga e historiadora Sara Sefchovich, en su libro *La suerte de la consorte,* refuerza esta idea al señalar que la señora de López-Portillo tomó la decisión de impulsar la música, y que su marido, como los de las primeras damas anteriores, la consecuentaba y le cumplía cualquier deseo o capricho. De esta forma, y con el visto bueno del presidente, se creó el Fondo Nacional para Actividades Sociales (Fonapas), con el cometido de promover y difundir la cultura para que ésta llegara indistintamente a todos los estratos de la población nacional.

El Fonapas patrocinó casas de cultura en diversas partes del país, donde se desarrollaron actividades literarias, musicales, artísticas y teatrales para niños y adultos; también impulsó el tradicional Festival Internacional Cervantino, con la contratación de grupos y solistas de otros países, lo que reflejaba la unidad entre las naciones que participaban. De igual modo, se crearon dos orquestas, una de jóvenes y la Filarmónica de la Ciudad de México.

Pese a las buenas intenciones con que se creó, el Fonapas llegó a su fin el 1 de enero de 1983, al inicio de la administración de Miguel de la Madrid Hurtado, y en posteriores legislaturas se le definió como un capítulo desacertado en la historia de las instituciones culturales del país, ya que suplantó funciones de la Subsecretaría de Cultura y propició una amplia descoordinación de las instituciones federales del ramo.

* * *

Llegó el gran día. El 29 de mayo de 1981, Paulina López-Portillo y Pascual Ortiz-Rubio se casaron por lo civil en una elegante ceremonia celebrada en el vestíbulo de la Casa Miguel Alemán de la residencia oficial de Los Pinos, donde también tuvo lugar la misa. No sabemos si Jolopo —como se le decía al presidente José López-Portillo— lloró en esta tercera boda tanto como en su último Informe de Gobierno; tampoco sabemos si defendió la liga de la novia como un perro.

Lo que sí sabemos es cómo se documentó en la sección de sociales de algún periódico el evento del año de aquel 1981. "Elegantemente ataviada con mantilla de seda y azares, [la novia] bajó la escalinata principal de la casa del brazo de su orgulloso padre y de su madre, sonriente y visiblemente emocionada".

El elegante vestido no fue diseñado ex profeso para la ocasión, sino adquirido por Paulina en la tienda departamental Saks. "Yo quería un vestido, un poquito como decimonónico, pero no encontré nada, entonces no lo mandé a hacer. En realidad, compré una segunda opción que me gustó", me confesó Paulina en la entrevista exclusiva realizada en mayo de 2023, donde me precisó que, luego de su faceta musical, estudió una licenciatura en historia, y maestría y doctorado en filosofía.

Sobre los rituales y las tradiciones de la boda, dijo:

> Me puse algo azul, eso es lo único. Lo que más me importó fue una cruz de mi abuela, con la que se casó ella y con la que se casó mi mamá. Mi abuela materna [Margarita Dorotea Nölck Travieso] vivió con nosotros. Murió mi abuelo [Alfonso Romano Guillemin] y se quedó viuda, y mi mamá y mi papá la invitaron a vivir con nosotros. Cuando yo nací, mi abuela ya estaba viviendo en casa.

Ya entrados en los secretos de confesión, Paulina reveló un dato quizá omitido en las biografías oficiales:

> Mi mamá tuvo una embolia cuando nací, y los primeros meses tuvo que quedarse en cama. Yo además nací ochomesina, entonces estuve en la incubadora. Por lo tanto, mi abuela fue mi segunda mamá. Tenía una gran relación con mi abuela, y esa cruz con la que se casó ella, para mí significaba muchísimo, y después con esa cruz se casaron mis dos hijas [Paulina y Tatiana Ortiz-Rubio López-Portillo].

La reseña del periódico sobre la boda continúa: "En el vestíbulo se encontraban alrededor de trescientas personas, las cuales escucharon el saludo que los miembros del Estado Mayor Presidencial, ataviados en uniforme de gala, hacían con el espadín, al paso del grupo; a las ocho y media de la noche dio comienzo la ceremonia civil. La ceremonia religiosa había tenido lugar ahí también, en la residencia de Los Pinos".

Tras pronunciar el "sí, acepto", los recién casados se dirigieron al Casino del Heroico Colegio Militar, en la delegación Tlalpan, al sur del Distrito Federal, donde se llevó a cabo la recepción. Como a Paulina se le ocurrió trasladarse en un automóvil clásico, llegaron tarde a la fiesta. Fue una boda con amistades de los papás y gente del ámbito político y cultural. Doña Carmen adoraba a Cantinflas, y Mario Moreno se hizo presente. De los empresarios más destacados de la década de los ochenta, asistió Emilio Azcárraga Milmo, amo y dueño de Televisa. También estuvieron los amigos de los novios, los amigos de los hermanos de los novios, y toda la familia cercana y extendida.

Cuarenta y dos años después, Paulina López-Portillo recordó que su boda tuvo cerca de mil invitados. En otra entrevista que realicé posteriormente para hablar de cómo se había gestionado el video de "La incondicional", filmado en 1989 en el Colegio Militar —lo cual abordaré capítulos más adelante—, un general en funciones de la Secretaría de la Defensa Nacional que me solicitó el anonimato me precisó dos datos que le constaban, en su calidad de testigo: la primera vez que Luis Miguel estuvo en territorio militar fue precisamente en la boda de la hija menor del presidente López-Portillo, en 1981; ese mismo año, el Casino del Colegio Militar no había sido remodelado, por lo que sólo tenía cabida para 780 personas.

Una vez aclarados los números, exploremos nombres y apellidos.

—¿Qué integrantes de la familia Gallego Basteri estuvieron en tu boda? —le pregunté a Paulina, quien para este momento de la entrevista ya me había mostrado por medio de la cámara de video las fotografías de su álbum personal, encuadernado en piel, donde aparece Luis Miguel cantando y encantando.

—No tengo ni idea. Yo no hice la lista de invitados de mi boda. Yo di el listado de mis invitados y de mis familiares. El Estado Mayor Presidencial se encargaba de lo demás.

—¿Estuvo la mamá de Luis Miguel, Marcella Basteri, además de Luisito Rey?

—No sé, será cosa de buscarla entre las fotos, pero tendría que ver una foto de ella para reconocerla, porque no la conozco.

—Por lo tanto, ¿en tu memoria no existe el registro de que te hayan presentado a la mamá de Luis Miguel en tu boda?

—No, yo nada más conocí al papá, Luisito Rey. Ni a la esposa ni al tío ni a nadie más.

¿Cobró Luisito Rey por la participación de su hijo en la boda de la hija del presidente? Paulina rememora que en ese entonces, durante el sexenio de su padre, ella nunca tuvo necesidad de llevar dinero para pagar, porque el Estado Mayor le compraba hasta el café, al grado de que, sin tener dinero en su bolsa, prefería pedir el favor a sus amigas de la escuela que solicitar el servicio de sus guardaespaldas. "No sé si el Estado Mayor llegó a pagarle por haber cantado en la boda. Supongo que sí, porque lo merecía, pero no tengo idea porque no me correspondía en ese entonces a mí hacerlo. Es más, ni me dejaban meterme. El Estado Mayor era un filtro de nosotros con la realidad".

Yo sé que las luismilólogas ansían que vaya directo al debut del Solecito, pero encontré un dato que será música para los oídos de los politólogos, y ni modo que no lo comparta. ¿Por qué el presidente López-Portillo decidió que las bodas de sus tres hijos fueran en Los Pinos?

Esto es lo que consignaron Fernando Muñoz Altea y Magdalena Escobosa Hass de Rangel en el libro *La historia de la residencia oficial de Los Pinos,* una cotizada edición de pasta dura publicada en 1988 por la Presidencia de la República: "Cuando se casaron mis hijos, tenía que decidir entre hacer una celebración vergonzante o abrirla a la sinceridad de la costumbre mexicana, y resolví que no tenía por qué privarlos de la celebración del acto religioso, y ahí en Los Pinos se casaron los tres, porque era su casa, una casa transitoria, pero al fin su casa".

Ahora sí. Volvamos con cámaras y micrófonos al Casino del Heroico Colegio Militar, donde, en el penúltimo año del sexenio de López-Portillo, se realizó el banquete para los cientos de invitados a la boda de Paulina López-Portillo y Pascual Ortiz-Rubio. Según el testimonio de primera mano de la novia, desde antes se estableció que sólo Luis Miguel cantaría en el evento, sin su papá. Se seleccionaron dos melodías: "Malagueña" y "Papachi". "Fue muy cortito en realidad. Nada más casi casi fue el debut. Ahí lo conoció mi mamá y papá, ahí tengo las fotos donde se saludan. Pascual también lo conoció en la boda".

El mito de que la gente se rindió a la voz del Sol de México, que en ese entonces ni calentaba tanto ni era de México (nació en San Juan, Puerto Rico, el 19 de abril de 1970), ha sido desproporcionado y dotado de ficción, y se ha establecido unánimemente que la boda fue el parteaguas que dio inicio a la leyenda. "No se pararon, pero sí la gente estaba muy impresionada de que un niño pudiera cantar con esas tablas y con esa voz. Sí hubo grandes aplausos y después Luis Miguel pasó a presentarse con mi papá y con mi mamá. Estaba acompañado por Luisito Rey".

—¿Qué le dijo el presidente José López-Portillo a Luis Miguel?

—Lo felicitó. Mamá y papá lo felicitaron; le dijeron que tenía una voz divina. Luis Miguel tiene mucho ángel. Lo ves en las fotos, con esa gran seguridad.

La novia recuerda mucho el momento porque olvidó hacer la selección de música tanto para su primer baile como para los siguientes bailes tradicionales con los papás. En sus palabras: "Y te voy a decir una cosa, [en la audición en Los Pinos] tuvo tal impresión en mí, que no lo vas a creer: se me olvidó hacer la lista de música. Yo lo único que quería... Tenía ilusión de que cantara Luis Miguel. Sólo eso. Te lo juro".

* * *

El 9 de mayo de 2018, en mi plataforma digital *Cuna de Grillos*, el reportero Brando Alcauter Munguía hizo temblar en sus centros la tierra al publicar una nota donde se hacía pública la primera fotografía de Luis Miguel saludando al presidente López-Portillo en la boda de Paulina y Pascual. La primicia tuvo un importante efecto multiplicador en decenas de medios de comunicación tanto nacionales como internacionales, en gran medida por el revuelo que en ese momento estaba causando la primera temporada de *Luis Miguel, la serie*, transmitida por Netflix y Telemundo.

Dos años después, la revista *Quién*, en el marco del cumpleaños cincuenta del cantante (el 19 de abril de 2020), publicó varias fotografías en blanco y negro de la misma boda, provenientes del Archivo de la Fundación Carmen Romano de López-Portillo y obtenidas por Erika Roa, entonces colaboradora externa del medio. En tres de esas imágenes se ve a Luis Miguel y Luisito Rey visitando la mesa principal, en la que se encontraban los novios junto al presidente y su esposa. En otra foto, Paulina toma la mano del niño sin la presencia de su papá. En una más, Luisito Rey hace un comentario a doña Carmen, mientras Micky intercambia algunas palabras con Pascual. Y la última y más representativa muestra a un José López-Portillo disfrutando el momento y felicitando a Luis Miguel con su mano sobre el hombro del niño, quien llegó a su debut con once años cumplidos, ante la sonrisa de oreja a oreja de Luisito Rey.

No era para menos esa sonrisa. A partir de ahí, a Luismi se le abrieron las puertas del paraíso, así en Los Pinos como en la Tierra. Los rayitos del Sol habían traspasado los tímpanos y las emociones de la estirpe de los López-Portillo y los Ortiz-Rubio, así como de todos sus invitados de primer nivel y rancio abolengo. Éste fue el punto de partida en la génesis de una estrella con el talento correcto, en el lugar correcto.

* * *

En 1977, durante el gobierno de José López-Portillo, se restablecieron las relaciones diplomáticas con España, rotas desde la Guerra Civil. Su visto bueno al hijo de un español coincidió con ese momento histórico y, sin querer, Jolopo abrió la puerta del país a un puertorriqueño que a la postre se convertiría en el intérprete naturalizado mexicano con mayor éxito internacional.

De acuerdo con Javier León Herrera y Juan Manuel Navarro en su libro *Luis Miguel, la historia,* entre los influyentes invitados a la boda de la hija del jefe del Ejecutivo se encontraba David Stockling, entonces director general de la disquera EMI Capitol de México, con quien el padre y el tío de Luis Miguel ya habían tenido un primer acercamiento, previo al evento, con miras a grabarle un disco al niño.

Los autores escribieron lo que le dijo David Stockling al padre de Micky: "Luisito, no me lo puedo creer, tu hijo es una bomba, esto lo comunico a Londres mañana mismo, tenemos que hacernos con la exclusiva y espero no vayas a pedir una fortuna por ello".

Era el México de principios de la década de los ochenta del siglo XX. Era el México de la hegemonía del Partido Revolucionario Institucional, el PRI. Era el México donde nadie le decía que no al presidente, ni a ningún miembro de su familia o de su gabinete. Era el México donde Luis Miguel debutó por la puerta más grande. Y eso lo supo monetizar Luisito Rey.

Así lo explican los biógrafos oficiales:

> Fue el inicio de la relación de Luis Miguel con EMI, el primer millón de dólares, Luisito legalmente tenía derecho al 40% de las ganancias como representante, pero en realidad como tutor manejaría el 100%. El segundo contrato con EMI ascendió a 4 millones de dólares y según mis fuentes en el primero con WEA la cifra subió hasta 10 millones. Mientras tanto el muchacho tenía que pedir permiso para comprar un helado.

De acuerdo con León Herrera y Navarro, el general Arturo "el Negro" Durazo fue el que llevó a los Gallego Basteri con el dueño de Televisa, Emilio Azcárraga Milmo, para que Luismi fuera dado a conocer por Raúl Velasco en su exitoso programa *Siempre en domingo*. Pero, para entender ese momento de condensación, hay que retroceder en el tiempo a fin de explicar qué sucedía en la televisión mexicana y la relación de la mayor fábrica de sueños con el poder político.

A finales de los setenta y principios de los ochenta, Televisa gobernaba unilateralmente la televisión. Claudia Fernández y Andrew Paxman, en la biografía de Emilio Azcárraga y su imperio titulada *El Tigre* (2000) y publicada por Grijalbo, examinaron y explicaron de manera increíble la relación entre la televisora y la Presidencia.

Durante el sexenio de López-Portillo se creó la Dirección de Radio, Televisión y Cinematografía (RTC), que encabezó la hermana del presidente, Margarita López-Portillo. Esta excéntrica mujer intervino principalmente en la industria cinematográfica, aunque la televisión también debía sujetarse a las normas dictadas por el nuevo órgano. Así, RTC estableció una regulación más estricta sobre el contenido de la programación, lo que en la práctica se tradujo en una supervisión de las telenovelas para que no resultaran "inconvenientes".

Inicialmente, doña Margarita tenía intenciones de homologar la televisión pública con la privada, pero los oficios, el colmillo y las rayas del Tigre Azcárraga pudieron más. Con el paso de los años, la relación entre el gobierno y la televisión fluía sin obstáculos, al grado de que Margarita intercambiaba costosos obsequios con el presidente de Televisa.

De acuerdo con Claudia Fernández y Andrew Paxman:

> Pese a sus profundas diferencias y a que frecuentemente lo desesperaba, Azcárraga invitaba a Margarita López-Portillo a comer. En una ocasión la convidó al yate —donde Margarita decía que la habían atendido como en la antigua Roma— y hasta quiso regalarle una hermosa casa en Sevilla que, aseguran los López-Portillo, no aceptó. Los obsequios viajaban también en sentido contrario. Margarita López-Portillo, la "piel" del presidente, le regaló una figura de un tigre chiquito labrada en obsidiana que le mandó hacer con un artesano que trabajaba camino a Acapulco. Más

adelante, también solicitó a un afamado pintor español que hiciera un retrato de El Tigre y se lo regaló.

Atrás había quedado el proyecto inicial de homologar la televisión, cuando Margarita decidió impulsar telenovelas educativas y programas infantiles en Televisa. Pudo haber un pacto entre el gobierno y la empresa que beneficiaba a ambos.

Ejemplo de esto fue la visita del papa Juan Pablo II a México en 1979. López-Portillo sabía que la Constitución y la falta de relaciones diplomáticas entre los dos Estados no permitían que el presidente fuera parte activa de la visita. Sin embargo, con ayuda de la televisión, la Presidencia logró que el acto fuera un éxito en un país mayoritariamente católico y devoto, rústico y guadalupano.

Aunque el presidente no lo recibió en el aeropuerto, la imagen que se recuerda es la de Juan Pablo II besando el suelo mexicano. Posteriormente, el pontífice visitó al presidente en Los Pinos. Como el gobierno sabía que la amplia cobertura ayudaría a su imagen, ofreció todas las facilidades sin contravenir la Constitución.

No obstante, la luna de miel de Televisa con la Presidencia llegó a su fin cuando José López-Portillo decidió nacionalizar la banca. En una reunión con diversos empresarios convocada por el primer mandatario, pero encabezada por Margarita, la funcionaria preguntó al Tigre su opinión sobre la nacionalización, a lo que el interpelado contestó: "¡Esto es el comunismo!".

"Azcárraga y varios otros empresarios exigieron que la Secretaría de Hacienda declarara que el país no iba al socialismo y que, como se estipulaba en la Constitución, las instituciones bancarias se subastaran y se indemnizara a los baqueros", se relata en *El Tigre*.

Así se hizo. Esa misma noche, varios funcionarios de Hacienda explicaron a través del noticiero *24 Horas* con Jacobo Zabludovsky que las medidas no significaban un viraje del rumbo del gobierno hacia el socialismo, pero el daño estaba hecho. La relación entre Azcárraga y el presidente jamás volvió a ser igual; de hecho, nunca más se dirigieron la palabra.

La visita del papa demostró el poder de la televisión para impulsar, directa o indirectamente, la imagen de cualquier personaje. A finales de los años setenta Televisa comenzó una nueva cruzada para captar un nuevo mercado: el público juvenil.

En 1978 se fundó el Centro de Educación Artística (CEA), que era una escuela de actores, y, a través de Provenemex, se empezaron a publicar dos revistas clave que continúan hasta la actualidad: *TVyNovelas* y *Tú*. Además, con *Siempre en domingo*, Televisa estaba en condiciones de crear una estrella o reinventar a alguno de sus alumnos actores como cantantes, eso sin contar el poder para hacer que sus discos se escucharan en las estaciones de Radiópolis: XEW, XEQ y XEX.

La telenovela *Los ricos también lloran* tuvo tal éxito internacional que Verónica Castro visitó Rusia en tiempos soviéticos. Pero no sólo eso: la actuación de unos jovencísimos Guillermo Capetillo y Edith González tuvo como consecuencia que los hijos buscaran ver la telenovela en compañía de sus padres, lo que dio pie al surgimiento de la telenovela juvenil. Por si no bastara, la infraestructura de la empresa permitió experimentar en el campo musical.

Hasta entonces, la patadita de la buena suerte de Raúl Velasco había tenido por destino a baladistas como Angélica María y Alberto Vázquez, o intérpretes de música mexicana tradicional, como Lupita D'Alessio, Ana Gabriel, Vicente Fernández y los inigualables José José y Juan Gabriel. Pero a partir de 1980 todo cambió con el reciclaje de la música pop estadounidense interpretada por mexicanos en español, en especial por "niños güeritos", como los definieron Claudia Fernández y Andrew Paxman. Del CEA salió un grupo de chavitos que estelarizaron la obra de teatro *La maravilla de crecer* y fueron los elegidos para conformar la versión mexicana de los grupos juveniles de moda, entre ellos Menudo de Puerto Rico y Parchís de España. De la mano de Luis de Llano, Televisa creó Timbiriche.

Según Fernández y Paxman, a partir de 1982 la empresa produjo éxito tras éxito de pop desechable. "Junto con otros güeritos, como Luis Miguel, Yuri o Lucerito, [los de Timbiriche] se convirtieron en la nueva moda musical mexicana, que el crítico Federico Arana ingeniosamente llamó 'pedarroc'".

Con su mechón blanco en el copete, el dueño de Televisa maximizó su nivel de audiencia utilizando caras prediciblemente bonitas y los mismos sonidos familiares. Ahora sí que, como dijo el expresidente Felipe Calderón, "haiga sido como haiga sido", la fórmula dio resultado. Tan sólo hay que ver las listas de popularidad de 1981 comparadas con las de 1982, el año en que Luismi debutó.

En 1981, los éxitos del año estuvieron conformados por "Perdóname", de Camilo Sesto; "Quiero dormir cansado", de Emmanuel; "Ella se llamaba", de Napoleón; "La ladrona", de Diego Verdaguer; "Él me mintió", de Amanda Miguel, y "Fuego", de Menudo, tema que por sí solo cambió el estilo musical de ese año. En 1982, los güeritos y jarochos Yuri y Luis Miguel, interpretando "Maldita primavera" y "1+1=2 enamorados", respectivamente, ocuparon siete meses consecutivos el número uno nacional.

Escribo "jarochos" porque así fue la presentación de Luis Miguel en *Siempre en domingo*, después de haber interpretado "Hay un algo" —canción aburridísima de la autoría de su papá— y "1+1=2 enamorados", que se convertiría en el primer *hit* en su carrera.

Vestido de traje azul y con sus emblemáticos lentes de aumento, Raúl Velasco confirmó lo anterior en su comentario posterior a la interpretación de las dos canciones en televisión nacional:

> Luis Miguel, para quienes quieran saber, tiene once años de edad y nació en Veracruz, Veracruz. Así que es jarocho. Hijo de Luisito Rey, padre español. Bueno, ya que les había dado un panorama de lo que me habían platicado, de su opinión, de su actuación, ahora me van a permitir que yo dé la mía. Corroboro que tiene muy buena pinta, que tiene

mucha cancha para actuar en público y una gran seguridad escénica, que solamente se adquiere cuando se lleva dentro alma de artista. Ahora, yo pienso que el primer tema está mal escogido. El tema de Luisito Rey, siendo muy buen tema, no le queda a un chico de once años de edad. El segundo tema sí te queda muy bien […]. Para que te manejen bien artísticamente, diles que el segundo tema seguramente van a aceptarlo mucho los jóvenes de tu edad.

Comparado con otros niños, el Micky de once o doce años mostraba mucha seguridad. Estudiaba con un profesor particular que lo acompañaba en las giras, defendía su carrera en las entrevistas, asegurando que le encantaba cantar, y decía practicar tenis, natación y futbol. La mayoría de las veces se le cuestionó que el éxito le había llegado justo a la edad en que empezaría a cambiarle la voz, pero él siempre se mostró confiado en que el cambio sería para mejorar.

* * *

El destino de Luis Miguel y José López-Portillo fue por demás diferente después del encuentro en la boda de Paulina y Pascual. Micky aprovechó la coyuntura de Televisa, el favor presidencial y las ambiciones y el colmillo de un papá que supo hacer fructificar la oportunidad que se les presentó. Por su parte, tan sólo unos meses después, José López-Portillo terminó su sexenio.

En la entrevista virtual, le pregunté a Paulina si era consciente de que fue "la madrina" de Luis Miguel, a lo que me contestó: "Pues fíjate que no estuve consciente hasta que, alguna vez, una amiga mía me comentó que Luis Miguel había usado esa palabra con relación a mí. Pero no fue como que yo..., ya sabes... Todo lo hizo él, en realidad. Ni siquiera creo que me merezco el ser llamada madrina, porque lo único que hice fue presentarlo. Lo demás lo hizo él solito".

Modestia aparte, Paulina sí reconoce que el gran debut del cantante fue durante su boda, en 1981. (Por cierto, un dato que poco se sabe es que Paulina y Pascual ya no están casados, aunque son los mejores amigos).

—Después de tu boda, ¿mantuviste contacto con Luis Miguel? ¿Lo volviste a ver en alguna ocasión?

—Nunca más lo volví a ver. Yo lo veía a la distancia, pero con mucho cariño, con mucha admiración. Él solito se impulsó..., y él solito hizo su carrera. Me daba gusto.

—¿Fuiste a ver alguno de sus conciertos en el Auditorio Nacional o en algún otro lugar?

—No, no.

—¿Comprabas sus discos, los CD con su música?

—Eso sí.

—¿Viste la serie de Luis Miguel que se transmitió por Netflix?

—No, no. La voy a ver. Después de tu entrevista la tengo que ver. No la he visto.

—Por lo tanto, no te consultaron para los guiones que hicieron de los episodios.

—No quise dar ninguna entrevista; eres el primero con el que hablo.

—¿Es la primera entrevista que das sobre tu relación con Luis Miguel?
—Sí.
—¿En toda tu vida?
—Sí.
—Si tuvieras la oportunidad de ver ahora a Luis Miguel, a 40 años de distancia, ¿qué sería lo primero que le dirías?
—"Te quiero mucho". Eso le diría.

CAPÍTULO 2

LOS DE LA MADRID

La búsqueda de Marcella Basteri

Cuando Miguel de la Madrid Hurtado se puso la banda presidencial, el 1 de diciembre de 1982, estaba a 11 días de cumplir cuarenta y ocho años de edad. Por su carta natal podríamos decir que el soldado del PRI era guadalupano, debido a que se despidió del cordón umbilical en Colima el 12 de diciembre de 1934.

Ese primer día de diciembre de 1982, su tocayo de segundo nombre, Luis Miguel, apenas tenía doce años. A principios de 1980, sus padres, Luis Gallego Sánchez, español, y Marcella Basteri Tarrozzo,[1] italiana —con quien, dicho sea de paso, Gallego se inventó un matrimonio—, lo habían traído a México de manera permanente.

---

[1] Marcella Basteri Tarrozzo era un nombre de origen italiano. A pesar de que la mayoría de las publicaciones usan "Marcela", en este libro utilizaré el nombre con "ll" debido a que, por ser el nombre oficial, con ése realicé la búsqueda en archivos nacionales e internacionales.

El pequeño Luis Miguel Gallego Basteri, luego de su debut consiguió su primer contrato con la disquera EMI.

A sus once años, Luismi se llevó a la bolsa su primer millón de dólares... Bueno, bueno, haciendo honor a la verdad, el que se metió el dinero a la bolsa, al hígado y a la nariz fue el padre del niño, Luisito Rey, aficionado al whisky tanto como a la cocaína y a las mujeres que no eran su mujer. Por cierto, con Marcella, Luis Gallego procreó dos hijos más: Alejandro, nacido el 25 de agosto de 1972 en Cádiz, España, y Sergio, quien llegó al mundo el 12 de enero de 1984 en México.

Pero volvamos con luces, cámara y acción al día uno de Miguel de la Madrid como presidente de la República. El licenciado hizo su entrada triunfal a la residencia oficial de Los Pinos acompañado de su esposa Paloma Cordero Tapia, con quien, a la vieja usanza, procreó los hijos que Dios les mandó. No uno ni dos ni tres: ¡cinco hijos tuvieron los De la Madrid Cordero! Y toda esa casta conoció, de cerca, los rayos del entonces Sol naciente.

Aunque Miguel de la Madrid tomó protesta en el Palacio de San Lázaro en diciembre de 1982, la familia tuvo que esperar hasta febrero de 1983 para instalarse en Los Pinos, porque los López-Portillo se salieron en el último momento y con ello dificultaron la remodelación para recibir a los nuevos inquilinos. No está por demás decir que ahí se encontraban tanto las habitaciones familiares como las oficinas. De hecho, antes de que ésta fuera la residencia oficial, los presidentes y sus familias vivían en el Castillo de Chapultepec.

Aquí hay un dato histórico que me encanta contar a manera de chismecito necesario. ¿Saben quién sí vivió en el Castillo de Chapultepec? El suegro de Paulina López-Portillo Romano. Y es que, cuando Pascual Ortiz Rubio fue designado presidente de México, se mudó a Chapultepec junto con su esposa Josefina Ortiz y los tres hijos de ambos, entre los que se encontraba Pascual II, quien nació el 13 de julio de 1923 y, por lo tanto, tenía siete años cuando se convirtió en habitante del castillo.

En *La suerte de la consorte*, Sara Sefchovich escribe al respecto: "Vivían en la parte alta del edificio y perseguidos por una institutriz alemana correteaban por las muchas habitaciones, patios y jardines, subían y bajaban por el hermoso elevador hidráulico de tiempos de don Porfirio y en ocasiones entraban a escondidas a la zona prohibida que era donde se guardaban las reliquias del Segundo Imperio". En la adultez, Pascual II se convertiría en papá de Pascual Ortiz-Rubio Downey o Pascual III, como le queramos llamar, quien en su boda con Paulina López-Portillo también le dio la bendición a Luis Miguel.

* * *

Aunque la historia de Los Pinos se remonta casi 500 años atrás, aquí la contaré en pocas palabras. Según el libro *La historia de la residencia oficial de Los Pinos*, luego de la conquista de México por parte de los españoles, en el terreno que ahora ocupa esta enorme propiedad se construyó, hacia 1550, un trapiche donde se trituraba el trigo hasta convertirlo en harina. Debido a la importancia de su producción, este artefacto pertenecía a la Corona española y, por lo tanto, el sitio fue nombrado Molino del Rey.

Siglos más tarde, tras su llegada a la Presidencia el 1 de diciembre de 1934, el general Lázaro Cárdenas del Río decidió no irse a vivir al Castillo de Chapultepec, como marcaba la tradición, pues consideraba que era un lugar demasiado ostentoso. El Tata, como conocía la gente a Cárdenas, eligió la Casa Grande del rancho La Hormiga.

Y aquí viene la parte romántica de la historia. ¿Por qué pasó de llamarse La Hormiga a Los Pinos? Bueno, la propiedad fue rebautizada así en honor a una huerta con ese nombre en Tacámbaro, Michoacán, donde se conocieron Lázaro Cárdenas y Amalia Solórzano Bravo, quienes se casaron el 25 de septiembre de 1932, cuando Cárdenas ya había combatido en la Revolución mexicana, gobernado Michoacán y sido secretario de Gobernación. El día de la boda, él tenía treinta y siete años y ella dieciséis. Él le prometió a ella que la primera casa donde vivieran juntos se llamaría "Los Pinos", y le cumplió.

Desde los Cárdenas Solórzano (en 1934) hasta los Peña Rivera (en 2012), las familias presidenciales se fueron a vivir a la residencia oficial de Los Pinos, salvo pocas excepciones. En cada sexenio, el predio tuvo diversos cambios, sobre todo la construcción de nuevos edificios que son testimonio del paso del presidente en turno. En cada sexenio también hubo invitados internacionales que dejaron constancia de la convocatoria de los distintos mandatarios. Por ejemplo, el presidente de los Estados Unidos John F. Kennedy y su esposa

Jaqueline estuvieron en Los Pinos en la administración de Adolfo López Mateos; la reina Isabel II, en el periodo de Luis Echeverría Álvarez; la reina Noor de Jordania, en el mandato de Miguel de la Madrid, entre otras decenas de personajes que han escrito la historia universal.

Hasta aquí el breviario cultural que permitirá dimensionar la magnitud de las puertas que, desde muy temprana edad y en distintos sexenios, Luis Miguel Gallego Basteri cruzó para su encuentro con el máximo poder de México.

* * *

Ahora sí, abramos paso a las primicias. Para tener una versión fiable de la relación de Luis Miguel con los De la Madrid, me di a la tarea de contactar a uno de los más destacados integrantes de la saga y el único que heredó la vena política de su padre: Enrique Octavio de la Madrid Cordero, quien en entrevista exclusiva —presentada primero en mi pódcast *Luis Miguel ¿Culpable o no?* de Podimo y ahora en este libro— reveló cómo fue la relación de su familia con Luis Miguel hace 40 años.

"¿Que si mi papá conoció a Luis Miguel?". El hijo de Miguel de la Madrid, con quien conversé en noviembre de 2022 en las instalaciones de la productora Jarpa Studio, en las Lomas de Chapultepec, repite la pregunta antes de contestar: "Sí, seguro que sí, por muchas razones. Una, porque era un cantante muy conocido, muy famoso. Y la otra, porque también era amigo de uno de sus hijos. Yo creo que un presidente se entera de quiénes son las personas que están de moda".

En la víspera de levantar la mano para entrar al proceso de selección del responsable del Frente Amplio por México (FAM) rumbo a la elección presidencial de 2024, Enrique de la Madrid narró por vez primera por qué no tuvo una amistad directa con Luis Miguel. Lo primero que hay que resaltar es la diferencia de edad que hay entre los hermanos De la Madrid Cordero. Ellos son cinco: Margarita, la primogénita, que es año y medio mayor que Miguel, el segundo hijo, al que sigue Enrique (quien nació el 1 de octubre de 1962); luego está Federico, que es cuatro años menor que Enrique, y, por último, Gerardo, ocho años menor que Enrique.

"Yo no tuve una relación personal con Luis Miguel por la diferencia de edad. Yo soy mayor que Luis Miguel", me dijo el político afiliado al PRI que, al momento de la entrevista, recién había cumplido los sesenta años y Luis Miguel tenía cincuenta y dos. "Mi hermano Federico sí desarrolló una amistad con él. Lo habrá conocido por ahí del 82 o del 83. Con Federico la diferencia de edad no era tan grande; eso permitió que ellos sí se convirtieran en amigos". Así me lo contó el exinquilino de Los Pinos la primera vez que habló del vínculo de su estipe con el ahora ídolo mundial.

Cuando Miguel de la Madrid entró a Los Pinos, en febrero de 1983, Enrique tenía veinte años cumplidos. Estudiaba la licenciatura en derecho en la Universidad Nacional Autónoma de México (UNAM), como décadas atrás lo había hecho su papá, y toda esa dinastía no tenía nada que ver con el mundo del espectáculo. Así que lo primero que le pregunté fue si la entonces familia presidencial ya había escuchado hablar de un cantante llamado Luis Miguel. Enrique recordó que él hizo contacto con Micky primero a través de su música, más o menos al inicio del sexenio, y la primera canción de la que tiene memoria es "Palabra de honor". Sin embargo, no fue tan al inicio del sexenio, toda vez que el álbum del mismo nombre vio la luz a finales de 1984 y no fue sino hasta principios de 1985 cuando el sencillo comenzó a promocionarse.

—Durante tu estancia en Los Pinos, ¿en alguna ocasión estuvo Luis Miguel en esa residencia oficial? —le pregunté a Enrique, quien, entre otros cargos políticos, ocupó el de secretario de Turismo en el sexenio del presidente Enrique Peña Nieto.

—Sí, seguramente muchas veces. Mi hermano Federico y él eran amigos.

De acuerdo con el testimonio de Enrique, de ese grupo de amigos también fue parte Miguel Alemán Magnani, nieto del expresidente de la República Miguel Alemán Valdés e hijo del directivo de Televisa en ese entonces, Miguel Alemán Velasco, quien años más tarde se convertiría en gobernador del estado de Veracruz.

Al decir del heredero de Los Pinos, Luismi conoció a Federico de la Madrid por medio de un conocido mutuo, Marco Vinicio Martínez (por cierto, primo de Paulina Mercado, conductora de Imagen Televisión, y de Bibiana Belsasso, periodista en TV Azteca), quien mucho tiempo después, para sus segundas nupcias, se casó con Roberta Hernández, hija del empresario y filántropo mexicano Roberto Hernández

Ramírez, asiduo a los primeros lugares de la lista de las personas más ricas del mundo, según la revista *Forbes*.

En una entrevista otorgada a la revista *Quién* y publicada el 3 de julio de 2018 en su portal web, el actor y empresario Roberto Palazuelos, mejor conocido como el Diamante Negro y amigo de la infancia de Luis Miguel, recordó que en Los Pinos había dos grupitos: uno era el de los amigos de Gerardo de la Madrid, en el que se contaban el mismo Roberto, Quintanilla y Torrado; el otro era el de Federico, en el que estaban Jorge "el Burro" Van Rankin, Marco Vinicio Martínez y Nachito Sada.

Enrique de la Madrid aseguró que su hermano Federico y Luis Miguel coincidieron después en la casa de Jaime Camil Garza, el papá de Issabela Camil, una de las jóvenes más cotizadas de la aristocracia mexicana, que en ese entonces no era Issabela ni, en estricto sentido, Camil. Y es que Erika Ellice Sotres Starr es hija de Armando Sotres y de la modelo Tony Starr. Esta última se casó en terceras nupcias con Jaime Camil Garza, importante empresario y padre del actor y conductor Jaime Camil. Del patriarca es de quien Erika tomó el apellido para su nombre artístico: Issabela Camil.

En el sexenio delamadrista, que comprendió de 1982 a 1988, Federico no tenía nada de "federico" y su juventud y su guapeza, seguramente aunadas a su código postal como habitante de la Casa Miguel Alemán en Los Pinos, le permitieron convertirse en el novio de Issabela Camil.

En 1985, Televisa produjo la telenovela *Tú o nadie*, protagonizada por Andrés García (tío postizo de Luis Miguel) y Lucía Méndez (actriz y cantante que se convirtió en estrella a partir de los años ochenta y con quien Luismi posteriormente encontraría días de pasión). El triángulo amoroso de esta telenovela no se compara con el que se vivió en Los Pinos entre Federico de la Madrid, Erika (Issabela) Camil y Luis Miguel.

La trama es conocida por muchos: Luis Miguel y Erika tuvieron un flechazo y se coqueteaban "por debajo de la mesa"; luego, él le confesó: "Tengo todo excepto a ti"; ella sucumbió a sus encantos y le dijo a su novio en turno, Federico de la Madrid: "Ahora te puedes marchar". Y así comenzó la relación sentimental que durante años mantuvo la Camil con el intérprete de "Entrégate". Por el círculo de amigos en común, Federico y Luis Miguel coincidían de vez en cuando. La rivalidad era latente entre los dos machos alfa lomo plateado.

* * *

En una entrevista para el programa *Pinky Promise,* conducido por Karla Díaz y producido por Sensei Media, Roberto Palazuelos, junto al Burro Van Rankin, contó que durante el sexenio de Miguel de la Madrid ellos tenían 45 guardaespaldas en sus visitas al Baby'O en Acapulco, y que Federico incluso mandaba poner otros 20 arriba del lugar con armas largas.

Además de eso, según el Diamante Negro, a partir de la mitad de la semana se planeaba el *weekend* desde Los Pinos. Palabras más, palabras menos, Roberto Palazuelos aseguró que desde el miércoles estaban solos en la residencia oficial porque el presidente viajaba a sus giras y el fin de semana descansaba en su casa de Cuautla, Morelos. Por lo tanto,

Gerardo de la Madrid, a quien apodaban el Chanfle, pedía a Roberto que le hablara a Lupita, la secretaria, para solicitarle información de qué casa del Fondo Nacional de Fomento al Turismo (Fonatur) estaba libre para ese fin de semana, además de solicitar el transporte presidencial, llamado el TP.

Una vez elegido el destino, la secretaria enviaba a "toda la avanzada", que eran elementos del Ejército, quienes "montaban todo el rollo" antes de que los jóvenes llegaran. Además de las fiestas, algo que recuerda Roberto es que, desde los teléfonos de las residencias, los jóvenes les hablaban a las infantas de España o incluso a Carolina de Mónaco.

Entrevistado por el periodista Julio Astillero y cuestionado sobre el abuso de los recursos públicos evidenciado por Palazuelos, Enrique de la Madrid quitó legitimidad a las afirmaciones del actor al recordar que, en otra entrevista, transmitida en el programa *La entrevista con Yordi Rosado* el 11 de octubre de 2022, éste también mencionó que había asesinado a una persona, y que luego suavizó su declaración al comentar que era medio exagerado porque de esa manera conseguía llamar la atención. Aunque la historia de Roberto pueda tener algo de ficción, no cabe duda de que tanto él como el Burro convivieron de cerca y durante algún tiempo con los cachorros del presidente De la Madrid.

* * *

Durante los primeros años del sexenio de Miguel de la Madrid, Luis Miguel vivió diversos cambios a nivel tanto personal como profesional. En 1983, con trece años, la voz del

Solecito comenzó a adquirir un tono más grave, y aunque ya no alcanzaba los registros más altos que le abrieron la puerta del éxito, el cambio le ofreció un abanico de oportunidades interpretativas que sin duda aprovechó.

En 1984 Luismi residió una larga temporada en España. Allí se encontró con el consagrado actor Mario Moreno Cantinflas, quien reconoció el impacto que el cantante estaba teniendo y dijo sentirse orgulloso porque su joven compatriota había situado el nombre de México en alto. Ese mismo año, Micky grabó "Palabra de honor" en España, y el fenómeno asociado a él no paró de crecer. De hecho, continuó por entonces su carrera cinematográfica con *Fiebre de amor*, película que filmó al lado de Lucerito.

El principio de la consagración de Luis Miguel llegó en 1985, con el triunfo en el festival de Viña del Mar, donde le otorgaron la Antorcha de Plata; luego regresó a Europa y obtuvo el segundo lugar en el festival de San Remo, con el tema "Los muchachos de hoy". Fue en esa gira donde, según el escritor Javier León Herrera en su libro *Luis Mi Rey*, Marcella Basteri tuvo contacto con su madre, 38 años después de que ésta la abandonara.

De acuerdo con León Herrera, la escena sucedió de la siguiente forma. En Viareggio, un pueblo de la Riviera, cerca de la Toscana, la familia disfrutaba de unos días de descanso cuando las empleadas domésticas avisaron a Luisito Rey que había una mujer en la recepción que quería hablar con su esposa Marcella y con su hijo Luis Miguel. La mujer era mayor y se presentó como la abuela de Micky.

Cuando Marcella llegó a la puerta, la señora le dijo:

—Hola, Marcella, soy tu madre.

La mamá de Luis Miguel se quedó mirándola fijamente, sin responder al saludo. Fría y calculadora en ese momento, las palabras que salieron de su boca cerraron uno de los capítulos más difíciles de su vida:

—¿Mi madre? ¿Tú, mi madre? Tú no eres mi madre. ¿Cómo puedes ser mi madre si me abandonaste cuando apenas era una bebé? ¿Qué clase de madre hace eso?

Luisito Rey estuvo ahí, pero no pudo hacer nada para suavizar el momento. Marcella fue clara y Vanda Tarrozzo desistió de su idea de tener un reencuentro amoroso. Treinta y ocho años después de haber sido abandonada, Marcella rechazó cualquier contacto con quien le diera la vida y les quitó a sus hijos la oportunidad de conocer a su abuela.

En el otoño de ese mismo 1985, Marcella regresó al hogar de Massa-Carrara, provincia de la región de la Toscana, con su padre Sergio Basteri. El viaje representó la separación formal de los papás de Luis Miguel, quienes, si bien no estaban casados, estaban unidos por los hijos que tenían en común y, más aún, por los bienes que Luis Rey había puesto a nombre de su compañera para gozar de ventajas fiscales o evitar posibles acciones legales en su contra.

Javier León explica que en enero de 1986 un abogado preparó el documento por el cual Marcella cedió algunas propiedades importantes a cambio de su libertad. No obstante, meses después, mientras estaba en Massa-Carrara, Marcella recibió una llamada con la instrucción de que debía presentarse en Madrid para ir a ver a su hijo a Chile, y eso fue lo último que su familia supo de ella.

* * *

La desaparición de Marcella Basteri es un tema tan amplio y misterioso que ha dado material para capítulos enteros de algunos libros. Los de mayor rigor son los del escritor español Javier León Herrera, los cuales he utilizado en esta obra para contextualizar mejor la vida de Luis Miguel.

En su trabajo periodístico, León Herrera ha tirado por la borda todas las teorías conspirativas en torno a la desaparición de la mamá de Luis Miguel. En la última entrega de la trilogía del cantante, *Oro de Rey*, el autor escribió: "Tras la sutileza de *Luis Mi Rey* (1998), en *Luis Miguel, la historia* (2018) se afirmó con más rotundidad que Marcella Basteri falleció en 1986 en España por causas no naturales. Las fuentes fueron desgraciadamente solventes e irrefutables en este sentido desde el principio".

¿Cómo se enteró Luis Miguel de lo sucedido? De acuerdo con el mismo León Herrera, el caso se cerró después de una investigación privada que llevaron a cabo agentes del Instituto de Inteligencia y Operaciones Especiales de Israel, el Mossad, y agentes del Buró Federal de Investigaciones (FBI, por sus siglas en inglés). El Mossad fue el que supuestamente le dijo a la estrella mundial: "Ya está, no la busques más".

En estricto sentido, Luis Miguel como un ciudadano común, difícilmente pudo haber tenido acceso directo al servicio de inteligencia del Estado de Israel. Mucho menos pudo haber tenido respuesta de él. Sin embargo, sus biógrafos oficiales y no oficiales, así como los guionistas autorizados de la bioserie, han dado por cierto que Luis Miguel utilizó a sus amistades para solicitar el favor al jefe del Ejecutivo mexicano.

En octubre de 2022, cuando la entrevisté para mi pódcast *Luis Miguel ¿Culpable o no?* y para este libro, Claudia de Icaza —periodista que en 1994 publicó la primera biografía no autorizada de Luis Miguel, con el título *El gran solitario*— me dijo que Miguel de la Madrid fue quien ayudó a Luis Miguel en la búsqueda de su mamá, y que, según recuerda, en la segunda mitad de los años ochenta anunció a los medios que había ordenado realizar una investigación. En palabras de De Icaza: "Miguel de la Madrid es el que, obviamente a insistencia de Federico, que era amiguísimo de Luis Miguel, lo contacta con gente de investigación de Israel para que encuentren a la mamá. Luis Miguel en un principio pensó que su mamá estaba en su rollo y luego ya vino la situación de que su mamá desaparece y entonces mandó hacer una investigación".

También en octubre de 2022, la reconocida periodista de espectáculos Martha Figueroa, autora del libro *Micky, un tributo diferente* y autodeclarada fan número uno del cantante, me confesó, para mi pódcast y para este proyecto impreso, que ella cree que el Mossad, con la mediación del presidente Miguel de la Madrid, ayudó a tener un informe de la mamá de Luis Miguel: "En el caso de su mamá sí se hicieron todos los esfuerzos posibles por ver qué había pasado con ella. Yo creo que para ese tipo de cosas sí te sirve tener esos amigos".

Según se muestra en la bioserie, supervisada y autorizada por Luis Miguel, el cantante se acercó a Federico de la Madrid para pedir el apoyo del entonces primer mandatario mexicano. En el episodio correspondiente a esta historia se presenta un diálogo en el que un agente le dice al cantante: "Trabajo para el Mossad [...]. Trabajo para el gobierno israelí. Hacemos esto como favor".

Más allá de la suposición y la ficción, por primera vez un integrante de la dinastía de los De la Madrid reveló, a cuatro décadas de distancia, la versión que presenció como espectador de primera fila.

—En la serie de Netflix, en uno de los episodios se muestra que Luis Miguel pide ayuda a su amigo Federico de la Madrid para que a su vez éste solicite ayuda a su padre, el presidente de México, a fin de encontrar a Marcella Basteri. ¿Esto sucedió así? —le pregunté a Enrique de la Madrid en la entrevista de noviembre de 2022.

—Tengo entendido que sí se pidió ayuda. La mamá [de Luis Miguel] desapareció y entonces él, yo creo que muy desesperado, se acercó para ver si se le podía apoyar —respondió el hijo del expresidente Miguel de la Madrid.

—¿Con quién se acercó Luis Miguel?

—Con mi hermano, con Federico.

—¿Y Federico a su vez con el presidente de la República?

—Sí, le dijo a mi papá: "Oye, Luis Miguel me está pidiendo esta ayuda. No encuentra a su mamá".

—¿Cuál fue el resultado de esa ayuda por parte del presidente Miguel de la Madrid?

—Lamentablemente, por lo que entiendo, a pesar de todos esos esfuerzos la búsqueda no fue exitosa porque no encontraron a la mamá.

—¿Cómo se solicitó la ayuda al servicio de inteligencia de Israel, el Mossad?

—Ahí sí no sé. Esa parte no la tengo clara. Si fue el Mossad o no, no lo sé. Pero de que sí hubo una gestión para tratar de encontrar a la mamá de Luis Miguel, sí, es cierto.

La duda del testigo de mayor peso, sólo después de Luis Miguel y de Federico de la Madrid, enciende las alertas en relación con un territorio que hasta ahora nadie ha explorado. Enrique de la Madrid, abogado de profesión, católico confeso y aspirante a candidato presidencial al momento de nuestra entrevista, se muestra cauteloso para no falsear su declaración. Sabe que todo lo que diga puede ser usado en su contra. Sin embargo, al aclarar que no tiene la certeza absoluta de que haya sido el Mossad el que intervino en la búsqueda de Marcella Basteri, sin proponérselo lanza una moneda al aire. ¿La ayuda la solicitó el presidente de México al gobierno de Israel por la vía oficial (documentación, embajadas, trámites y registros), o Miguel de la Madrid Hurtado de manera personal?

* * *

Antes de continuar, quiero presentar un episodio satelital de esta historia en el que vale la pena detenerse. En 2006, un supuesto empleado de Luis Miguel llegó a las oficinas de la Ciudad de México del Grupo Expansión, al que hasta la fecha pertenece la revista *Quién*. El hombre se apersonó en el 956 de la avenida Constituyentes, en Lomas Altas, y, sin cita, pidió hablar personalmente con una de las editoras de la publicación que ese año llegó a imprimir revistas de casi 600 páginas. El visitante le dijo las palabras mágicas a la recepcionista: "Traigo un material exclusivo de Luis Miguel".

Erika Roa, una de las fundadoras de *Quién*, lo recibió. Como editora adjunta de la publicación, era la segunda de a bordo en el organigrama y la encargada de comprar material de agencias y paparazzi. Lo que transcribiré a continuación es una crónica en primera persona sobre el día que Erika revisó aquel material tan exclusivo como explosivo:

> Me dirigí a la entrada de las oficinas para recibir a esta persona de la que no revelaré el nombre, debido a que durante toda la negociación me solicitó el anonimato permanente. La persona venía con dos carpetas grandes, blancas, bajo el brazo. Se presentó como empleado de Luis Miguel y me dijo que siempre había trabajado de manera honesta, pero, en su versión, el cantante le debía 750 000 pesos en salarios vencidos y por lo tanto se había visto en la necesidad de buscar a la revista *Quién* para vender dos historias sobre Luis Miguel.
>
> Entonces abrió ante mí una de las carpetas de archivo con tres argollas. La primera historia trataba sobre el accidente aéreo que sufrió Luis Miguel en 1995, donde el avión privado en el que viajaba presentó serios problemas con el tren de aterrizaje y estuvo a punto de estrellarse. La segunda

carpeta contenía la supuesta investigación que Luis Miguel habría encargado sobre la desaparición de su madre. Ese hombre, que me contaba todo con lujo de detalles, señaló que, años atrás, Luis Miguel habría contratado a agentes del Mossad para que buscaran a Marcella Basteri. Su amigo Miguel Alemán Magnani habría sido una persona clave en la búsqueda de la mamá de Luis Miguel.

En la revista no comprábamos esa información porque era impublicable, de acuerdo con el código de ética que regía a la publicación, y a la ética propia como periodistas. De ser reales, eran documentos privados y confidenciales que sólo le pertenecían a Luis Miguel y habrían sido extraídos de su propiedad.

Lo cierto es que casi dos décadas después, cuando en *Luis Miguel, la serie* abordaron el tema de la desaparición de Marcella, en cuanto la vi, brinqué de la cama y entendí que el contenido de aquellas carpetas coincidía en los capítulos más dolorosos de la vida de Luis Miguel. Primero, había muchas coincidencias, pero también muchas inconsistencias que para mí tenían toda lógica. La prensa hizo eco de algunas, pero Micky tenía motivos para no contar ciertas historias tal cual habían sucedido. Se los digo en serio, Micky es todo un caballero. Guarda para él lo más triste, lo más duro.

Empleado o no de Luis Miguel, el hombre de las carpetas pretendía vender información confidencial. Ésta no era la primera ni la única vez que la revista *Quién* se negaba a comprar material comprometedor sobre la vida del cantante. La misma Erika Roa recordó otra anécdota con siete dígitos de por medio: le tocó ser testigo de la oferta de un hombre que llegó con fotos de Miguel y Daniel —los hijos que tuvo Luis Miguel con Aracely Arámbula— cuando eran todavía bebés y no habían aparecido juntos posando en los medios. El sujeto en cuestión pidió dos millones de pesos por cuatro imágenes. Erika intuyó que el tipo tenía acceso a los niños, y, de publicarse, Luis Miguel podría demandar. Pero ésa es otra historia.

* * *

De regreso al favor de Miguel de la Madrid a Luis Miguel, lo único que sabemos sobre el tema, hasta la publicación de este libro, son las referencias que se hacen en los libros de Javier León y Juan Manuel Navarro a las investigaciones realizadas por agentes del FBI y del Mossad, las cuales se retomaron en la bioserie de Netflix. Sin embargo, la duda de Enrique de la Madrid en la entrevista de 2022 hizo asomar una nueva interrogante: ¿la solicitud de ayuda se hizo de manera oficial o por debajo de la mesa?

En los primeros meses de 2023, además de averiguar en qué situación estaban las relaciones entre México y Estados Unidos, y México e Israel en esos años, me di a la tarea de buscar en documentos oficiales cualquier indicio que ayudara a despejar la incógnita planteada. A ese rompecabezas le hacían falta piezas.

Según los testimonios recopilados por Javier León Herrera para su libro *Luis Miguel, la historia,* Luis Gallego tenía planeado "algo malo" para Marcella. Esto último pudo probarse gracias a la declaración de un testigo de finales de 1985. Así lo escribió el periodista español, refiriéndose a una fiesta que Andrés García organizó en Acapulco:

> Un testimonio directo, de fuente fiable, contrastado y con testigos, que lógicamente conservo, aseguraba que, en el transcurso de aquella velada, Luisito Rey pidió a un amigo íntimo ayuda para hacer desaparecer a Marcella, a lo cual esta fuente le respondió de manera negativa y molesta: "Yo le dije que cómo se le ocurría esa barbaridad y esa pendejada, y Micky lo supo, yo se lo dije, él estaba ahí, fue en Acapulco a finales de año".

En *Oro de Rey,* León Herrera y Navarro volvieron a mencionar esa fiesta; escribieron que Luisito Rey pidió ayuda a Andrés García para hacer desaparecer a su esposa, y el actor "advirtió a Micky en cuanto pudo":

> Acabo de hablar con Durazo —dijo García— y me advirtió que sí es verdad, que tu papá me iba a pedir que le ayudara a desaparecer a tu mamá, y es cierto que me lo ha pedido y lo he mandado a la chingada. Me dijo: "Me tienes que ayudar con esto porque Durazo se me ha echado para atrás, y tengo que hacer desaparecer a Marcella que me está jodiendo y se está cogiendo a una bola de cabrones" [sic].

LOS DE LA MADRID

Con el paso de los años, varios testigos indirectos del trágico destino de Marcella Basteri han contado, a cuentagotas, una verdad a la que todavía no se atreven a llamar por su nombre. En 2018, en la estela de la primera temporada de la serie de Luis Miguel transmitida por Netflix, la periodista de espectáculos Laura Estrada presentó en el programa *Todo para la mujer,* de Maxine Woodside, una entrevista exclusiva con Andrés García realizada en la terraza de una de las habitaciones del *penthouse* del Hotel Elcano, con la bahía de Acapulco de fondo. Desde ahí, el actor reveló los planes que tenía Luisito Rey para la madre de sus hijos, Marcella Basteri, ante el micrófono y la cámara de Grupo Fórmula.

El actor habló de "una petición espantosa" que le había hecho Luisito Rey a Arturo "el Negro" Durazo; ante la negativa del exjefe de la policía, el cantante español pidió la colaboración de Andrés García, quien ya había sido advertido por Durazo de aquella barbaridad.

Un año después, en 2019, en entrevista para el programa *Ventaneando* —liderado por Pati Chapoy, la reina del periodismo de espectáculos en México—, Andrés García confirmó casi con las mismas palabras que Luis Rey le había pedido ayuda para desaparecer a Marcella y que antes había acudido a Durazo. Éste se habría negado e inmediatamente habría revelado a Luis Miguel la solicitud de su padre. Esta versión, consistente durante tantos años, podría sin embargo dar cabida a una gran inconsistencia, toda vez que para 1985, cuando tuvo lugar la fiesta en Acapulco, Arturo Durazo Moreno ya estaba en Estados Unidos, privado de su libertad en una prisión y esperando ser extraditado a México.

El Negro salió corriendo de nuestro país en cuanto Miguel de la Madrid tomó protesta, en 1982. Fue el 30 de enero de 1984 cuando el periódico *El País* publicó que, pese a que el exjefe de la policía capitalina había sido acusado de innumerables crímenes e incluso se le había comparado con Al Capone en la prensa mexicana, el juez Fortino Valencia sólo había podido dictar orden de detención en su contra por fraude fiscal y contrabando. A partir de ese momento, la persecución contra Durazo, prófugo de la justicia, pasó a ser una de las banderas de la "renovación moral" contra la corrupción que enarboló Miguel de la Madrid al tomar protesta como presidente de México.

El 30 de junio de 1984, el mismo periódico español dio a conocer la detención, en el aeropuerto de San Juan de Puerto Rico, del general Arturo Durazo, que por entonces tenía sesenta y un años de edad. El 1 de abril de 1986, es decir, casi dos años después, el Negro fue trasladado a territorio mexicano, tras perder en Estados Unidos una larga batalla para evitar su extradición.

En sus memorias, tituladas *Cambio de rumbo* y publicadas por el Fondo de Cultura Económica, Miguel de la Madrid recordó que Durazo fue entregado por las autoridades norteamericanas a las de México en la ciudad de Tijuana, e inmediatamente se le trasladó al Reclusorio Oriente de la Ciudad de México para ser juzgado. El 5 de abril se le decretó formal prisión, y ese mismo día el Ministerio Público presentó nuevas pruebas que presuntamente reforzaban el delito de amenaza cumplida.

Toda vez que se sabe con certeza que Arturo Durazo estaba preso en Estados Unidos, con absoluta vigilancia en sus comunicaciones con el exterior, la versión de Andrés García deja más dudas que certezas.

* * *

Dos días después de que a Durazo se le decretara formal prisión, el 7 de abril de 1986, John Gavin, quien fuera embajador de Estados Unidos en México durante cinco años, renunció a su cargo. Fueron cinco años de tensas relaciones entre la embajada y el gobierno mexicano. Miguel de la Madrid se refirió al hecho de la siguiente forma: "Para los mexicanos, partimos del supuesto de que casi cualquier persona será más fácil de tratar que Gavin, quien, en mi opinión, por falta de inteligencia, actuó de manera arrebatada, torpe y ofensiva".

Si bien la renuncia se recibió con aplausos, lo que siguió fue un conflicto diplomático a través de declaraciones de funcionarios estadounidenses que, entre otras cosas, señalaban que el PRI mantenía un monopolio político nacional valiéndose del "continuado fraude electoral", y que había evidencia de que el gobernador de Sonora daba refugio a un importante narcotraficante.

México no se quedó de brazos cruzados y contestó mediante una nota diplomática. De acuerdo con el expresidente De la Madrid, el intercambio de notas diplomáticas dio lugar a un serio deterioro en las relaciones entre ambos países, que ya habían pasado por varios momentos difíciles, y provocó sentimientos profundos de animadversión hacia Estados Unidos entre amplios sectores de la población mexicana.

Las cosas se calmaron temporalmente sólo después de la reunión anual entre los presidentes Miguel de la Madrid y Ronald Reagan, que tuvo lugar en Washington en agosto de 1986.

Como lo señalé, ese año también ocurrió la ruptura del matrimonio Gallego Basteri, en el marco de la cual Marcella decidió ceder algunas propiedades a Luisito Rey, a cambio de poder descansar y cuidar a su hijo pequeño, Sergio, en la Toscana. Ese mismo año, Luisito Rey ya se dejaba ver públicamente y en cualquier evento de la mano de la actriz Abril Campillo.

Respecto a la desaparición de Marcella, Javier León afirma que Luis Miguel llamó a su familia italiana en la Navidad de 1987 y no obtuvo respuesta cuando preguntó por su madre.

Para ese año, México y Estados Unidos siguieron teniendo diferencias respecto a los esfuerzos diplomáticos de nuestro país para alcanzar la paz en Centroamérica. Además, las drogas y la colaboración para combatir el tráfico continuaron rigiendo la agenda, y al interior del PRI comenzó el proceso de sucesión, que se vio alterado tras el surgimiento de la Corriente Democrática, de la mano de Porfirio Muñoz Ledo y Cuauhtémoc Cárdenas Solórzano, el hijo de Lázaro Cárdenas (quien, como ya les conté, inauguró Los Pinos). En el terreno político, a finales de 1987 México vivió una nueva devaluación que aceleró los tiempos de la transición.

El periodista mexicano Mario Huacuja definió muy bien la relación del gobierno de Miguel de la Madrid con los estadounidenses: "De la Madrid tuvo que soportar seis años de gobierno de Ronald Reagan, una verdadera pesadilla en la que hubo maltrato a los indocumentados, acusaciones de toda índole, presiones económicas, cierre de fronteras, suspensión de visas, calumnia a funcionarios y la arrogancia intervencionista del embajador Gavin".

De acuerdo con las memorias de Miguel de la Madrid, y considerando la desconfianza y el cruce de declaraciones respecto a temas de seguridad que prevalecieron en la relación entre México y Estados Unidos en aquellos años, parece poco probable que el presidente hubiera solicitado al FBI ayuda para localizar a la mamá del cantante mexicano. Es verdad que Luis Miguel también tenía pasaporte estadounidense al haber nacido en Puerto Rico, sin embargo, para ese momento ni el mismo Micky lo sabía. Eso sí, la nacionalidad mexicana le llegaría en el sexenio siguiente.

No conforme con el antecedente de la ríspida relación bilateral, me di a la tarea de buscar en los archivos públicos en línea del FBI si existía algún documento que avalara la supuesta búsqueda de Marcella Basteri por parte de sus agentes. La bóveda digital del FBI, denominada "The Vault", es una biblioteca con más de 6 700 documentos digitalizados sobre temas de interés general, entre los que se encuentran personajes de la cultura popular. Ahí, uno puede revisar los archivos sobre Martin Luther King, Muhammad Ali y un largo etcétera. Incluso es posible consultar libremente el expediente de Carlos

Fuentes y la instrucción girada al Departamento de Estado para negarle la solicitud de visa americana en 1962.

Por mi parte, solicité revisar la existencia de algún expediente relacionado con Marcella Basteri Tarrozzo. La respuesta oficial fue que no había documento alguno sobre ella en los archivos del FBI.

* * *

El caso del gobierno de Israel es diferente. La distancia entre los países y el nulo vínculo entre ellos en los años ochenta, con excepción de la presencia de la comunidad judía en México, hacen levantar la ceja ante la hipotética solicitud de Miguel de la Madrid para que el servicio secreto de aquella nación, el Mossad, ayudara a un particular en la búsqueda de su madre.

Esto sobre todo porque en ese sexenio las relaciones entre los países no eran más que afables. De hecho, en 1986, el principal trabajo de Raúl Valdés Aguilar, embajador de México en Israel, era convencer al gobierno israelí de no reducir sus importaciones de petróleo, como se había planteado a inicios de ese año. No obstante los esfuerzos diplomáticos, en 1986 hubo una disminución de las compras de crudo de Israel a México, lo que si bien no fue producto de una ruptura o falta de entendimiento de las partes, se atribuyó a un cambio de la política de importaciones de Israel encaminado a aprovechar la baja en los precios del mercado y a conseguir los precios más bajos y las condiciones de entrega más eficientes.

Asimismo, una visita de José Córdoba Montoya, director general de Política Económica y Social de la Secretaría de Programación y Presupuesto, que en ese momento estaba a cargo de Carlos Salinas de Gortari, y que posteriormente sería su mano derecha al ocupar el puesto de Jefe de la Oficina de Presidencia de la República, permite apreciar el tipo de relación que se tenía con Israel.

En correspondencia enviada por valija diplomática en diciembre de 1986, el embajador Valdés Aguilar se comunicó con la secretaría para exponer una queja y solicitar que la oficina de Córdoba Montoya se abstuviera de coordinar una entrevista con el viceprimer ministro y ministro de Relaciones Exteriores de Israel, Shimon Peres, ya que, "independientemente del muy alto nivel del doctor Córdoba, desde el punto de vista jerárquico no tendríamos buenas bases para solicitar dicha entrevista, aun sin considerar el hecho de que quizá políticamente no [...] sea el mejor momento para entrevistas a esos niveles".

Volviendo al tema del intercambio de inteligencia y encuentros entre miembros de las fuerzas del orden, la única reunión que sobre esos asuntos se celebró en aquellos años fue en el marco de la visita a Israel de José María Ortega Padilla, supervisor general de Servicios Técnicos y Criminalísticos, y el comandante Florentino Ventura Gutiérrez, director general de la Policía Judicial Federal, de la Procuraduría General de la República, con el fin de definir las medidas de seguridad que debían adoptarse durante el campeonato mundial de futbol que se efectuaría ese año en México.

Para 1987, tanto México como Israel cambiaron a su embajador. Por parte de nuestro país se acreditó a Rogelio Martínez Aguilar, quien en sus primeros informes señaló que

> el hecho de haberse acreditado nuevos jefes de misión de México en Israel y de Israel en México propicia la revisión y actualización de algunos de los asuntos pendientes entre ambos Estados, principalmente en el ámbito de las relaciones económicas. Así, está próximo a renovarse el contrato de suministro petrolero a Israel, lo que habrá de ser una oportunidad para reiterar, por [la] parte mexicana, la trascendencia política de dicha operación.

Tras un breve tiempo al frente de la misión en Israel, Martínez Aguilar dijo haber percibido una relativa "flexibilización" de la actitud de la cancillería israelí en torno a las diferencias entre ambos países en el ámbito de las relaciones multilaterales y de algunos otros aspectos de la política exterior.

Además de consultar los documentos enviados por valija diplomática disponibles en el acervo Genaro Estrada de la Secretaría de Relaciones Exteriores, me dispuse a contactar al ahora embajador eminente en retiro Raúl Valdés Aguilar para contrastar la versión plasmada en el papel. Así, en junio de 2023 hablé vía telefónica con el embajador David Nájera, presidente de la Asociación del Servicio Exterior Mexicano (ASEM), quien amablemente sirvió de vínculo para localizar a Valdés Aguilar.

El 22 de junio de 2023 realicé una entrevista telefónica con Valdés Aguilar, que de 1983 a 1987 fue titular de la Embajada de México en Israel y, por tanto, el enlace oficial del gobierno mexicano con el gobierno israelí en los años de la búsqueda de Marcella Basteri.

—¿En el periodo que usted fue embajador, el Ejecutivo federal o algún funcionario de ese sexenio le solicitó gestionar algún vínculo con el servicio de inteligencia israelí para buscar a la mamá de Luis Miguel? —le pregunté al diplomático.

—No, para nada. Nadie me pidió eso.

—Si no se lo pidieron directamente, ¿supo si el presidente De la Madrid pidió ayuda al gobierno de Israel para buscar a la mamá del cantante?

—No, no. No supe nada.

—¿Hubo alguna petición del gobierno mexicano para solicitar los servicios del Instituto de Inteligencia y Tareas Especiales (el Mossad) en el sexenio de Miguel de la Madrid?

—No, no hubo solicitud alguna sobre ese tema.

El embajador eminente por su larga y meritoria carrera me confirmó que no existió de manera oficial ningún acercamiento con el Mossad para el tema en cuestión. La duda de Enrique de la Madrid se convirtió en certeza por parte de la fuente primigenia.

Ahora bien, puede ser verdad que, más allá de la representación diplomática, ciertas personas hayan generado lazos entre sí y que existiera disposición para solicitar un favor como el que Enrique de la Madrid asegura que se pidió, pero, como ya señalé, me parece sumamente difícil que hubiera las condiciones para que se realizara semejante favor a través de las vías oficiales.

Por lo tanto, considerando el testimonio de alguien tan cercano al presidente como su hijo, queda sobre la mesa la posibilidad de que Miguel de la Madrid, en su calidad de primer mandatario, hubiera solicitado un favor político, en acuerdo privado, a alguna de las dos agencias, el FBI o el Mossad.

En otro escenario, considero importante destacar las palabras que utilizó Erika Roa cuando me reveló la anécdota ocurrida en las oficinas de la revista *Quién*. Ella declaró que Luis Miguel "habría contratado a agentes del Mossad para que buscaran a Marcella Basteri" y que las carpetas que se ofrecieron corroboraban dicha información. Por lo tanto, el cantante bien pudo haber solicitado los servicios pagados de exagentes del Mossad o del FBI para su búsqueda, y el favor presidencial habría consistido en poner en contacto al cantante con las personas indicadas que pudieran hacer la investigación.

* * *

Esta historia no tuvo final feliz. Los biógrafos oficiales aseguran que la mamá de Luis Miguel murió de causas no naturales. La última vez que se le vio fue en España, en 1986, año en que el Solecito apenas tenía dieciséis años.

Cuando le pregunté a Enrique de la Madrid si la amistad entre su hermano y Luis Miguel perduró después de Los Pinos, Enrique contestó que creía que tuvo ahí su distancia porque Federico fue novio de Erika Camil, y hacia el final de la administración hubo su distanciamiento porque luego Luis Miguel anduvo con Erika, lo cual habrá hecho que se distanciaran un poquito más. Pero sé que se reunieron recientemente Federico, Luis Miguel y Miguel Alemán. Se ven con cariño, porque al final del día, como seguramente nos pasa a muchos de nosotros, y la mente en eso es sabia, te regresa a lo bueno y las diferencias se olvidan. Entonces la relación entre ellos es cordial. Se vieron hace poco, recordaron momentos y se vieron con mucho afecto.

* * *

En 1989, ya en la administración de Carlos Salinas de Gortari, sucesor de Miguel de la Madrid, durante una emisión del programa *¡Aquí está…!* de Televisa, la actriz y conductora Verónica Castro le preguntó a Luis Miguel por su mayor deseo en la vida. La respuesta dejó uno de los momentos más conmovedores de Luis Miguel en la pantalla chica.

—Si te dieran un deseo en la vida a elegir en este momento, lo que tú más quisieras en este momento… —le dijo Verónica Castro a un Luis Miguel de diecinueve años.

—Estar al lado de mi madre. Yo creo que sería el deseo mayor —respondió el ídolo.

—¿La extrañas un montón?

—Sí, a mi madre sí.

CAPÍTULO 3

EL SECRETARIO DE LA DEFENSA NACIONAL
Un corte de pelo y un lavado de imagen

Puedo afirmar, por experiencia propia, que en 1984 prácticamente todos los niños querían ser como Daniel San, aquel joven karateca interpretado por Ralph Macchio en la película *The Karate Kid* (1984). También puedo asegurar que, dos años después, los mismos niños, a punto de entrar en la adolescencia, querían ser como Pete Maverick Mitchell, el joven aviador naval interpretado por Tom Cruise en la película *Top Gun* (1986). Es más, algunos adolescentes incluso se animaron a presentar su solicitud para ingresar a la Marina de Estados Unidos e intentar ser pilotos de un F-14.

En los buscadores de internet es común encontrar medios de comunicación que aseguran que el simple hecho de mostrar, en los 110 minutos que dura la famosa película, la amplia capacitación que se brindaba a los pilotos en la Escuela de Armas de Combate de la Marina, en la Estación Aérea Naval de Miramar, en San Diego, permitió a la Armada de los Estados Unidos tener un aumento de reclutas de 500 por ciento.

En 1986, las regulaciones prohibían que la Marina promoviera la película con el fin de reclutar un mayor número de elementos para sus filas. Sin embargo, desde el estreno de *Top Gun* (ocurrido antes del verano de ese año), los reclutadores se colocaron afuera de los cines para poder contestar todas las preguntas de los aspirantes a aviadores que surgían inmediatamente después de que se proyectaban los créditos en la gran pantalla.

Cuestionados en su momento por diversos periódicos, como *LA Times*, los funcionarios de la Marina declararon que no habían hecho un seguimiento del éxito de su estrategia, pero que habían notado muchas más consultas de lo habitual acerca de su programa de candidatos a oficiales de aviación naval desde el lanzamiento de la película y que, evidentemente, no creían que se tratara de una coincidencia.

Los oficiales apostados afuera de los cines sabían que no podían respaldar —o parecer respaldar— un producto comercial, como lo era *Top Gun*, aunque sí reconocieron que la película retrataba favorablemente a la Marina, y eso los ayudaba a tocar menos puertas y recibir más jóvenes interesados en sus programas.

La cinta de Tom Cruise estuvo en el Top 10 de mayores ingresos de taquilla a lo largo de sus dos primeros meses de estreno, en los que recaudó más de 72 millones de dólares.

Quienes la vimos en su momento sabemos que era impresionante el realismo de la película, gracias a que muchas escenas se filmaron en la escuela Top Gun de la vida real, donde la mayoría de los pilotos tienen varios años de experiencia piloteando los F-14.

Lo cierto es que el 500% de aumento en el reclutamiento fue más falso que el noviazgo de Luis Miguel con la princesa Carolina de Mónaco. De acuerdo con datos publicados por la Marina de Estados Unidos, en el periodo fiscal que va del 1 de octubre de 1985 al 30 de septiembre de 1986, un total de 94 878 personas se alistaron en la Marina (recordemos que la película se estrenó antes del verano del 86). Si se considera que en el periodo anterior hubo 87 593 nuevos alistamientos, el incremento mencionado fue de apenas 8.3% después de que *Top Gun* llegara a los cines.

Se desconoce si en México la película protagonizada por Tom Cruise tuvo algún impacto en el cuerpo naval. Lo que sí se sabe es que el Ejército mexicano todavía conservaba una imagen negativa entre algunos sectores de la población a causa de la matanza de estudiantes que se manifestaron en la plaza de Tlatelolco el 2 de octubre de 1968.

Mucho tiempo después conoceríamos otra versión oficial de los hechos y, de paso, sabríamos distinguir entre los diferentes agrupamientos del Ejército, gracias a que, en su libro *Parte de guerra. Tlatelolco 1968* (1999), Carlos Monsiváis y Julio Scherer García —el periodista fundador del semanario político *Proceso*— revelaron la trama oculta de lo sucedido en Tlatelolco, tal como quedó registrada en los documentos póstumos del general de división Marcelino García Barragán, quien fue secretario de la Defensa Nacional en la administración del presidente Gustavo Díaz Ordaz (1964-1970).

Aquí abriré un breve paréntesis para precisar que, antes de convertirse en secretario de Estado, García Barragán fue director del Heroico Colegio Militar, así como gobernador de Jalisco. En el terreno personal, en 1935 se convirtió en papá de Javier García Paniagua, quien en su edad adulta hizo carrera en la política, donde llegó a ocupar, entre otros cargos, la Dirección Federal de Seguridad y, luego, la Presidencia Nacional del PRI, ambas en el sexenio de José López-Portillo.

La biografía privada de García Paniagua también tiene su interés público debido a que, de su relación con la actriz y cantante María Harfuch Hidalgo, mejor conocida como María Sorté, nacieron dos hijos: Adrián y Omar. El segundo, Omar Hamid García Harfuch, fue designado secretario de Seguridad Ciudadana de la Ciudad de México durante la jefatura de Gobierno encabezada por Claudia Sheinbaum Pardo. Aquí cierro el paréntesis de esta genealogía política que he bautizado como "los Tres García", y que narré ampliamente, con la sazón de la casa, en la segunda temporada de mi pódcast *Dinastías del poder,* de la plataforma Podimo.

Retomando la historia de Marcelino García Barragán, hasta antes de la publicación del libro *Parte de guerra* se dio por hecho que el secretario de la Defensa dio la orden de comenzar el tiroteo en la plaza de las Tres Culturas de Tlatelolco. Sin embargo, entre los papeles del general aparecieron documentos que contaron otra historia. Por un lado, las cartas confidenciales redactadas en el verano de 1975, en las que García Barragán pidió testimonios a exsubordinados sobre lo que vivieron y observaron el 2 de octubre de 1968, además de la confesión del general Luis Gutiérrez Oropeza de que, sin avisar a su superior, mandó colocar francotiradores en los edificios aledaños a la plaza para que dispararan contra la multitud. Eso sí, Gutiérrez Oropeza, jefe del Estado Mayor Presidencial, no dijo por qué actuó de esa manera ni quién se lo ordenó.

En la contraportada del libro de Julio Scherer y Carlos Monsiváis se advierte: "Hacía falta conocer, del modo más puntual posible, la perspectiva gubernamental de aquellos días aciagos y la mentalidad que produjo la tragedia [...]. Este libro subsana tal carencia y su base documental desnuda, por fin, el comportamiento real del gobierno". Monsiváis, coautor del libro, ofreció una crónica definitiva del movimiento estudiantil de 1968 y reexaminó, a la vista de las pruebas documentales, lo que significaron aquellos hechos.

* * *

En el inicio del sexenio del presidente Carlos Salinas de Gortari (1988-1994), la película *Rojo amanecer*, escrita por Guadalupe Ortega y Xavier Robles, y dirigida por Jorge Fons, fue enlatada cuando estaba lista para remover conciencias en los cines de la República Mexicana. Es decir, en términos cinematográficos, la directora de Radio, Televisión y Cinematografía (RTC), Mercedes Certucha Llano, ni la autorizaba ni negaba su exhibición.

Según Guadalupe Ortega, *Bengalas en el cielo* —primer nombre de *Rojo amanecer*, cuya trama refería lo ocurrido la tarde del 2 de octubre— surgió de la indignación y el compromiso de su generación para que los hechos de Tlatelolco no se olvidaran con el paso del tiempo. Hacia 1987, en el contexto de la "dictadura perfecta" —término con el que Mario Vargas Llosa definió el sistema político mexicano en un debate televisivo de 1990—, Ortega entendía que era urgente escribir la historia porque las nuevas generaciones no tenían información de lo sucedido, "y sólo el cine podría tener la fuerza suficiente para rescatar la memoria de ese hecho. Puedo decir que *Rojo amanecer* ha contribuido en buena medida a rescatar la memoria del Movimiento del 68", escribió Ortega en el libro *El 68 en el cine mexicano: 50 años después*, editado por Olga Rodríguez Cruz y publicado por la Universidad Autónoma de la Ciudad de México (UACM) en 2021.

Desde el gobierno entendían el poder del cine, pero Xavier Robles supuso que, para que su película pudiera ser vista, tenía que hacer el ruido necesario a fin de que el presidente Salinas se interesara en ella. Y así fue: tanto los productores Héctor Bonilla y Valentín Trujillo como los actores, escritores y directores comenzaron a tocar todas las puertas disponibles para denunciar que su película estaba siendo censurada.

Luego de poco tiempo, en palabras de Xavier Robles, "los diarios capitalinos plasmaban en sus páginas: Después de seis meses de lucha *Rojo amanecer* está censurada. *Rojo amanecer* está enlatada. A *Rojo amanecer* no la dejan salir. A *Rojo amanecer* no la dejan exhibir".

La estrategia funcionó y la película se proyectó en privado para Salinas de Gortari, Mercedes Certucha, el Estado Mayor Presidencial y algunos representantes de la inteligencia mexicana. Para el dictamen sólo asistió Jorge Fons, y se le señaló que, si quería el visto bueno, debían hacerse seis cortes que duraban aproximadamente dos minutos. Los productores aceptaron, mutilaron su obra e incluso tuvieron que entregar la evidencia.

En su mayoría, las secuencias cortadas tenían relación con el Ejército mexicano, como, por ejemplo, esta escena:

62) INTERIOR, RECÁMARA DE DON ROQUE Y CARLOS. NOCHE

Carlos entra y se sienta en su cama viendo a don Roque. Don Roque está acostado en su propia cama, iluminado por una vela sobre el buró.
CARLOS: ¿Estás enojado, abuelito?
Don Roque voltea a verlo.
DON ROQUE: Mmmmm... Contigo, no.
Pausa. Carlos está pensativo.
CARLOS: Abuelito, ¿por qué hicieron eso los soldados?
Don Roque no encuentra respuesta rápida.
DON ROQUE: Porque les dieron órdenes.
CARLOS: ¿Y los soldados siempre tienen que cumplir órdenes?
DON ROQUE: Siempre.
Carlos ve a don Roque, fija y largamente.

Rojo amanecer fue estrenada en su versión censurada a finales de 1990, pero la original, sin ningún corte, se pudo conseguir en los videos piratas que ya circulaban por ese entonces.

Mientras toda la producción de *Rojo amanecer* hacía lo imposible por llamar la atención del presidente Carlos Salinas a fin de que la RTC liberara la proyección de la película, a inicios del sexenio, otro productor mexicano llamado Pedro Torres, con una circunstancia menos complicada, llegó en su coche a la entrada de la Secretaría de la Defensa Nacional (Sedena). Su misión: que el recién nombrado secretario del ramo, el general Antonio Riviello Bazán, lo dejara grabar un videoclip en sus instalaciones para promocionar el sencillo "La incondicional" del famoso artista Luis Miguel.

A Pedro Torres, nacido en Saltillo, Coahuila, en 1953, la negociación con el general secretario no le resultó un lenguaje desconocido. Sabía hablar el idioma del poder, el cual aprendió a los veintidós años de edad, específicamente en el sexenio del presidente Luis Echeverría Álvarez, quien gobernó México desde 1970 hasta 1976. Así, un año antes de finalizar el mandato echeverrista, Torres, quien tenía apenas un día de haber regresado a México luego de estudiar cine en Londres, se apersonó en el centro de producción de cortometraje de los Estudios Churubusco, donde lo ficharon, por casualidad, para las grandes ligas.

"En este negocio mucho es suerte. Tienes que estar en el lugar correcto, en el momento correcto y levantar la mano en el momento indicado. Y fue lo que yo hice", me dijo Pedro Torres a finales de 2022, en entrevista para este libro.

Lo conocí en noviembre de 2009, cuando lo entrevisté sobre su papel como productor de la primera temporada de la serie *Mujeres asesinas,* en el marco del reportaje de portada de la franquicia anual Los Monstruos de la Mercadotecnia de la revista *Expansión*.

Hablando de su "primer romance" con la política, Pedro Torres me confesó que se subió al avión gubernamental de chiripa: "Eran los inicios del año 75. Del centro de producción de cortometraje salió un hombre acelerado, sudando y gritando: '¡Un camarógrafo, un camarógrafo!'. Y yo levanté la mano. Este personaje que gritaba era Epigmenio Ibarra, ahora el ungido de este sexenio [del presidente Andrés Manuel López Obrador]".

Pedro Torres debutó filmando la primera huelga de agricultores en Sonora. Un simple paneo en una toma le abrió las puertas de Los Pinos.

> Hice una toma de izquierda a derecha y se ve cómo vienen las fuerzas de los campesinos. El sol está cayendo y ahí paneo a la derecha, donde están todos los agricultores, y se ve que está saliendo la luna llena. Era una imagen alucinante. Ver a los pobres contra los ricos; el sol contra la luna; el ying y el yang. Ese paneo llegó a la oficina de Los Pinos, y el presidente Luis Echeverría lo vio y dijo "contrátenlo". Ahí tuve la oportunidad de conocer al presidente de México, por una toma.

Casi dos sexenios después, Pedro Torres conoció a Luis Miguel. Fue en la administración de Miguel de la Madrid, en 1986. El pequeño Micky apenas tenía dieciséis años. Pedro se hizo amigo de su papá, Luisito Rey, "a quien ponen [en la serie de Netflix] como el gran villano", me dice Torres en nuestra conversación de 2022. "Pero bueno, a ver, desde luego que había que buscar un villano en la serie, pero, en la realidad, era un papá con sus defectos y con sus virtudes, simpatiquísimo".

A partir del ofrecimiento de su padre, Luismi comenzó la relación con Pedro Torres, quien para entonces ya se había convertido en productor y director conocido en la industria del entretenimiento. Su primer trabajo juntos fue el videoclip del tema "Yo que no vivo sin ti", del álbum *Soy como quiero ser* (1987), en el que el Solecito aparece recostado con el torso desnudo abrazando a la modelo argentina Claudia Heinze, fallecida en agosto de 2018. Es un video muy oscuro en el que los protagonistas, después de estar acostados, deambulan por lo que se supone es el departamento de los dos. Ella, nostálgica con flores y fotos, y con una obra de Andy Warhol de trasfondo. Él, en estilo trovador, con una guitarra, tumbado en un sillón. Por último, se simboliza el final de la relación en el momento en el que él avienta el libro *Idilios y amores difíciles* de Italo Calvino.

El segundo trabajo de Torres y Luis Miguel fue el famosísimo videoclip "Cuando calienta el sol", también del álbum *Soy como quiero ser*. En él, el cantante y sus amigos están en una playa paradisiaca de Acapulco disfrutando de la arena y el mar, en la efervescencia del amor juvenil y la pasión del verano. (Un dato curioso es que los amigos de Luismi en el video no eran actores, sino sus verdaderos compas, como Jorge "el Burro" Van Rankin y Omar Germenos).

En la versión de Micky, "Cuando calienta el sol", canción originalmente interpretada por los Hermanos Rigual en la década de 1960, logró conectar con el público de una manera profunda y significativa. Además de sus amigos, Claudia Heinze volvió a acompañar en escena al Sol de México, junto con otras chicas que jugaban y cantaban divertidas.

De entre esas jóvenes hubo una que destacó por no pertenecer al grupo original y que se ganó su lugar no sólo en el video, sino en el corazón del Sol: Mariana Yazbek. Javier León Herrera narró el acercamiento en sus libros *Luis Mi Rey* y *Luis Miguel, la historia*. De acuerdo con el periodista, desde un inicio hubo un ambiente de trabajo magnífico en el que el equipo se distrajo platicando y conviviendo, a veces en la locación y otras en algún local de Acapulco.

Originalmente, Mariana Yazbek sólo iba para acompañar y auxiliar en la realización del video a su hermano, Sergio Yazbek, socio de Pedro Torres y fotógrafo del videoclip. Ambos eran hijos de Tufic Yazbek, prestigioso fotógrafo que alcanzó el reconocimiento por su trabajo en la época de oro del cine mexicano. En aquel llamado, Mariana se encargó de la audición y las locaciones; tenía el propósito de brillar detrás de la lente, como su papá y su hermano. En uno de los días de producción, por la mañana, la invitaron medio en serio y medio en broma a unirse al grupo de chicas en bikini que estaban en la alberca. Ella, tímida, prefirió declinar la invitación, argumentando que no era su papel y que se sentía mejor detrás de la cámara; sin embargo, la insistencia del equipo hizo que diera el sí.

La chica misteriosa inmediatamente llamó la atención del cantante. Su participación en el video fue el pretexto perfecto para seguir conversando, no sólo en Acapulco sino también en el Distrito Federal, hasta que un día se encendió la llama de la pasión. "Ambos se enamoraron sinceramente, pero el yate del amor que zarpó del puerto de Acapulco no navegaría precisamente en una coyuntura de viento a favor como para que aquel amor pudiera prolongar mucho su travesía, por lo que apenas unos meses después del pasional inicio, el barco se fue a pique", escribió León Herrera en *Luis Miguel, la historia*.

Después de "Cuando calienta el sol", el noviazgo de Luis Miguel con Mariana continuó durante un tiempo, pero llegó a su tormentoso fin una vez que el cantante alcanzó la mayoría de edad, se emancipó de su papá y nació su relación profesional con Hugo López. A partir del cambio de *manager* surgió el álbum *Busca una mujer* (1988). El primer sencillo que da nombre al disco tuvo un buen recibimiento. Después siguió "Fría como el viento", a la que también arropó el público. Sin embargo, el tercer sencillo fue el más exitoso y el que cambió la historia: "La incondicional".

* * *

EL SECRETARIO DE LA DEFENSA NACIONAL

Pedro Torres me confesó que, antes de que Carlos Salinas de Gortari tomara protesta como presidente de México, se enteró de que iba a nombrar secretario de la Defensa Nacional al general Antonio Riviello Bazán, quien, de acuerdo con Pedro, llegaba al país después de haber sido agregado cultural en la Embajada de México en Italia (aunque, en su biografía oficial en la página web de la Secretaría de la Defensa, sólo destaca su nombramiento como agregado militar y aéreo en la Embajada de México en España). Pedro también me dijo que Riviello era un general al que le gustaban los medios de comunicación y que tenía conocimiento de la importancia de éstos y del *marketing* para el reclutamiento.

Con esa información, e influido por la película *Escape to Athena* —protagonizada por Roger Moore y proyectada en 1979—, Pedro creó un guion enfocado en un hombre que entra al ejército y debe distanciarse de su pareja a causa de su trabajo, el cual los separa no sólo de forma física, sino también amorosa. "El hombre en cuestión comienza a transformarse para ser militar, sufriendo más por el amor que por la disciplina, y termina enfrascado en la vida de las Fuerzas Armadas. La gente dice que es un poco *Top Gun*, que ésta fue la inspiración, pero no, en realidad era un melodrama en una isla de Medio Oriente", me precisó Pedro Torres en nuestro encuentro de 2022.

Pedro también me contó que le propuso la historia a Luis Miguel, a quien le encantó la idea, aunque con una condición: su cabellera —que era larga y se había convertido en un símbolo en esa época— no podía ser tocada. El productor aceptó y los dos fueron a visitar al general Riviello cuando éste apenas tenía unos cuantos días en el encargo salinista.

El día de la cita, Luis Miguel se bajó de su vehículo con el aspecto de quien va a recibir un premio internacional frente a las cámaras de los seis continentes: la melena larga, desenfadada y esponjada por la secadora de pelo, el traje sastre a la medida, lentes oscuros y el rostro impecable y bronceado, como de campaña publicitaria. Era enero de 1989. La estrella internacional caminó hacia el despacho más importante de la Sedena. A su lado iba Pedro Torres vestido como griego, con un batón negro que pretendía disimular su sobrepeso. Llegaron a la antesala de la oficina del hombre más poderoso del Ejército mexicano. La asistente del general secretario quedó impactada con su arribo. Conocía la magnitud de la estrella que estaba frente a sus ojos, pero guardó la compostura. En esas coordenadas, las únicas estrellas que verdaderamente importaban eran las que ostentaban los uniformes de los generales. Tan nerviosa como extasiada, la mujer anunció que habían llegado los licenciados Luis Miguel y Pedro Torres.

—Así que usted es el famoso Luis Miguel —dijo el general Riviello Bazán, recurriendo a uno de los lugares más comunes para romper el hielo con los asistentes.

—Eso es lo que dicen —respondió el ídolo mundial, quien, a pesar de saber lo que valía, apenas pisó territorio militar recibió su dosis de humildad, pues a su paso nadie le hizo fiesta, nadie le pidió un autógrafo, nadie se puso histérico al verlo.

Sí era imponente llegar con Micky —me dice Pedro Torres—. Pero también era muy contrastante entrar, vestidos de civiles, a ese recinto militar sagrado, solemne, imponente, donde todos estaban uniformados. Micky, que en ese momento estaba por cumplir dieciocho añitos, con su greña; yo, totalmente sobrepesado. Pero ambos muy optimistas. Los dos traíamos entre manos una historia que sabíamos que iba a generar *marketing*, que iba a generar enrolamiento en el Ejército.

Pedro recuerda que, ya sentados en la oficina del secretario, éste, al igual que todos, "se fijó bastante en nuestras fachas, pero aun así dio la apertura para comenzar a platicar". Pedro presentó su proyecto para intentar filmar el videoclip en las instalaciones del Heroico Colegio Militar y de la base aérea de Santa Lucía.

Yo, como tú sabes, Beto, vengo de la publicidad. Toda mi vida he hecho publicidad y en mí está el *marketing* nato. Entonces yo le dije a Micky: "Esto le conviene al sexenio, le conviene a la Secretaría de la Defensa, porque con tu poder y con tu arrastre seguramente vas a generar algo concreto". Yo cuando hago productos me gusta poder ver resultados. ¿Vendió o no vendió? En este caso dije: en este video nuestra mejor medición va a ser si genera enrolamientos superiores a los normales voluntarios.

Éste fue el planeamiento del productor al titular de la Sedena, quien, al decir de Pedro Torres, inmediatamente dio el sí y manifestó que le encantaba la idea.

Pedro sabía que el secretario llegaba de Europa con buenas ideas de mercadotecnia, así que vio la oportunidad de juntar a una celebridad con un acto político, un ganar-ganar, dirían en la industria. Según Torres, Riviello no tardó en reconocer la oportunidad que estaba frente a él y a todas las insignias que colgaban de su uniforme. Lo que Riviello no le dijo a Pedro fue que ya estaba informado de que por entonces se estaban moviendo las aguas para desenlatar la película *Rojo amanecer*. ¿El estratega militar se estaba anticipando para contrarrestar la mala imagen del Ejército que traería la película?

A Torres también le convenía el proyecto porque anhelaba hacer una obra grande que marcara su carrera como creador de videoclips. Él quería aviones, grandes multitudes, y sabía que no tenía el dinero para hacerlo realidad y que nadie pagaría por ello. Es más, pensaba que, aun cuando hubiera encontrado patrocinadores, un video así sería casi imposible porque no habría dinero que pudiera pagarlo. El productor sabía que en Estados Unidos las fuerzas armadas se alquilaban, pero en México eso era muy complicado, aunque no inédito.

Recordemos que en 1987 Sylvester Stallone filmó algunas escenas de la película *Rambo III*, que ocurrían en una base militar, en la pista de aterrizaje de la Base Aérea Militar número 7, en Pie de la Cuesta, Guerrero. Para realizar esas tomas se ocultaron las insignias nacionales, y algunos miembros de la Fuerza Aérea incluso participaron en la película como extras, pero ésa es otra historia.

Pedro necesitaba la voluntad política, y la encontró en el general secretario, quien a su vez vio una oportunidad única en el joven que estaba conquistando las listas de popularidad desde hacía varios años, en México y en otros países. Sólo hubo una condición al "sí a todo": todas las grabaciones se realizarían en los horarios escolares normales del Heroico Colegio Militar. Es decir, si se requería que Luis Miguel se aventara en una práctica de paracaídas, tenía que ser durante la clase; lo mismo si quería subir al ring para practicar boxeo.

¿Pedro podía imponer ese tipo de disciplina a un joven que tenía el mundo a sus pies? Para empezar, el equipo de producción, que tenía a su hermana Gaby Torres como coordinadora principal, tuvo que crear una logística complicada para que el guion pudiera convivir con los horarios del Colegio Militar. Por ejemplo, la escena uno tenía que filmarse en la clase que se llevaba a cabo determinado día de la semana entre las 9:15 y las 10:00 de la mañana. Luego, mientras los cadetes estaban en las aulas, se utilizarían sus dormitorios y vestidores como locación. Y un largo etcétera.

Una vez realizado ese ejercicio, Pedro habló con Luis Miguel y con su equipo muy seriamente, y les dijo: "A ver, Micky, ésta es la gran oportunidad para hacer un video con valor de producción que ni Warner completo te puede pagar". Al final, el cantante lo entendió así y puso todo de su parte en la grabación.

* * *

El testimonio de Pedro Torres sobre las negociaciones para la filmación de "La incondicional" en el Colegio Militar es oro molido. Sin embargo, me hacía falta la otra versión: la de los militares. Así que en el verano de 2023 solicité ayuda a una de las integrantes de mi CISEN (Comadres que Investigan sobre la Élite Nacional) con el fin de contactar a alguna autoridad de la Secretaría de la Defensa Nacional que me pudiera contar, de primera mano, cómo se vivió en el Ejército mexicano la filmación del video de Luis Miguel y, de ser el caso, qué repercusiones hubo tras el estreno de "La incondicional".

Un par de semanas después, mi amistad —sumamente picuda en esta otra casta que representa el Ejército mexicano— me consiguió una entrevista con un general de brigada. La cita fue a las 8:30 de la mañana, para un desayuno en el Campo Militar número 1, en Naucalpan de Juárez, Estado de México. El día acordado, llegué con diez minutos de antelación a la puerta 3 de la avenida del Conscripto. En el primer retén me preguntaron, con ese tono de voz con el que parece que lo están regañando a uno, a quién iba a ver y para qué. Me dio pudor decirle al soldado que iba a encontrarme con un general para hablar del cantante Luis Miguel, pero se lo dije. El militar frunció el ceño y se retiró a la caseta de vigilancia para anunciarme.

Tres minutos después llegó otro miembro del Ejército conduciendo un Jetta color verde militar sin placas. Se estacionó frente a mi camioneta. Se bajó y me preguntó a quién iba a ver.

Tras oír mi respuesta, me pidió que lo siguiera. Al menos éste no resultó tan curioso como el anterior. Enseguida nos dirigimos, cada quien en su coche, hacia un hotel ubicado dentro del campo militar, el cual tiene un modesto restaurante en la planta baja, del estilo de las cadenas Vips o Wings.

El general ya me esperaba en un gabinete para cuatro personas, el cual estaba pegado a una ventana que daba a la entrada del hotel en el que se hospedan los familiares de los miembros del Ejército. Me recibió solo, enfundado en el uniforme que coloquialmente llamamos de camuflaje, pero que en la página de internet de la Sedena se designa como "uniforme de campaña con estampado estereográfico transicional TE-3". Al frente tenía bordado el escudo nacional y dos estrellas, y su apellido, también bordado, en un portanombre.

—¿Puedo grabar nuestra conversación, general? —le pregunté al alto mando después de darle los buenos días, tomar asiento y comenzar a calentar motores hablando de las kilométricas instalaciones del campo militar.

—Preferiría que fuera sin grabadoras —respondió de manera amable el hombre que al final de la entrevista, al preguntarle si podía citarlo en mi texto, pidió mantener su identidad en el anonimato.

—¿Qué me recomienda de la carta? —le pregunté al general una vez que la mesera nos trajo el menú impreso en formato tabloide y enmicado.

—Sinceramente, lo que a ti te guste. La comida es estilo militar. No vayas a pensar que es como en el video de Luis Miguel.

Nos sonreímos tras el chascarrillo. Curiosamente, el general se rio y sonrió varias veces a lo largo de la charla. Parecía un hombre con buen humor. Cada uno pidió un *omelette* de espinacas con frijoles refritos como guarnición. Yo tomé jugo de naranja y café; él, sólo agua. Efectivamente, la comida era estilo militar. Desde el primer bocado tuve la corazonada de que el general me iba a hablar con la neta.

—Yo estuve cuando grabaron el video de "La incondicional" —me reveló mi contacto. Y me explicó que en ese tiempo era el encargado del equipo de rapel del colegio.

"Ese que tú ves en el video caminando por la pared sostenido por una cuerda detrás sí era Luis Miguel", anoté en mi libreta, junto con otras frases que ameritaban ser citadas textualmente. Según mi entrevistado, para lograr esas escenas llevaron una grúa para subir a Luis Miguel, y luego ya nomás grabaron la bajada en tomas cerradas. "Los otros que bajan de lo más alto y más rápido, volando, eran de mi equipo", me presumió el mismo general, quien también precisó que, en estricto sentido, la primera vez que Luis Miguel estuvo en territorio militar fue en la boda de una hija del presidente José López-Portillo, celebrada en 1981 en el casino del colegio (lo que ya referí en el primer capítulo de este libro), y no en la filmación del célebre video, en enero de 1989.

En el mismo tenor de que todos los secretos tienen fecha de caducidad, el general me confesó una anécdota en la que Luis Miguel vio su suerte. Resulta que en un entrenamiento de paracaidismo en el que se enseñaba cómo se debía salir de un avión, al ídolo juvenil le jugaron "una broma" que, a juicio de los productores, puso en riesgo su vida.

En la versión del general, cuando Luis Miguel subió a la torre, el coronel encargado lo esperaba arriba. Todo el equipo del video lo estaba filmando desde abajo. Ya estando en la cúspide, el coronel le dijo que todo el que subía por esas escaleras se tenía que aventar en la tirolesa. Que ésa era la regla castrense. A gritos, Luis Miguel les dijo a los suyos que le estaban pidiendo saltar. Hubo tensión porque el director, Pedro Torres, le decía que no saltara, que era muy peligroso, que no habían ensayado, que eso no estaba en el guion. Por su parte, el coronel, medio en broma y medio en serio, insistía en que el cantante tenía que saltar. Finalmente, Luis Miguel se aventó. Por fortuna, el director no había gritado "corte" y la escena quedó grabada. "En el video lo puedes ver con las piernas todas abiertas, sin técnica, porque no [la] sabía".

Una vez que nos retiraron los platos del desayuno, mi contacto me dijo que, a pesar de haber estado cerca de la filmación de "La incondicional", él no figura en el video. Me aclaró que quienes ahí aparecen eran cadetes de la primera compañía. "A nosotros nos dividen por estaturas —explicó—. Los más altos son los de la primera compañía". Otro dato es que los dormitorios que se ven en el video son justamente los de la primera compañía, los cuales, al decir del entrevistado, son los primeros de todos los dormitorios y también "los más presentables".

—¿Tuvo alguna repercusión el estreno del video de "La incondicional" en el número de aspirantes a cadetes del Colegio

Militar? —pregunté al general, quien, sin cifras, me dijo que hubo un incremento importante pero que, lamentablemente, también hubo muchas bajas, porque los aspirantes creían que "todo era glamur" y que sólo iban a pilotear aviones (para lo cual el Ejército tiene otra escuela en Zapopan, en el estado de Jalisco). "Creían que hasta iban a salir con novia".

Un segundo contacto dentro del Ejército mexicano —que se identificó con el rango de coronel y también me pidió no mencionar su nombre y a quien llegué gracias a que colegas y amigos periodistas me pasaron su teléfono— me contestó a través de WhatsApp, en septiembre de 2023, algunas de las preguntas que le hice sobre la filmación y la repercusión del video de "La incondicional" en el Ejército.

De acuerdo con este coronel con acceso a información oficial de la Sedena, en el Colegio Militar, por entonces bajo la dirección del general de división Carlos Duarte Sacramento (quien estuvo en el cargo del 16 de diciembre de 1988 al 16 de enero de 1991), se decidió que dos cadetes acompañaran todo el tiempo a Luis Miguel los tres días que duró la filmación. Ellos serían su guía dentro de las instalaciones, lo orientarían en algunos aspectos necesarios para la realización del videoclip e incluso comerían con él. Los militares fueron el actual coronel Juan Alfredo Oropeza y un cadete de apellido Arrieta, quien se retiró del servicio en la década de los noventa.

Gracias a las bondades de la tecnología —y a la buena voluntad de mi fuente—, mediante capturas de pantalla del video de "La incondicional" el coronel me fue dando nombres y apellidos que no se habían hecho públicos. Por ejemplo, refiriéndose a la imagen en la que aparece Luis Miguel en traje de baño sobre el trampolín de la alberca del Colegio Militar, el coronel escribió: "El que está al lado listo para brincar es el coronel Luis Carlos Portillo, [que] sigue en activo [y] actualmente está en Tamaulipas". Respecto al pantallazo de los dormitorios, donde Luis Miguel se ve en primer plano luciendo el uniforme de gala del colegio y acompañado de un cadete, mi contacto explicó: "El de atrás se apellida Parra de la Rocha; lamentablemente falleció en los 2000. Su hermano sigue en activo y es general ahora".

La pimienta de la crónica corresponde a la historia del cadete Gildardo Mancilla Casarrubias, conocido como Mancillas, quien en el video aparece con Luis Miguel sobre el ring. "Él se graduó del Colegio Militar y después estudió odontología. Era un excelente boxeador", escribió mi fuente como preámbulo al chismecito necesario: "Los que estuvieron ahí comentan que al calor de la grabación [Mancillas] le pegó un gancho al hígado a Luis Miguel, tan fuerte que todo su *staff* se espantó, pero Luis Miguel aguantó como todo un profesional sin molestarse y entendió que fue un golpe sin mala intención".

Quien también tuvo una corta aparición en el video en la pista de aterrizaje fue el general de división piloto aviador José Gerardo Vega Rivera, quien hasta el 1 de septiembre de 2023, cuando se retiró del servicio activo, fue comandante de la Fuerza Aérea mexicana, cargo que ocupó por tres años (a partir del 1 de septiembre de 2020). Durante la filmación, el general comandaba el escuadrón aéreo de los aviones F5 en Santa Lucía.

Cabe señalar que, con independencia de la información recopilada mediante mis fuentes anónimas, solicité por vía oficial material fotográfico y de video a la oficina de Comunicación Social de la Secretaría de la Defensa Nacional. Me respondieron que "en Comunicación Social de Sedena no tenemos registro de la filmación. Tampoco en el Colegio Militar tienen registro fotográfico".

De lo que tampoco hay registro, porque no sucedió como nos lo hicieron creer, es del famoso corte de pelo de Luis Miguel, el cual simboliza la entrada del Rey a la disciplina del Colegio Militar. De acuerdo con Pedro Torres, esa escena fue la más estresante y la de mayor tensión.

En una entrevista de 2018 para la revista *Quién*, Pedro aseguró que Luismi se resistía y estaba muy nervioso.

> A pesar de que pidió tener muy de cerca a su estilista Marco Rosado, no dejaba de parar y dar indicaciones sobre el tamaño, la cantidad, el estilo... Hasta que decidimos platicar y llegar a un acuerdo. Se le cortaría el cabello para tres tomas, trataríamos de tocar lo menos posible la forma, intentando rebajar sólo los lados y un poco de atrás, y con un par de trucos de Marco y de la cámara fue como logramos el efecto del corte, que parecía mucho más sustancioso de lo que de verdad ocurrió.

En la escena se muestra el nerviosismo de un angustiado Luis Miguel que se truena los dedos mientras camina, se sienta en la silla y respira hondo. De pronto, la cámara enfoca la máquina de afeitar, que corta ligeramente en la parte posterior, para dejar atrás el cabello largo y alborotado que en ese momento era la marca registrada del cantante.

Según Pedro Torres, su video tuvo tal éxito que el reclutamiento aumentó, como lo habían previsto. "Fue uno de sus mejores años, según nos contaron. La gente estaba entusiasmada por las distintas facetas que se mostraron y por cómo Luis Miguel las encajó en su personaje", dijo Torres a la revista *Quién*.

A mí, Pedro me comentó lo mismo: que hubo un mayor enrolamiento "y [que] el video [...] ha sido considerado el video del siglo. La gente lo vuelve a ver y es un video muy amado. Lo hicimos de siete minutos y medio porque teníamos tanta riqueza de pieza que la canción dura cuatro y lo aumentamos a siete y medio (en YouTube se pueden ver ambas versiones). Para mí es un gran éxito de una celebridad y de la política mezcladas".

No encontré ranking que avalara la presunción de que el video fue el mejor del siglo, pero sí pude corroborar que, en el programa *Las 100 mejores canciones de los años 80 en español*, transmitido en 2008 por el canal VH1 Latin America, se declaró a "La incondicional" como la número uno.

A diferencia de Estados Unidos, donde hay estadísticas disponibles, en nuestro país es casi imposible saber el número de personas que ingresaron en 1989 o al siguiente año en el Colegio Militar, ya que no existe un registro abierto al público. Sin embargo, entre la información solicitada al coronel estaban los datos que detallo a continuación.

La generación que entró al Colegio Militar en 1988 y se graduó en 1992 contó con 686 cadetes. Sin embargo, la siguiente generación, que ingresó el año en que se filmó el video de "La incondicional", tuvo 433 cadetes graduados en 1993. Por último, de los cadetes que comenzaron sus estudios en 1990, se graduaron 487 en 1993. A simple vista, estos números no corresponden a la estimación de que el videoclip tuvo un impacto positivo en cuanto a reclutamiento.

Sin embargo, no es lo mismo hablar de cadetes graduados que de los aspirantes que intentaron ingresar al Colegio Militar y fueron apartados de inicio por no cumplir los requerimientos básicos, o de todos aquellos que ingresaron pero renunciaron al descubrir que la disciplina castrense no era tan romántica como lo mostraba el video de Luis Miguel. Recordemos que el general se refirió a las bajas de cadetes que habían creído que "todo era glamur".

Al final, los testimonios del coronel que me filtró los datos y del general en activo me confirmaron que sí hubo un incremento de aspirantes para el proceso de selección, cuyo número, insisto, no coincide con el de los graduados. Antes del video había unas 3 000 solicitudes, y esa cantidad se acrecentó porque "Luis Miguel puso de moda a los cadetes", según el general de dos estrellas.

*＊＊

A la distancia del poder presidencial y luego del fallecimiento de Antonio Riviello Bazán, acaecido en marzo de 2017, el exmandatario Carlos Salinas de Gortari reconoció, en una columna de opinión en el periódico *El Universal*, que tomó la decisión de poner al general al frente de la Defensa Nacional sin conocerlo, y que el mejor aval del nuevo secretario era ser, en ese momento, el general de división con más antigüedad del Ejército mexicano y su ejemplar hoja de servicio.

En sus memorias, tituladas *México: un paso difícil a la modernidad* (Plaza y Janés, 2013), Salinas habló del trabajo de Riviello como secretario. Según el expresidente, durante cinco años el general diseñó y coordinó la modernización del Ejército y de la Fuerza Aérea, y para ello el gobierno lo dotó de armamento adecuado y suficiente; asimismo, llevó a cabo la renovación de los cuarteles y de otras instalaciones militares. Riviello puso especial cuidado en el adiestramiento y la disciplina de las tropas. Salinas cree que ayudó a elevar la moral del Ejército al hacer caso de la propuesta de su secretario de eliminar "una de las peores lacras que afectaban a las tropas: los préstamos que sus miembros pagaban con fuertes intereses".

Además, en el plano personal, el presidente dedicó mucho de su tiempo a recorrer cada una de las zonas militares del país con el fin de construir una cercanía especial con los integrantes de las Fuerzas Armadas. Varios años después de haber portado la banda presidencial, Salinas de Gortari recordó que,

> al llegar a cada zona militar, una vez rendidos los honores a mi investidura de Comandante Supremo, saludaba de mano a todo el alto mando, así como a varios de los miembros de la tropa. A continuación, me reunía con ellos para

explicarles las razones de los cambios que el gobierno promovía en el país. Luego les pedía sus opiniones. La intención era que mis órdenes se acataran de manera informada y razonada.

Pero no todo fueron palabras. El entonces primer mandatario fortaleció su cercanía con la puesta en marcha y supervisión "del programa más ambicioso de construcción de viviendas para el personal del Ejército, que incluía casi el doble de las edificadas en los 75 años previos". Gracias a la enorme inversión que se hizo, los militares dejaron de destinar gran parte de su sueldo a pagar un alquiler, lo que mejoró sustancialmente su nivel de vida.

Para los militares, Carlos Salinas estaba modernizando al país, y ello beneficiaba sus intereses, tanto personales como profesionales. De acuerdo con Salinas, estos y otros elementos explicaban que, "más allá de la relación jerárquica en que mi condición de presidente me colocaba ante el secretario de la Defensa Nacional, existiera entre los dos una cercanía personal, respetuosa y particularmente cordial".

El discurso modernizador de Salinas combinaba a la perfección con la posibilidad de utilizar a Luis Miguel como aliciente para el reclutamiento. Ahora bien, en la práctica, si uno compara el videoclip con *Escape to Athena* y *Top Gun*, la realidad es que el video de Micky bien pudiera ser un tráiler de la segunda película.

Xavier Robles confesó, en el ya mencionado libro de Olga Rodríguez Cruz, que, cuando comenzó a idear la historia de

EL SECRETARIO DE LA DEFENSA NACIONAL

Rojo amanecer, no sabía bien cómo podría incluir tomas del Ejército reprimiendo una gran manifestación, pues ello encarecería la producción. Sin embargo, al ver *Alien,* de Ridley Scott —que por entonces se exhibía en cines y en la cual se mostraba el monstruo de forma fragmentada—, tomó la idea de proyectar la represión de manera fraccionaria, en lugar de verla, imaginarla y oírla desde un departamento de Tlatelolco.

Pedro Torres hizo lo mismo en su videoclip, en el que podemos ver a Luis Miguel participando en las actividades como un soldado más. Eso sí, en las más arriesgadas fue preferible hacer un *close up* del rostro para después abrir la toma y grabar a los alumnos que ayudaron a simular que el cantante tomaba parte activa en los diferentes ejercicios militares.

* * *

El videoclip de "La incondicional" se estrenó en febrero de 1989 y su impacto melódico y visual permitió que el Ejército tuviera una buena imagen entre las juventudes "luismigueleras" durante prácticamente todo el sexenio de Carlos Salinas de Gortari. Sin embargo, en el último año de su mandato, cambió la percepción del Ejército en el imaginario colectivo a raíz de los hechos ocurridos en Chiapas el 1 de enero de 1994.

Es relevante mencionar que, en las acciones militares, además de las tropas que intervinieron en los municipios donde el Ejército Zapatista de Liberación Nacional (EZLN) se posicionó, la Fuerza Aérea tuvo su primera experiencia bélica desde la Segunda Guerra Mundial. Los escuadrones 201 y 205, equipados con aviones Pilatus; el 208, con aviones Arava, y los 209 y 215, con helicópteros Bell, ametrallaron y lanzaron cohetes tanto a la defensa del cuartel de Rancho Viejo como en apoyo a la infantería en los municipios de Ocosingo y Comitán.

En sus memorias, el expresidente Salinas escribió que, al concluir una conversación telefónica con el general Riviello a las tres de la mañana del sábado 1 de enero de 1994, "muchos pensamientos me vinieron a la mente. Desde la represión del movimiento estudiantil de 1968 y el ulterior aniquilamiento de los grupos guerrilleros en los setenta, en México no sucedía algo así. Conforme consideraba las circunstancias, volví la vista a mi alrededor y a mi interior".

La noche del 9 de enero, Salinas tuvo otra conversación con el general Riviello, quien le confirmó lo que ya era evidente: "Dada la posición obtenida por las tropas, sólo faltaba la orden para perseguir y someter al grupo armado". De acuerdo con el general, el control de la zona por parte del Ejército estaba garantizado porque la fuerza numérica y el armamento de éste eran contundentes. No obstante, la decisión de Salinas fue el cese unilateral del fuego. Riviello dudó un minuto y después acató la orden del comandante supremo de las Fuerzas Armadas, respondiendo: "Estamos listos para proceder a lo que usted ordene".

Años más tarde, Salinas rememoró que el general le comentó: "Cuánta razón tuvo usted en proceder al cese unilateral del fuego. La persecución y aniquilamiento de los indígenas que conformaban el EZLN le hubiera acarreado un desprestigio imborrable al Estado y al Ejército mexicano, y hubiera sido base para una acusación por crímenes contra la humanidad".

En *La guerra y las palabras. Una historia intelectual de 1994* (2004), el escritor Jorge Volpi describió el razonamiento de Carlos Salinas que después fue avalado por el general Riviello. De acuerdo con Volpi, si el subcomandante Marcos se convirtió en uno de los grandes líderes de finales del siglo XX se debió a su talento para transformar sus flaquezas en puntos fuertes.

> Consciente de sus limitaciones, de la escasa preparación de sus tropas, de su falta de armamento, de la pobreza de sus milicianos, el subcomandante intuye desde el inicio que sus mejores armas son las palabras. Sólo si consigue convencer a la opinión pública de la justicia de sus demandas y del carácter desigual de su combate, unos cuantos campesinos mal armados que se oponen a uno de los últimos regímenes autoritarios del mundo, logrará evitar una carnicería que de otra manera será inevitable.

Justamente eso fue lo que intuyó el presidente al dar la orden, y el general lo entendió después.

Gracias a la imagen de cambio y progreso que buscaba transmitir el régimen, los productores de *Rojo amanecer* pudieron proyectar la película. Salinas trató de usar en su beneficio esa situación excepcional para demostrar apertura. Y lo hizo cuidando la imagen del Ejército, que forzaría a los productores a borrar las imágenes que lo dejaban mal parado. Pese a ello, es innegable que la percepción del espectador común respecto de la actuación de los militares es negativa.

Al mismo tiempo, el general secretario vio en el videoclip de Luis Miguel, la estrella pop del momento, una oportunidad para proyectar la imagen de unas fuerzas armadas modernas y propiciar un mayor reclutamiento. Sin embargo, Riviello no contaba con que el presidente cuidaría su propia imagen al ordenarle detener el avance del Ejército mexicano cuando éste estaba listo para aniquilar la amenaza que representaba el EZLN.

CAPÍTULO 4

LOS SALINAS
La nacionalidad mexicana

A finales de 1988, Luis Miguel Gallego Basteri era mayor de edad y ya había adquirido la categoría de celebridad. Tras recibir la bendición de los López-Portillo y la ayuda de los De la Madrid, comenzó a facturar en millones de dólares. Muy pronto llegaron más contratos y, por lo tanto, se sumaron más ceros a la cifra total de las finanzas de los Gallego Basteri, en ese tiempo todavía administradas por el patriarca Luis Gallego Sánchez.

Al cumplir dieciocho años, el cantante dejó atrás la obediencia ciega a Luisito Rey, tanto en su calidad de papá como de *manager*. Tras independizarse, Luis Miguel decidió que el argentino Hugo López González se encargaría de llevarlo a otro nivel: el de la consagración como estrella con presencia internacional.

Pronto quedaría claro que fue la mejor decisión para su carrera. El primer gran logro fue el disco *Busca una mujer*, grabado en 1988 en Los Ángeles y producido por Juan Carlos Calderón. En ese álbum, Luis Miguel dedicó a Mariana Yazbek la popular canción "Culpable o no"; con "Fría como el viento" recordó su fugaz relación con Lucía Méndez, y rememoró su relación con Stephanie Salas en "La incondicional". Fruto de esa breve unión, nació la primogénita del Sol, Michelle Salas, a quien, tras el reencuentro en 2008 entre padre e hija, Luis Miguel dedicó en sus conciertos la canción "Yo te necesito".

En 1988 también se registró el despegue de México hacia el primer mundo, o al menos eso nos vendieron cuando Carlos Salinas de Gortari tomó protesta como presidente de México, el 1 de diciembre de ese año. Mientras el sencillo "Un hombre busca una mujer" sonaba en la radio mexicana, Luis Miguel se presentó en el Palacio Legislativo de San Lázaro portando un traje oscuro con camisa blanca y luciendo su emblemática melena. Iba del brazo de Carmen Salinas, con quien, según la propia actriz, Luis Miguel estuvo relacionado desde que era muy pequeño y vivía con sus padres en el edificio de Luis Moya 89, en el Centro Histórico de la Ciudad de México.

Gracias a la magia de YouTube podemos revivir el momento en que el conductor de televisión Óscar Cadena, apostado en la escalinata principal de la Cámara de Diputados tras la toma de posesión de Salinas de Gortari, preguntó al cantante: "Para un joven como tú, Luis Miguel, que has tenido fama, que has tenido un prestigio, que has logrado a través de tu trabajo, ¿qué significa como mexicano un día de éstos?". A lo que el ídolo de masas respondió: "Pues es un día muy importante para todos los mexicanos, porque es un día en donde se inicia una nueva etapa para nuestro país, en donde no solamente el presidente tiene que trabajar, sino todos y cada uno de nosotros en cada labor o en cada trabajo que hagamos, debemos esforzarnos por mejorar este país y lo vamos a hacer".

Esa entrevista es una excelente muestra de lo que fue la administración de Carlos Salinas, en la que la televisión y la cultura popular sirvieron para llevar a millones de mexicanos la idea de progreso. Y, aunque usted no lo crea, la declaración de Luis Miguel estaba muy acorde con la filosofía del programa insignia del sexenio: Solidaridad.

***

Pero primero lo primero. La familia Salinas Occelli hizo su arribo a la residencia oficial de Los Pinos en diciembre de 1988. Así recordó aquellos años Cecilia Occelli González en una entrevista grabada en audio para la revista *Quién*,[1] en su casa de San Ángel de la Ciudad de México, ya divorciada de Carlos Salinas de Gortari. "Cuando llegamos, Ceci estaba por cumplir quince años, Emiliano trece y Juan Cristóbal nueve. Disfrutábamos mucho los jardines, jugábamos con los patos, como en un día de campo, visitábamos en los estanques a los pescados. En fin, intentábamos disfrutar de esa manera".

---

[1] La cual realicé en 2007, mientras fungía como editor de Política de esa publicación; aunque al final no vio la luz en *Quién* en ese momento, sino hasta 14 años después en mi pódcast *Dinastías del poder*.

En esa conversación, que nunca se publicó en la revista y de la cual di a conocer los audios en mi pódcast *Dinastías del poder* luego de permanecer 14 años guardados, la exprimera dama me platicó que para celebrar los quince años de su hija Cecilia, nacida el 22 de enero de 1974, adaptó como salón de fiestas un viejo gimnasio dentro de Los Pinos.

De acuerdo con Juan Manuel Magaña y Sara Pablo, quienes cubrieron la fuente de la Presidencia de la República en el sexenio salinista, la residencia oficial registró un claro reacomodo arquitectónico. Así lo escribió Magaña en el artículo "Los Pinos en días de incertidumbre y neoliberalismo", publicado en la versión electrónica de la revista *Arquitectura y Obras* en diciembre de 2012. Según Magaña, cuando Carlos Salinas de Gortari llegó al poder como resultado de una complicada elección, pesaba sobre él una carga de ilegitimidad, por lo que evitó salir a eventos en hoteles. En consecuencia, apenas en enero de 1989 se alistaron dos nuevos salones en la residencia presidencial: el Adolfo López Mateos y el Manuel Ávila Camacho.

Asimismo, el mandatario requirió que en Los Pinos hubiera un espacio habilitado para dirigirse al país de forma masiva. Por ello, de acuerdo con Magaña, se construyó un estudio de televisión dentro de la Casa Miguel Alemán... Sí, sí, sí, la misma donde a principios de 1981 hizo su debut el Solecito con los López-Portillo.

En el transcurso del mandato de Carlos Salinas, el área dedicada a la transmisión de los mensajes presidenciales se convirtió en el punto estratégico del plan de comunicación.

Los contenidos, antes elaborados por la televisora estatal Imevisión, corrieron a cargo de esa nueva área, denominada Centro de Producción de Programas Informativos y Especiales, encabezada por Héctor Cervera Gómez, quien recibió la encomienda de diseñar, establecer y supervisar la operación satelital del estudio de televisión en la residencia oficial. El objetivo era claro: cada mensaje debía ser grabado y transmitido por el propio gobernante.

La distribución de los contenidos estaría a cargo de Televisa, propiedad de Emilio Azcárraga Milmo, quien, según lo documentaron Claudia Fernández y Andrew Paxman en su libro *El Tigre,* tuvo una excelente relación con Carlos Salinas durante su sexenio. Aquí voy a hacer una breve interrupción para contarles el chisme de que, tras dejar la Presidencia, Salinas de Gortari terminó emparentado con Emilio Azcárraga. Y es que, luego de su divorcio de Cecilia Occelli, el político se casó con Ana Paula Gerard Rivero, prima del Tigre Azcárraga. En mi libro *Los Salinas. Retratos de los Cachorros del Poder* (2014) expliqué que la mamá de Ana Paula, María de los Ángeles Rivero Azcárraga, es hija de Bertha Azcárraga Vidaurreta, quien a su vez era hermana de Emilio Azcárraga Vidaurreta, uno de los fundadores de Telesistema Mexicano y abuelo de Emilio Azcárraga Jean, actual presidente de Grupo Televisa.

Una vez terminada la acotación, volvamos al hecho de que Televisa arropó a Salinas de Gortari desde antes de su llegada a la "Silla del Águila", como llamó Carlos Fuentes a la Presidencia. En la elección de 1988, antes de la controvertida "caída del sistema", Televisa desplegó todos sus recursos tecnológicos para ofrecer la máxima cobertura del candidato del PRI con transmisiones en vivo. Óscar Hinojosa y Florence Toussaint, reporteros de la revista *Proceso*, documentaron que el enlace realizado el 26 de enero, en el marco de una gira del candidato por Sonora, Tabasco y Guanajuato, tuvo un costo, únicamente por concepto de tiempo, de 21 millones de viejos pesos. Sólo para la realización del enlace en Sonora se requirieron seis cámaras fijas, diez unidades móviles, cinco monitores y decenas de camarógrafos y técnicos.

Una vez que Salinas estuvo en el poder, el discurso desde la Presidencia abordó el concepto de modernidad, entendida como un proceso en el que confluían la apertura económica y la incursión en el mercado global, con la bandera de la negociación del Tratado de Libre Comercio de América del Norte (TLCAN), y el bienestar social, con la bandera del programa insignia del sexenio.

En palabras del mismo Carlos Salinas de Gortari, no había tiempo que perder. Así que el 2 de diciembre de 1988, al día siguiente de su toma de posesión —a la que asistió Luis Miguel—, se puso en marcha el Programa Nacional de Solidaridad.

Según las memorias del expresidente, ya citadas, "la elección del nombre Solidaridad para este programa no fue casual. Se trataba de lograr mayor justicia social más allá de un esquema de transferencia de recursos o subsidios focalizados. Para enfrentar la pobreza, el liberalismo social exigía la participación independiente y organizada de la comunidad".

LOS SALINAS

Ya ven, Micky tenía razón cuando declaró en San Lázaro que "no solamente el presidente tiene que trabajar, sino todos y cada uno de nosotros en cada labor o en cada trabajo que hagamos, debemos esforzarnos por mejorar este país y lo vamos a hacer".

Lo que en ese momento nadie le informó a Luismi es que, según el artículo 33 de la Constitución Política de los Estados Unidos Mexicanos, "los extranjeros no [pueden] de ninguna manera inmiscuirse en los asuntos políticos del país". Y para el 1 de diciembre de 1988 Luis Miguel era una especie de "nini": ni era mexicano ni podía manifestarse públicamente sobre la política de México en territorio mexicano.

* * *

Regresando a los salones remodelados de la residencia oficial de Los Pinos, doña Cecilia Occelli me confesó en aquella entrevista exclusiva de 2007 que el día de la fiesta de quince años de su hija, el 22 de enero de 1989, el lugar del festejo todavía estaba en obra negra, así que taparon los huecos de las ventanas con tablones de madera porque hacía mucho frío. A pesar de los inconvenientes, en el otrora gimnasio se llevó a cabo la celebración.

¿Recuerdan que en el primer capítulo de este libro prometí contar cómo fue que Blanca Charolet tomó las fotografías familiares de los quince años de Ceci Salinas? Pues para luego es tarde. Resulta que, en mi entrevista de mayo de 2023, la prestigiada retratista me confesó que ese mismo 22 de enero de 1989 le habló por teléfono Antonieta Grajales, que para entonces era asesora de imagen de Cecilia Occelli y quien, antes de la toma de posesión de Carlos Salinas de Gortari, ya había contactado a Blanca para que realizara un trabajo fotográfico que resaltara el cambio de imagen pública que le había hecho a Cecilia. Ese día de la fiesta, Blanca estaba revelando algunos rollos en su taller, entonces ubicado en Tecamachalco, Estado de México, cuando sonó el teléfono. Al otro lado del auricular estaba Antonieta, quien le preguntó: "¿Tienes tiempo? ¿Puedes venir a Los Pinos a tomar unas fotos?".

Sin saber de qué se trataba, Blanca Charolet respondió que sí. En una mochila guardó su cámara Nikon 35 milímetros, con un *flash* pequeño, y en otra metió dos luces, por si había que hacer un extra, además de dos lentes, un angular y un telefoto. Se dirigió en su coche hasta la puerta cuatro de Los Pinos. Conocía de memoria el camino debido a que había trabajado ahí todo el sexenio de José López-Portillo. Al llegar a la Casa Miguel Alemán le dijeron que esperara en el vestíbulo, y sólo en ese momento Blanca supo para qué había sido requerida.

—¿Había muchos retenes para cruzar dentro de Los Pinos? —le pregunté en la entrevista, realizada en el restaurante Giornale de la plaza Grand Pedregal, al sur de la Ciudad de México.

—Digamos que ya estaba habituada. Para esas cosas dices un nombre y se abre la puerta. En aquel entonces, Antonieta Grajales asesoraba a la señora Cecilia Occelli en su imagen. Yo no sabía de qué se trataba, hasta que llegué y me dijo Antonieta: "Mira. Hoy es el festejo de los quince años de Ceci y necesitamos que tomes unas fotos". Hasta ese momento supe para qué me habían llamado, pero en cuanto llegué al recibidor, donde está una escalera esplendorosa, ya venía bajando Ceci. No me dio tiempo de poner luces ni nada, sino que le puse *flash* a mi cámara y así le empecé a tomar las fotos. Rápidamente hice como unas siete u ocho fotos. Enseguida llegó la señora Salinas y luego luego llegó el licenciado Salinas. Son muy pocas fotos, pero ésas son las que realicé de ese encuentro.

—¿Cómo era el vestido de Ceci? ¿Algún diseñador en particular? ¿Tenía accesorios? ¿Qué te llamó la atención de su arreglo?

—El vestido era de color violeta o lila, algo así. Traía unas medias blancas. Y, bueno, vi la candidez de una chica de quince años de ese tiempo. Bella, muy bella. Y en las fotografías lo que intenté fue [...] que quedara esa imagen luminosa. El vestido no era ampón, era de coctel, con los brazos descubiertos. Un vestido muy sencillo. Lo que me llamaba la atención era su brillo propio. No había otra cosa más bella que eso. La señora Salinas también llevaba un vestido con mucha sencillez. Lindo, pero no recuerdo el color.

—¿Qué te dijo la señora Salinas? ¿Qué quería que quedara plasmado en las fotografías?

—Nada. No me dijo nada. Luego luego que bajaron las escaleras tomé las fotos. Fue veloz. Velocísimo. Eran alrededor de las 5:30 de la tarde. Ellos tenían prisa, por lo que yo tenía un tiempo muy limitado para hacer las fotos. El encuentro quizá duró siete minutos. Todas las fotos se hicieron en el vestíbulo de la Casa Miguel Alemán. Al final se entregaron sólo tres retratos. A color. En esa época no se usaban los retoques.

—¿Qué te dijo el presidente Salinas cuando te vio tomando las fotos de su hija?

—Te digo que no hubo plática de nada. Nada más se acercó, tomamos la foto de grupo de los tres y ya. Es todo. Él iba vestido de traje oscuro y corbata; yo creo que era negro el color. Enseguida empezaron a llegar los familiares y, por lo que escuché, hasta ese momento supe que iba a haber una recepción y en esa recepción estaría Luis Miguel. Más que una sesión de fotos, te diría que fue un testimonial de ese momento, una fotografía instantánea, porque no fue nada armado. De todas maneras, es un buen testimonio. Por ahí tengo las fotos.

Blanca Charolet se retiró y la fiesta comenzó. Al decir de doña Cecilia, a esos quince años sólo asistieron algunos amigos de Ceci y sus primos, tanto los Occelli como los Salinas.

Una de las asistentes a esa fiesta en Los Pinos fue Claudia Ruiz Massieu Salinas, la mayor de las dos hijas que tuvo Adriana Salinas de Gortari —hermana de Carlos Salinas y, por lo tanto, tía de Ceci— durante su matrimonio con José Francisco Ruiz Massieu. Este último también navegaba en esas profundas aguas de la política; llegó a ser gobernador de Guerrero y, más tarde, secretario general del PRI, cargo que ocupaba cuando fue asesinado, el 28 de septiembre de 1994. A pesar de eso, o a partir de esa tragedia que le arrebató a su padre, Claudia decidió dedicarse a la política y con ello, hasta el momento, se convirtió en la única de las dinastías Ruiz Massieu y Salinas que heredó el ADN político de su estirpe, el cual comenzó con su abuelo materno, Raúl Salinas Lozano —quien debutó en la administración federal durante el sexenio de Adolfo Ruiz Cortines—, y continuó con su tío Carlos Salinas de Gortari.

Al igual que sus antecesores paternos y maternos, Claudia ha ocupado cargos importantes, entre los que destaca el de secretaria de Turismo, puesto que ocupó en la primera mitad del sexenio del presidente Enrique Peña Nieto (es decir, de 2012 a 2015). Su sucesor fue el hijo del expresidente Miguel de la Madrid, Enrique de la Madrid Cordero, quien en entrevista para este libro habló de la relación de su familia con Luis Miguel (véase el segundo capítulo). Como titular de la Secretaría de Turismo (Sectur), Claudia Ruiz Massieu Salinas habría autorizado destinar recursos públicos federales suficientes para contratar a Luis Miguel como la imagen promocional del estado de Guerrero, pero ésa es otra historia que podrán leer en detalle más adelante.

Volvamos a la fiesta de quince años de Ceci Salinas en Los Pinos, celebrada en enero de 1989. A Cecilia Occelli González le faltó mencionar algo sumamente importante respecto de los asistentes. Y es que uno de los encargados de amenizar el evento fue nada más y nada menos que el único e incomparable Luis Miguel, tal como lo espoileó Blanca Charolet, quien desafortunadamente no fue requerida en la fiesta y por lo tanto no tuvo detalles ni imágenes del concierto privado del Sol en Los Pinos.

Sin embargo, por una de esas casualidades que la vida suele obsequiar a quienes en el gremio se les llama "reporteros con suerte", durante la investigación de este libro me contactó a través de Facebook una mujer que sí asistió como invitada a la fiesta de 15 años de Cecilia Salinas. Y lo que casi me produjo un infarto al miocardio: ¡tenía fotos inéditas de Luis Miguel!

El 5 de agosto de 2023 recibí un mensaje de Messenger proveniente de una cuenta a nombre de Lucero Resano. El texto decía: "Hola, estoy viendo la entrevista con Paulina Mercado. Yo fui a los 15 años de Ceci Salinas. Te comparto unas fotos de ese día". Me adjuntó cuatro imágenes. En una de ellas aparecía Carlos Salinas de Gortari acompañado de su hija Cecilia, quien traía el vestido de coctel color violeta o lila del que meses atrás me había hablado Blanca Charolet. Cuando pude contener la hiperventilación, comencé a razonar sobre cómo era que esa persona había llegado a mí con ese material.

En el orden de los recuerdos me llegó la primera respuesta: efectivamente, concedí una entrevista, acerca de mi pódcast *Luis Miguel ¿Culpable o no?*, a Paulina Mercado y su prima Bibiana Belsasso, ambas comunicadoras amigas mías, para su nuevo programa de YouTube, llamado *Whip40y+*. A pesar de que la entrevista se grabó el 30 de mayo de 2023, en casa de Bibiana y de su esposo, el periodista Jorge Fernández Menéndez, no se transmitió sino a principios de agosto del mismo año, una vez que las presentadoras terminaron toda su primera temporada, producida por Nino

Canún hijo, quien, al concluir la grabación, me dijo frente a todos: "Yo también estuve en los quince años de Ceci Salinas y sí cantó Luis Miguel".

Una vez que analicé las fotografías me di cuenta de que todo correspondía con la época y el lugar del que me habían hablado todas mis fuentes a lo largo de mi documentación. De inmediato le respondí a Lucero por la misma vía, primero para agradecerle por el material y, después, para invitarla a tomar un café con el fin de que me contara todo el chismecito habido y por haber. "No vivo en México. Si te sirven las fotos te las puedo regalar sin ningún problema". Entonces apliqué el coro de la canción de Luis Miguel: "No, no, no, no... No me puedes dejar así".

Le di mi teléfono. Me pasó el suyo. Hicimos una cita para que la pudiera entrevistar vía telefónica. El 10 de agosto sucedió lo que los religiosos llaman un milagro. A continuación, un testimonio inédito y exclusivo, autorizado para salir a la luz, de una asistente a la fiesta de quince años de Cecilia Salinas, en la residencia oficial de Los Pinos.

> Nosotros fuimos a los quince años de Ceci Salinas porque mi marido Ismael Ugalde está en un grupo musical que se llama Los Compadres, todos ellos son superamigos. Son muy buenos músicos, tienen canciones espectaculares, muchos son compositores, pero ninguno se dedica a la música. Tienen otros negocios. A la fecha son como 15 integrantes, entre los que están dos primos de Ceci. Ellos son dos hermanos que se llaman Mauricio y Armando Occelli

Molina; su papá es Armando Occelli, hermano de Cecilia Occelli González. El grupo le llevó serenata a Ceci una noche antes de su fiesta de cumpleaños, así que, en agradecimiento, Cecilia mamá invitó a los quince años de Ceci a todos Los Compadres, que iban sin novias. Yo fui la única invitada, pero porque éramos los únicos casados del grupo, porque éramos los más grandes. Yo me casé a los veinte años de edad.

Lucero Resano Bravo me contó que es diseñadora gráfica de profesión. Durante tres décadas dio clases sobre arte en el Instituto de Humanidades y Ciencias (Inhumyc), al sur de la Ciudad de México. Luego trabajó en la coordinación de promoción universitaria de la Universidad del Claustro de Sor Juana, donde es rectora Carmen Beatriz López-Portillo Romano, hermana de Paulina ("la madrina" de Luis Miguel).

A pesar del secretismo con el que supuestamente se manejó la sorpresa que el presidente Salinas tenía para su hija, en la entrevista Lucero confesó: "Nosotros sí sabíamos que iba a ir Luis Miguel a cantar a la fiesta de Ceci cuando nos invitaron. Los primos Occelli también". Sobre los detalles de la presentación del Sol en Los Pinos, mi contacto precisó: "El evento fue de noche, en un salón de fiestas muy grande, precioso, con *parquet*. Cero ostentoso. Dieron de cenar pero no hubo lo que hay ahora de mesas de postres, mesas de botanas… Una fiesta normal de quince años como la hubiéramos tenido cualquiera de nosotras…, pero en Los Pinos". Sobre la joya de la corona, Lucero reveló que "Luis Miguel llegó precisamente a la hora de la cena, se echó aproximadamente una hora con un *show* bien montado. Claro que Luis Miguel le cantaba a Ceci, que entonces tenía un novio muy guapo, alto, de ojos azules, que estaba nervioso porque Ceci era la reina de la fiesta y le estaba cantando Luis Miguel. ¡Imagínate! ¡Pobre! Este chavito tenía como dieciséis años".

Según Lucero, ahora dedicada al cuidado de sus nietos y a la pintura, una vez que Luis Miguel finalizó su participación y se retiró, en el escenario se instalaron los músicos de la agrupación de Pepe y Javier González, que en ese momento era una banda versátil muy famosa. "Pepe y Javier eran ciegos. Todos los que tenían lana los contrataban para sus bodas". Ellos fueron los encargados de levantar a la pista a la concurrencia, que rondaba los 300 invitados, la mayoría familia de la festejada.

Sobre las fotos que me hizo llegar y que me levantaron las dos cejas hasta el cielo, Lucero explicó:

> Mi marido era como Mafafa Musguito [el personaje de la serie de televisión *Odisea Burbujas*], a todos lados llevaba su cámara fotográfica, y la fiesta de Ceci no fue la excepción. Lo dejaron entrar con su cámara sin ningún problema porque toda la vida había sido el fotógrafo de los amigos; entonces tengo las fotos que nadie tiene. Era otro mundo. No había cámaras digitales y ni pensar en los teléfonos celulares con cámara. Ha cambiado tanto que en esta época esas fotos son oro puro.

Lucero coincide con la versión de Blanca Charolet sobre el arreglo de la quinceañera: "Su vestido era en color lila, muy pegadito, de una tela brillosa, y luego [tenía] como una organza arriba, lila también. No era de largo. Nadie iba de largo. No era de etiqueta, porque todos los chavos iban de traje y corbata; sólo el novio de Ceci iba de esmoquin". Lo que nadie ha dicho, y que ahora se sabe gracias a las fotografías del matrimonio Ugalde Resano, es que la corbata que usó el comandante supremo de las Fuerzas Armadas en los quince años de su hija era de la misma tela y color que del vestido de ésta. "No hubo el tradicional vals, pero el presidente Salinas de Gortari en todo momento estuvo con su hija", concluyó Lucero.

Sin dar tantos detalles, como los testimonios inéditos de Blanca Charolet y Lucero Resano, la propia hija del expresidente de México confesó a la reportera Verónica Olvera, para la edición de octubre de 2004 de la revista *Gente!* (Editorial Televisa), que a Luis Miguel lo conoció en su fiesta de quince años porque su papá le pidió que fuera a cantar. Según Cecilia, no se hicieron amigos; simplemente fueron conocidos. De quien sí se hizo íntima amiga fue del hermano del cantante, Alejandro Basteri, al cual dijo adorar.

Lo que no dijo Cecilia en la entrevista con Verónica Olvera es que a partir de ese momento comenzó un noviazgo con Jorge Arana (posiblemente a quien se refiere Lucero Resano), el cual duró tres años. Una vez que éste terminó, es decir, a la mitad del sexenio, cuando Ceci tenía ya la mayoría de edad, se hizo novia del conductor del programa de televisión *El calabozo*, Jorge Van Rankin Arellano, apodado el Burro. Este noviazgo se prolongó cinco años, o sea que finalizó dos años después de que concluyera el gobierno de Salinas.

En la entrevista que le hice en 2022, Martha Figueroa, autora del libro *Micky, un tributo diferente,* me explicó que, en la época en que se celebraron los quince años de Cecilia, Luismi buscaba una familia porque se estaba desbaratando todo lo suyo a nivel personal. "Y entonces salen estos cuates y estas familias..., pues ve esa bolita de amigos y ahí se queda con Cecilia, Alfie Gatica, el Burro Van Rankin y toda esa bola que siempre estaba en Los Pinos y que consideraba como de su familia".

Muchos años después, el propio Burro Van Rankin tomó el micrófono para hablar de sus asuntos del corazón con la hija del presidente Salinas. El conductor de televisión, acompañado del actor y empresario Roberto Palazuelos, concedió una entrevista para el programa de YouTube *Pinky Promise,* conducido por la integrante del grupo JNS (antes Jeans) Karla Díaz y producido por Sensei Media, y allí describió su relación.

El Burro comentó que, cuando empezó a andar con Cecilia, era la mitad del sexenio. Y decían:

> "Este pinche mequetrefe" y ella, su princesa. "¿Qué hace este pinche interesado?". *El calabozo* ahí era el *number one*.[2] Pero terminando el sexenio matan a Colosio, matan a Ruiz Massieu y todo ese rollo de la política, y de repente un día [Carlos Salinas de Gortari] se da cuenta de que yo

---

[2] *El Calabozo* fue un programa del Burro y Esteban Arce que se transmitió por muchos años en el canal Telehit, de Televisa.

sigo con la hija cuando ya estaba como exiliado en Irlanda y en Cuba. Y un día me manda a llamar en Nueva York; hablamos él y yo, así, cara a cara. No me saludaba en Los Pinos, me daba la vuelta, así, se volteaba. Me dice: "¿Cómo estás, Jorge?". Nunca [antes] me dijo Jorge. "Te ofrezco una disculpa porque al principio pensé que sí había un interés ahí, pero estando los trancazos como están y veo que sigues aquí, entonces quiero que seamos amigos". Entonces nos hicimos amigos. Le dije: "Nada más le voy a decir una cosa, señor. ¿Qué le iba a sacar yo a su hija siendo [usted] presidente? Antes de que su hija entrara a un antro, porque estábamos chavos, entraba yo. *El calabozo* era acá... una licencia, la sacaba yo antes que su hija, y lo digo con todo respeto". Entonces hice una gran amistad con él.

Hacia 1996 o 1997, el Burro y Cecilia Salinas terminaron su relación. Como lo refirió Martha Figueroa, la hija del expresidente volvió a encontrar el amor entre ese grupo de amigos con Alfie Gatica, cuyo nombre completo es Alfredo Gatica Mercado, hijo de Luis Enrique Gatica Silva, mejor conocido artísticamente como Lucho Gatica, el Rey del Bolero.

Alfie, quien de acuerdo con Javier León Herrera y Juan Manuel Navarro sigue siendo amigo de Luis Miguel, le entregó el anillo de compromiso a Cecilia Salinas en enero de 2003, tres años después de haber iniciado su noviazgo, y el 13 de abril del mismo año, frente a más de 600 invitados, en Cuernavaca, Morelos —entre los que no se encontraba Luis Miguel—, ambos contrajeron nupcias.

* * *

Pero volvamos al sexenio de la modernidad. En 1990 el presidente Salinas reconoció que la difusión del programa Solidaridad no estaba penetrando en los hogares mexicanos como él hubiera querido, ni siquiera haciendo trampa. Bueno, no tanto así, pero el presidente recuerda en sus memorias que, durante la visita del papa Juan Pablo II, en mayo de 1990, pidió de favor al sumo pontífice que se presentara en Chalco, Estado de México, el lugar que había visto nacer el programa gubernamental. El papa no sólo aceptó, sino que dedicó algunas líneas de su discurso al tema: "Distinta es la pobreza que oprime a multitud de hermanos nuestros en el mundo y les impide su desarrollo integral como personas. Ante esta pobreza, que es carencia y privación, la Iglesia levanta su voz convocando y suscitando la solidaridad de todos para doblarla".

Más allá del guiño papal, Salinas necesitaba que la difusión saliera de los métodos tradicionales y se posicionara de forma diferente. Para ello, solicitó la ayuda de su amigo, el gran estratega de imagen Isaac Chertorivski —papá de Salomón, quien al cierre de este libro es el candidato a jefe de Gobierno de la CDMX por Movimiento Ciudadano—, quien aceptó el reto de ayudar a relanzar el proyecto social, además de emprender otras campañas de mucha importancia en el sexenio, a cambio de nada. Así es, Carlos Salinas reconoce que Chertorivski no cobró por sus participaciones ni solicitó ningún apoyo adicional.

Para ese entonces, el consultor ya tenía amplia experiencia y notables credenciales para emprender semejante labor. Egresado de la licenciatura en administración por la Universidad Nacional Autónoma de México, Chertorivski hizo una gran carrera en la compañía Bacardí y fue el autor de eslóganes y campañas como "Agarra la jarra", "Bacardí sí combina", "La prueba del añejo" y "Valores juveniles".

A don Isaac se le requería sobre todo los domingos, cuando era citado para que con su ingenio ayudara a crear nuevas campañas acordes con los cambios económicos y sociales que se gestaban en Los Pinos. Así, por ejemplo, buscaba la mejor manera de explicar el alza en el precio de la gasolina o la reducción del impuesto al valor agregado (IVA). De hecho, el propio Chertorivski contó, en una entrevista para el sitio de noticias Diario Judío, publicada el 3 de febrero de 2015, que uno de esos domingos se le ocurrió quitarle los ceros al peso, a lo que el presidente accedió, y, tras una reunión con Pedro Aspe, secretario de Hacienda, él mismo diseñó una campaña que respondería en televisión nacional las 27 preguntas que todo mexicano podría hacerse ante ese importante cambio en la moneda.

A finales de 1990 comenzó la gran revolución de la marca "México". Para empezar, el 10 de octubre de ese año se inauguró la exposición *México: treinta siglos de esplendor,* en la que un millón de piezas mexicanas, provenientes de nueve países, se exhibieron en el Museo Metropolitano de Nueva York. Y el 11 de octubre, casualmente mientras Octavio Paz participaba en las actividades culturales relacionadas con la exposición, se anunció que el escritor había sido galardonado con el Premio Nobel de Literatura.

A nivel local, la mano de Chertorivski se vio de inmediato en la realización y publicación de una campaña conformada por pequeñas historias que se transmitieron en *spots*. Así, a la par de las notas informativas sobre las giras y eventos en los que el presidente intervenía como parte del programa Solidaridad, el gurú de la comunicación combinó en esos anuncios los elementos emocionales, que tan buen resultado habían dado en la visita del papa, con el histrionismo y el sentimiento aspiracional característicos de las telenovelas de Televisa.

Como resultado, muchos tenemos todavía en la memoria el comercial en el que un joven (interpretado por Copérnico Vega) llega entusiasmado a una tienda rural para comunicarle a su dueño, don Beto (Antonio Raeza), que su comunidad ya cuenta con una carretera. La emoción del momento hace que don Beto llore de júbilo, pero lo disimula diciendo que se le ha metido una basurita en el ojo.

A los mexicanos también se nos metían basuritas de emoción en los ojos. Al Nobel de Octavio Paz le siguió el triunfo de Guadalupe Jones Garay —mejor conocida como Lupita Jones— en el concurso de belleza Miss Universo, el 17 de mayo de 1991. Sin duda, el momento cumbre de ese certamen tuvo lugar durante la sesión de preguntas. Cuando se le preguntó a la Miss México por el mayor problema de su país, ella contestó que el Tratado de Libre Comercio, pues nos haría competir con países avanzados; sin embargo, la joven aseguró que podíamos hacerlo y que ésa era nuestra meta.

No sólo eso: durante todo el año se escuchó y se vio en los televisores de las familias mexicanas un himno a la inclusión de los más desfavorecidos gracias a un programa social. Fue nuestra versión remasterizada y tropicalizada del éxito "We Are the World", aquel himno que escribieron Michael Jackson y Lionel Richie, y cuya interpretación reunió a grandes artistas, como Bob Dylan, Bruce Springsteen o Billy Joel.

Nosotros no nos quedamos atrás. Televisa congregó a tantos artistas que tuvo que producir dos versiones de la misma canción para que todos pudieran participar y cantar algún fragmento. El video que nos adoctrinaba todas las noches era la fusión de esas dos versiones. Sólo para dar idea de quiénes participaron, puedo mencionar a Timbiriche, la Onda Vaselina, Garibaldi, Mijares, Verónica Castro, Daniela Romo, Vicente Fernández, Rigo Tovar y un largo etcétera. Lo mejor que tenía Televisa en ese momento.

Además de desarrollar cierta sinergia con los intelectuales, a quienes se ofreció la creación por decreto del Consejo Nacional para la Cultura y las Artes (Conaculta), el 7 de diciembre de 1988, con la presencia en Palacio Nacional de Octavio Paz, Carlos Fuentes, Gabriel García Márquez, Rufino Tamayo, Jaime Sabines, entre otros, el presidente estaba cobijado por los artistas populares, de la mano de Televisa. Carlos Salinas se apoyaba en esas figuras públicas y en la maquinaria de la televisora, y, a cambio, les otorgaba favores. Uno de ellos, por ejemplo, fue la revisión del régimen fiscal que exentó a todos los artistas del impuesto sobre la renta, tal y como él mismo relata en su libro *México. Un paso difícil hacia la modernidad* (Plaza & Janes, 2013).

Hablando de contribuciones tributarias, por muchos años ha existido el rumor de que, a causa de los malos manejos de su papá, Luis Miguel evadió el pago de impuestos y el presidente Salinas tuvo que interceder para que se eliminara su deuda por dedazo. En *Luis Miguel, la historia*, Javier León Herrera asegura que su propio padre fue quien causó a Micky fuertes dolores de cabeza con el fisco. Así lo escribió el autor: "Cuando Luis Miguel descubriera que estaba con sus finanzas vacías, que el dinero desapareció como por arte de magia, sin duda con destino a paraísos fiscales, que tenía ante sí un tremendo problema de evasión de impuestos, y encima de eso su madre no aparecía por ningún sitio, sería cuando se produciría la gran explosión de dimensiones similares a las del Krakatoa y el Vesubio". La ruptura definitiva entre Luis Miguel y su padre, Luisito Rey, se dio al poco tiempo en el Hotel Villa Magna de Madrid, en España.

No se tiene ningún documento oficial que avale el ruido en torno a esa historia, aunque el cantautor Laureano Brizuela, conocido como el Ángel del Rock —quien sí fue detenido y acusado del mismo delito en ese sexenio—, ha declarado que Luis Miguel ocupaba el segundo sitio en la lista de evasores fiscales del gobierno.

De lo que sí se tiene evidencia es de la confesión del presidente Salinas sobre la existencia de un trato preferencial para algunos personajes. En su ya mencionado libro, el expresidente se refirió explícitamente a Jacobo Zabludovsky, quien siempre argumentó que él era un "creador" al presentar sus noticias y, en consecuencia, reclamaba su derecho a exentar el impuesto sobre la renta, como hacían los artistas. El presidente subrayó que, a pesar de esos abusos, se estableció la exención. Por lo tanto, cabe la posibilidad de que el mismo criterio existiera para muchas otras celebridades; en este caso, para Luis Miguel.

A juicio del historiador Alejandro Rosas, Salinas creó una política permisiva disfrazada de incluyente. Él dejó hacer y dejó pasar para consolidar su proyecto. Permitió que regresaran los conciertos masivos, por ejemplo, que estaban prohibidos. Posibilitó la concentración de jóvenes en conciertos, y cosas que no se habían visto antes, como la presentación del cantautor Juan Gabriel en el Palacio de Bellas Artes.

De esta manera, en 1991 se presentó en el Palacio de los Deportes la banda australiana de rock INXS, con lo que se inauguró la era de los conciertos masivos en la Ciudad de México, que continúa en la actualidad. Ese mismo año, el Auditorio Nacional abrió nuevamente sus puertas después de una remodelación a cargo de los arquitectos Teodoro González de León y Abraham Zabludovsky, hermano de Jacobo.

En el lapso transcurrido entre la toma de protesta de Carlos Salinas, en 1988, y su primer concierto en el Auditorio Nacional (en 1991), Luis Miguel entabló una relación amorosa con una amiga de la infancia, Issabela Camil —de quien ya dijimos capítulos atrás que en estricto sentido ni se llama Issabela ni se apellida Camil—, y encontró en Acapulco el lugar para residir la mayor parte de su tiempo. Además, comenzó a ser reconocido internacionalmente tras recibir en Mónaco, en 1990, el Premio al Mundo de la Música.

Hablando de Mónaco, y en relación con la exportación de esa imagen del México moderno, cabe decir que Televisa, de la mano del gobierno de Guerrero —encabezado por José Francisco Ruiz Massieu, papá de Claudia Ruiz Massieu Salinas—, organizó en 1991 el Festival Acapulco. Además de superar las expectativas, con un lleno total en hospedaje y una audiencia estimada de 300 millones de telespectadores a nivel mundial, ese evento musical tuvo como invitada especial a la princesa Estefanía de Mónaco. Fue el mismo Luis Miguel quien, en inglés, le dio la bienvenida y le entregó su medalla conmemorativa.

Un año antes del festival se lanzó el álbum *20 años,* que incluyó el tema, muy bailable, "Será que no me amas", capricho de Luis Miguel (éste era fanático de The Jackson 5, quienes produjeron el original), además de dos nuevos himnos al amor: "Entrégate" y "Tengo todo excepto a ti". Las presentaciones en el entonces Distrito Federal, como parte de la gira de dicho álbum, se llevaron a cabo en el centro de espectáculos Premier.

A finales de 1991, Luis Mi Rey cantó por primera vez en el que posteriormente sería su escenario favorito: el Auditorio Nacional, reinaugurado en mayo de ese año.[3] Desde enton-

---

[3] Según una nota de Nora Marín publicada en el periódico *Reforma*, Luis Miguel se presentó en el Auditorio a mediados de 1991. Sin embargo, la oficina de Difusión, Prensa y Comercialización de este recinto me especificó por correo electrónico, en respuesta a una consulta mía, que el primer espectáculo público realizado en sus instalaciones se llevó a cabo el 6 de septiembre de 1991, cuando

ces, las cerca de 10 000 butacas de ese recinto se convirtieron en uno de los amuletos de Luis Miguel. Todos los récords batidos por el Sol comenzaron a partir de esa fecha.

Al decir de Gerardo Estrada Rodríguez, quien se desempeñó como coordinador ejecutivo del Coloso de Reforma del 2 de abril de 2013 al 15 de junio de 2016 —en la administración del presidente Enrique Peña Nieto—, "la vida artística de Luis Miguel en la Ciudad de México está muy ligada al Auditorio Nacional y el Auditorio Nacional quizá no hubiera adquirido la repercusión internacional y nacional que ha tenido si no hubiera sido por la presencia de artistas como Luis Miguel".[4]

* * *

Dejando de lado la repercusión que tendría Luis Miguel para el Auditorio Nacional —y viceversa—, en 1991 Micky estaba viviendo el sueño de ser una estrella de talla internacional. Todo iba viento en popa: había encontrado la estabilidad que anhelaba a nivel personal desde su emancipación, y el álbum *20 años* se había convertido en una bomba comercial, pues se vendieron 600 000 copias en tan sólo una semana.

Sin embargo, el entorno de Luis Miguel recibiría una noticia que dejaba muy mal parado al cantante. Según cuentan

---

se montó la obra *Carmina Burana*, con la Compañía Nacional de Danza, dirigida por Carlos López Magallón; la Orquesta del Teatro de Bellas Artes, bajo la batuta de Enrique Barrios, y el Coro del Teatro de Bellas Artes, con Jesús Macías al frente. Por tanto, la presentación del cantante debió ocurrir después de ese evento.

[4] Este testimonio corresponde a una entrevista realizada en octubre de 2022 al doctor Estrada, difundida primero en mi pódcast *Luis Miguel ¿Culpable o no?* de Podimo y ahora publicada en este libro.

Javier León Herrera y Juan Manuel Navarro, en una de las visitas del Sol a Puerto Rico, Alfred D. Herger, un presentador de televisión puertorriqueño con mucha influencia en la cultura popular de la isla, se acercó a saludar a Alex McCluskey, mano derecha de Hugo López, para decirle que, si Luis Miguel era el primogénito de Luisito Rey, entonces era boricua, y debía informar de ello al cantante, que seguramente no lo sabía.

En su papel de *manager* y papá postizo, Hugo López solicitó a su personal que verificara esa información. Una vez que se supo que ésta era cierta y que Luis Miguel en realidad había nacido en Puerto Rico, López tocó las puertas del gobierno mexicano para exponer el asunto y planear el manejo de la crisis.

La historia de que Luis Miguel había llegado al mundo en el estado de Veracruz, en México, fue una mentira a la que contribuyó el jefe de la policía del Distrito Federal, Arturo "el Negro" Durazo, y que, desde luego, capitalizó Luisito Rey.

De hecho, Luis Miguel cuenta con dos actas de nacimiento falsas. La primera asienta que nació el 19 de abril de 1970 en Veracruz y fue registrado el 13 de mayo de 1987. En el segundo documento, que tiene como fecha de registro el 8 de octubre de 1986, se establece que Luis Miguel nació el 19 de abril de 1970 en la Ciudad de México y que en el registro civil compareció el licenciado Jaime Camil Garza en representación del padre del registrado, exhibiendo para ello un poder otorgado ante un notario público de Madrid, España. Las dos actas confieren a Luis Miguel el derecho de identidad, con las claves únicas de registro de población (CURP) GABL-700419HVZLSS04 y GABL700419HDFLSS03.

Sin embargo, la verdad histórica de los hechos es otra. El nacimiento de Luis Miguel ocurrió en Puerto Rico el 18 de abril de 1970. De acuerdo con el libro *Luis Mi Rey*, de Javier León Herrera, a las 23:30 horas —tal como se documentó en el expediente número 34 523 de partos del Hospital San Jorge de Santurce—, por cesárea, nació el primogénito de Luisito Rey, con 10 de 10 en el coeficiente APGAR, pesando 3.864 kilogramos y midiendo 53 centímetros. Por decisión del padre, el nacimiento se oficializó el 19 de abril.

Cuando le pregunté a Claudia de Icaza, autora de *Luis Miguel. El gran solitario,* cómo fue que el artista se naturalizó mexicano, ella me contestó que Luismi ya era mexicano por las mentiras de su padre. Cuando Luis Rey descubrió que su hijo era oro molido en México y que este país era muy importante para comenzar la carrera del joven cantante, inventó que su nacimiento había ocurrido en Veracruz.

La periodista me contó después algo que sintetiza muy bien lo que se puede deducir tras analizar el sexenio salinista: "Carlos Salinas de Gortari da la naturalización a Luis Miguel para constatar que no era mexicano, para que nosotros, los mexicanos, como yo dije en el libro, no nos sintiéramos devaluados".

El presidente de México no permitió que el asunto de la falsa nacionalidad del artista juvenil más famoso de Latinoamérica se convirtiera en una bala al aire. Ahora, en la hemeroteca del periódico *El Universal,* podemos constatar que el 23 de noviembre de 1991 Carlos Salinas de Gortari entregó personalmente a Luis Miguel su carta de naturalización como mexicano.

Según Salinas, para finales de 1991 —un año después de que Chertorivski hubiera lanzado la campaña para el programa insignia del sexenio—, las encuestas de evaluación mostraban que el nivel de conocimiento de Solidaridad había alcanzado el 91 por ciento.

Además, durante 1991 y 1992 se estrecharon lazos con España gracias a dos eventos en los que Carlos Salinas y Luis Miguel fueron las estrellas, respectivamente. El primero fue la Cumbre Iberoamericana, celebrada en julio de 1991 en Guadalajara. En opinión de Enrique V. Iglesias, secretario general iberoamericano, aquel foro estuvo marcado por la ola democrática liberal en América Latina, el fin de la década perdida, la profundización de la economía de mercado y la exitosa transición en España y Portugal. Fue allí donde el presidente Salinas recibió unas palabras de agradecimiento por parte del rey Juan Carlos que cruzarían fronteras: "Quisiera, ante todo, unirme al sentimiento unánime de agradecimiento expresado al presidente Salinas de Gortari, por haber tenido la feliz iniciativa de convocar una cumbre histórica".

El 26 de julio del año siguiente, la revista *Vea* publicó en su portada: "¡Luis Miguel es boricua!". En sus páginas se reprodujo el acta de nacimiento del niño y las primeras fotos en el hospital, acompañado de sus papás, con lo que se confirmó que Micky había nacido en Puerto Rico. No obstante, para cuando esa publicación vio la luz, el cantante y Salinas de Gortari ya habían "matado la nota" en México.

Al borde del sospechosismo circula una versión de que fue el propio padre de Luis Miguel quién filtró la información de la verdadera nacionalidad de su hijo, en venganza por la independencia de Luismi, quien, por cierto, tenía tanto el pasaporte español como el norteamericano por su nacimiento en Puerto Rico. Pero el frustrado cantante Luisito Rey no contaba con que en política siempre hay un tiburón que sabe convertir las crisis en oportunidades. Y ese tiburón era Salinas de Gortari, dueño de un colmillo adiestrado para oler la sangre.

De hecho, casualmente —y esto lo subrayo—, Luis Miguel donó el boletaje de dos de las cuatro funciones de 1992 registradas por el personal del Auditorio Nacional. La primera, del 26 de junio, se ofreció a beneficio de los Albergues Juveniles de la Procuraduría General de la República (PGR), y la segunda, del 12 de noviembre, para financiar la obra del Museo Infantil del Papalote, creado por la primera dama de México, Cecilia Occelli de Salinas. ¿Favor con favor se paga?

* * *

En 1992, Luis Miguel se ocupó de engrandecer todavía más su prestigio mundial. En los Juegos Olímpicos celebrados en Barcelona, Carlos Mercenario Carbajal fue el único mexicano capaz de obtener una medalla para la delegación nacional: consiguió la plata en los 50 kilómetros de marcha. Sin embargo, esa medalla fue opacada por Luis Miguel, el único invitado latino a participar en el proyecto discográfico *Barcelona Gold,* que se realizó con motivo de la justa olímpica.

El de 1992 también fue el año en que mataron al Sol. Bueno, o sea, en la prensa se publicó que Luismi había fallecido y que un clon había tomado su lugar para que el personaje no muriera. Claudia de Icaza recordó en su libro que el 26 de abril, en una conferencia en Miami, Yoly Arocha, directora de *TVyNovelas,* hizo reír a los periodistas cuando salió al ruedo: "Te voy a preguntar algo que quizá te cause risa. Últimamente se han dicho tantas cosas de ti... Una es que el que está aquí con nosotros es una copia del verdadero Luis Miguel y que el auténtico falleció... ¿Cómo puedes demostrar que eres el auténtico?".

Luis Miguel lo tomó de la mejor forma. Dijo que tenía un lunar en la entrepierna y que, hasta donde sabía, éste no había cambiado de sitio. El comentario hizo que la prensa explotara de risa. Posteriormente, Micky atribuyó el distanciamiento con los medios de comunicación a su complicada agenda, y dijo que entendía que ese desapego propiciaba que se creara ese tipo de chismes. El 26 de junio de 1992, en el Auditorio Nacional, zanjó cualquier duda comentando al público que no sabía si darles las buenas noches o decirles que estaba vivo.

Cuando se vio más vivo que nunca fue en septiembre, en Las Vegas: se convirtió en el primer mexicano en abarrotar por cuatro noches consecutivas el prestigioso salón Circus Maximus del hotel Caesars Palace, donde ahora se erige el famoso Coliseo. A partir de ese momento, el Sol de México inauguró la tradición de cantar en Las Vegas durante las fiestas patrias de nuestro país, muy a pesar del presidente Felipe Calderón, como se verá más adelante.

Carlos Salinas no se quedó atrás en 1992. Su imagen de gran transformador también iba permeando en la sociedad mexicana. Las reformas cambiaban al país, los beneficiarios del programa Solidaridad confirmaban que él sí cumplía, se tenía un acercamiento activo con otros países y se consolidaban puentes comerciales. De igual forma, una imagen del 7 de octubre de 1992 recorrió Norteamérica; en ella, Carlos Salinas, George Bush y Brian Mulroney, parados delante de sus respectivas banderas, escoltaban a Jaime Serra Puche, Carla Hills y Michael Wilson, quienes firmaron el TLCAN.

La estela de éxito de la Primera Cumbre Iberoamericana se extendió a la segunda edición, realizada en Madrid, España, del 17 al 19 de julio de 1992. Esa cumbre, en la que los países participantes celebraron el 500 aniversario del Descubrimiento de América, sirvió al salinato de prefacio para la participación de México en la Exposición Universal de Sevilla de ese mismo año (cabe decir que la Expo fue el segundo evento que contribuyó a estrechar lazos entre España y nuestro país).

En Sevilla, el pabellón de México ocupó una superficie de 4 800 metros cuadrados, en los que el arquitecto Pedro Ramírez Vázquez —creador de obras tan representativas como el Estadio Azteca, la Basílica de Guadalupe o el Museo Nacional de Antropología— erigió dos grandes salas y una entrada dominada por una gran X. A través de un fideicomiso con entes públicos y privados, el pabellón se constituyó como un centro de difusión de la historia, la cultura y la economía mexicanas, además de ser una ventana hacia la modernidad de la mano del gobierno en turno.

A cambio de la exclusiva para los derechos de transmisión, con retransmisiones de cinco horas diarias de lo más relevante de la Expo, en colaboración con las cadenas televisivas de la Organización de Televisiones Iberoamericanas (OTI), Televisa aportó seis millones de dólares para la construcción del pabellón y produjo los audiovisuales para éste. Luis de Llano Macedo fue el encargado de realizar 42 espectáculos artísticos, incluida la presentación de Luis Miguel, el 3 de octubre de 1992.

En diciembre de ese año, Luismi se trasladó a Barcelona por un asunto personal: su padre, Luis Gallego Sánchez, estaba internado y a punto de dejar el mundo. Junto al Sol viajaron Hugo López, Jaime Camil Garza, su esposa Tony y su hija Erika, que en ese momento era novia de Micky. El 9 de diciembre de 1992, Luisito Rey murió, y ese hecho enseñó al cantante la lección de vivir la vida día a día, según lo comentó él mismo a la revista argentina *Gente*.

A pesar de la dolorosa pérdida de su papá, 1993 representó la cúspide en el sexenio para Luis Miguel. En junio de ese año presentó su disco *Aries*, en Miami, lo que supuso su debut como productor, en su noveno álbum de estudio. El éxito fue total; al álbum lo acompañó una gira internacional en la que el cantante obtuvo el primer récord de llenos totales en diez presentaciones consecutivas en el Auditorio Nacional.

De igual manera, en septiembre el Sol se presentó por primera vez en el Madison Square Garden de Nueva York, y durante las fiestas patrias tuvo tres actuaciones en el Circus Maximus del Caesars Palace. En 1993, *Aries* le dio su segundo Grammy, en la categoría de mejor disco latino, y aún seguía recibiendo los frutos del éxito de *Romance* (1991), por el que consiguió un disco de oro en Taiwán y otro en Estados Unidos; ocho discos de platino en México, cuatro en Chile, uno en Argentina, dos en Venezuela y uno en Colombia.

Por entonces, México era un país moderno en el que habían entrado en vigor los nuevos pesos, "más prácticos y más sencillos", como decía Isaac Chertorivski; la inversión privada y extranjera se multiplicaba; había una nueva opción televisiva llamada TV Azteca; se preparaba el lanzamiento del satélite Solidaridad 1, y se organizaban los primeros conciertos masivos de artistas internacionales como Michael Jackson y Madonna.

Carlos Salinas paseaba por las plazas públicas y escuchaba más vítores que mentadas en un sector importante de México. El día en que el mandatario, desde el palco del Estadio Azteca, celebró la conquista de la Copa Oro por parte de la selección mexicana de futbol, hubo una reacción opuesta a los abucheos que recibió Miguel de la Madrid en la inauguración del Mundial de México, en 1986.

El 20 de noviembre de 1993, el TLCAN fue aprobado definitivamente, cuando el Senado de Estados Unidos lo ratificó por mayoría. Con ello, el triunfo económico del gobierno salinista fue un hecho consumado.

* * *

Para Luis Miguel, 1993 tuvo un desenlace igual de catastrófico que 1992. A finales de noviembre, Hugo López, quien asumió el rol de segundo papá después de que el joven se separara de Luis Rey, falleció víctima de cáncer. En la funeraria Gayosso de Félix Cuevas, en la Ciudad de México, Micky le dio el último adiós a su *manager* antes de que el cuerpo fuera incinerado en el Panteón Español y las cenizas llevadas de vuelta a su natal Argentina.

En la misma semana, durante la primera presentación de Luis Miguel en el Premier, el cantante, triste y melancólico, dedicó unas palabras y unas lágrimas a su difunto amigo: "Esta noche quiero dedicarte todo lo que sé hacer a ti, Hugo, que fuiste el mejor *manager* de Latinoamérica".

Al comenzar 1994, los caminos de Carlos Salinas y Luis Miguel —que habían convergido desde el día en que el primero tomó protesta en la Cámara de Diputados— no podían separarse más. El 1 de enero marcó el inicio del final del sexenio salinista y la conclusión de la historia que nos quería convencer de que México ya era de primer mundo.

Ese día, justo cuando entró en vigor el TLCAN, desde los olvidados pueblos indígenas de la región de Las Cañadas, los Altos y la zona norte de Chiapas, el Ejército Zapatista de Liberación Nacional (EZLN) se levantó en armas exigiendo la reivindicación de la propiedad sobre las tierras arrebatadas a las comunidades indígenas, un mejor reparto de la riqueza y la participación de las diferentes etnias en la organización social y política del estado y del país.

Como escribió después Enrique Krauze, "el levantamiento en Chiapas no fue una revolución, pero sí una combinación compleja de revuelta y rebelión que aún no alcanzamos a desentrañar ni a resolver".

El salinismo terminó oficialmente el 30 de noviembre de 1994, pero en los hechos se acabó el 1 de enero de ese año. Tras la crisis social de Chiapas sobrevino una crisis política cuando el 23 de marzo Mario Aburto disparó un arma de fuego en contra de Luis Donaldo Colosio Murrieta, el candidato presidencial del PRI. Aunque Ernesto Zedillo Ponce de León ganó la elección que permitió al partido seguir gobernando sus últimos seis años, el daño estaba hecho: como escribió Krauze, "en la bolsa mexicana de valores presidenciales no ha habido bonos más devaluados que los de Carlos Salinas de Gortari".

Por su parte, y una vez superado el duelo por la partida de Hugo López, Luis Miguel mantuvo el ritmo frenético de sus éxitos con el lanzamiento de *Segundo romance* y una nueva gira internacional en la que rompió su récord de presentaciones con lleno total en el Auditorio Nacional. Diecisiete grandes noches de agosto nos recordarían que, aun en la depresión tras el despertar del sueño salinista, el Sol seguía brillando para nosotros.

Fue precisamente en el penúltimo concierto en el Auditorio Nacional, el sábado 27 de agosto de 1994, cuando Salinas de Gortari y Luis Miguel se vieron públicamente las caras por última vez en esa administración, que había llegado a su ocaso. Junto a su hija Cecilia, el presidente fue testigo de una noche sin igual en la que Luis Miguel cantó acompañado al piano por el cantante y compositor Armando Manzanero, así como por un mariachi, cosa que sorprendió a todo el público por ser la primera vez que sucedía.

Seguramente Salinas se emocionó o sintió nostalgia al escuchar "El rey" con el Mariachi 2000 de Cutberto Pérez y Luis Miguel, quien acentuó su sentimiento de pertenencia cuando invitó al público a gritar junto con él más de una vez "¡Viva México!". En ese ambiente patriótico, tras interpretar conocidas canciones rancheras, Luis Miguel se dirigió a uno de los costados del Auditorio para convivir con los Salinas Occelli en el *backstage*.

Habían pasado casi tres años desde que el político y el cantante se retrataron juntos para boicotear la osadía de Luis Rey. Luismi pudo haber sentido que el presidente le hacía un favor al nacionalizarlo mexicano, pero en realidad el favor era mutuo. En una de las fotografías se ve a ambos, vestidos de traje oscuro y corbata, observando el documento oficial. Salinas dice algo, Luis Miguel sonríe. Sin duda, la postal ayudó a que el discurso nacionalista no perdiera fuerza.

Cuando le pregunté a Claudia de Icaza quién había ganado con la fotografía, me contestó: "Buena pregunta. Yo creo que le servía a Carlos Salinas de Gortari. Y además te voy a decir algo. Todo lo que tú me digas de que hay que cumplir con tales requisitos..., en este país, desde que se tiene memoria, todas las cosas se pueden hacer a través del alto mando".

* * *

Gerardo Estrada, sociólogo por la Facultad de Ciencias Políticas y Sociales de la UNAM, con estudios de maestría y doctorado en la Universidad de París, me explicó, en una entrevista que le realicé, por qué el espectáculo seduce de manera exacerbada a la política:

> Los políticos mexicanos durante mucho tiempo buscaron el apoyo, por un lado, de las figuras del mundo del espectáculo. Por el otro, también buscaron el apoyo de los intelectuales. Para los políticos, cualquier personaje del mundo del arte o de la inteligencia o del espectáculo son medios. Yo dudo mucho de su admiración sincera; no dudo que sí les gusten, pero la primera intención, obviamente, es una intención política y de mediatización, de manipulación. La prueba de todo esto es que incluso un personaje como Andrés Manuel López Obrador, que parece tan ajeno al mundo del espectáculo, que tampoco goza de muchas simpatías en ciertos sectores, también busca a ciertos artistas que sabe que son populares, porque lo legitiman.

Para cerrar el recuento de 1994 y este capítulo, pone la cereza del pastel el mismo Gerardo Estrada, quien, en el último año del mandato de Carlos Salinas de Gortari, ocupó la dirección general del Instituto Nacional de Bellas Artes (INBA) y, por lo tanto, era el mandamás en el Palacio de Bellas Artes. En exclusiva para este libro, el actual profesor de licenciatura y maestría de la UNAM —ocupación que ha desempeñado desde hace 50 años— esparce la pólvora de una bomba sobre la que, dice, nadie le había preguntado antes.

En 1994, estando él al frente de Bellas Artes, la gente de Luis Miguel le fue a pedir el Palacio para que Micky pudiera dar un concierto, tal como lo hizo Alberto Aguilera, Juan Gabriel, en 1990. A juicio de Estrada, Luis Miguel, con alrededor de 12 años de trayectoria, todavía no tenía la estatura suficiente para hacer uso del espacio destinado a ser "la expresión máxima de nuestro espectáculo, de música y de danza". Quien sí ofreció ahí un concierto en 1994 fue Lola Beltrán —o Lola la Grande, como también se le conoce—, con motivo del 40 aniversario de su carrera artística. De hecho, Lola, al agradecer la presencia de otros cantantes, como Lucero o Ángeles Ochoa, anunció que llegaría Luis Miguel, pero el Sol de México nunca apareció.

Si bien se le impidió dar el concierto, se acordó que Luis Miguel podría grabar el videoclip de la canción "El día que me quieras" en Bellas Artes. En dicho video vemos a Luismi cantando y jugando con su sombra en una pared de mármol blanco; después lo vemos tras los pasos de una modelo que lo acompaña tanto en un balcón, con la orquesta tocando en el escenario, como en las escalinatas. Eso sí, Luis Miguel no subió al escenario, pues esto "fue parte del acuerdo".

Según Estrada, después de que se grabó el videoclip, tuvo la oportunidad de conocer personalmente a Luis Miguel en una cena que se ofreció al exsecretario de Estado de los Estados Unidos, Henry Kissinger, en Acapulco. En la presentación le mencionaron a Luis Miguel el cargo que ocupaba

Gerardo Estrada, pero cuando éste quiso preguntarle qué le había parecido su video, el cantante siguió su camino y, según recuerda el entonces director de Bellas Artes, incluso se veía "un poco fuera del mundo".

CAPÍTULO 5

LOS FOX Y LOS CALDERÓN
El desaire a la derecha

A Luis Miguel le gusta la derecha… sólo en cuestión de fotos. Ése es su mejor ángulo. Pero no podemos decir que en la geografía política también le simpatice la derecha. Y es que el Sol de México no ha tenido aproximación alguna con ella. En los dos sexenios en los que llegaron a la cúspide del poder político representantes del Partido Acción Nacional (PAN), el ídolo de la música aplicó la de "ni los veo ni los oigo": esa famosa frase acuñada por el priista Carlos Salinas de Gortari para referirse a la oposición que lo interpelaba en sus informes de gobierno.

Durante la investigación para este libro consulté a funcionarios públicos e integrantes de las familias presidenciales panistas, y la respuesta fue la misma: Luis Miguel no volvió a cruzar las puertas de la residencia oficial de Los Pinos ni en la administración de Vicente Fox Quesada (2000-2006), ni en el periodo en que gobernó Felipe Calderón Hinojosa (2006-2012).

Lo que sí sucedió, y que ahora les cuento gracias a testigos y protagonistas, es que representantes de las dinastías antes mencionadas se apersonaron, para dejarse deslumbrar por los rayos del Sol, en los conciertos que éste ofreció en el Auditorio Nacional, también conocido como el Coloso de Reforma, durante los 12 años que la Presidencia de la República fue ocupada por miembros del partido blanquiazul.

En la entrevista que le realicé en octubre de 2022, la periodista Martha Figueroa me dijo que le constaba haber visto en primera fila del Auditorio Nacional a las mujeres de la saga de los Fox en una de las 84 funciones que fueron parte de las cuatro giras que llevó a cabo Luis Miguel entre 2000 y 2006. "A mí me tocó ver, por ejemplo, a la familia del presidente Fox cuando estaban en Los Pinos..., verlos en conciertos de Luis Miguel y volverse locos. A Ana Cristina y a su hermana Paulina les encantaba".

Martha Figueroa se refiere a dos de los cuatro hijos que crio Vicente Fox junto con su primera esposa, Lilián de la Concha Estrada, con quien estuvo casado cerca de 26 años, hasta antes de darse una segunda oportunidad en el amor con Marta Sahagún Jiménez, con la que se casó por lo civil el 2 de julio de 2001 en Los Pinos. El orden cronológico de los herederos de los Fox de la Concha es el siguiente: Ana Cristina, Vicente, Paulina y Rodrigo. Durante el mandato de su padre, Ana Cristina y Paulina, veinteañeras, solteras y sin compromiso, tenían una destacada vida social que alternaban con sus empleos. Ana Cristina, la mayor de las hijas, trabajaba como directora de relaciones públicas del Hotel Camino Real.

Pero quién mejor que la propia Ana Cristina Fox para conocer de primera mano su encuentro con Micky. El 10 de febrero de 2023 la contacté por WhatsApp para confirmar las afirmaciones de Martha Figueroa y, de paso, tener más detalles. "Sí, sí fui a su concierto cuando estuvo en el Auditorio, mientras mi papá fue presidente. En ese tiempo Luis Miguel no fue a Los Pinos", me respondió por escrito a través de la aplicación de mensajes instantáneos. A Ana Cristina la conocí en mis años como editor de política de la revista *Quién*, por ahí de 2004, y gracias a ese vínculo que permanece hasta la fecha la respuesta fue pronta y precisa.

En un audio, la hija de Vicente Fox me explicó:

> Yo no conocí en persona a Luis Miguel sino hasta mucho tiempo después de que mi papá salió de Los Pinos. Yo de quien he sido amiga, gracias a Ricardo Barroso, es de su hermano la Picha, Álex Basteri. Y en el tiempo que éramos muy amigos era cuando Álex no se llevaba tanto con él. Después conocí a Luis Miguel en persona en Las Vegas, por azares del destino, en un concierto allá. Y luego lo vi en la última serie de conciertos que dio acá [en la Ciudad de México], pero, por ejemplo, es de los artistas que nunca he visto en *backstage*.

Esta última frase de Ana Cristina Fox tiene una explicación: Luis Miguel no utiliza los camerinos de los lugares en los que presenta su *show*. Sus representantes o productores piden un listado de lo que debe haber por si al Rey le apetece hacer una escala en el camerino, pero en la mayoría de los casos no pasa por ahí.

En el Auditorio Nacional, por ejemplo, así como baja de su camioneta, se sube directamente al escenario. Para ese breve trayecto, pide que pongan telas negras en los pasillos a fin de que no lo vea el *staff*; también solicita a las personas de producción que, a su paso, no lo volteen a ver. Detrás del escenario tiene una especie de minicamerino con toallas para secarse el sudor, agua para hidratarse y la ropa que se pondrá durante el espectáculo. Al término de éste, sale directo a su camioneta, que lo lleva a la velocidad de la luz al hotel donde esté hospedado y que, por la proximidad con el centro de espectáculos, suele ser el Presidente InterContinental o el Four Seasons.

* * *

No todo lo que ha pedido Luis Mi Rey le ha sido concedido. En 2001, tras haber presentado sus discos *Romances* y *Amarte es un placer* en España y Estados Unidos, el artista buscó un acercamiento con su país y solicitó a su equipo, de acuerdo con Juan Carlos García del periódico *Reforma*, que le consiguieran el Palacio de Bellas Artes o el Castillo de Chapultepec para presentar el álbum *Mis Romances*.

Cuando Juan Carlos reporteaba su nota, un elemento de Aries Productions —la oficina del cantante con sede en Los

Ángeles— confirmó que el cantante quería lanzar su producción en noviembre en algún sitio histórico de México y que tanto ellos como Warner Music estaban trabajando en conjunto para obtener el permiso correspondiente del Consejo Nacional para la Cultura y las Artes (Conaculta).

Siete años después de que Gerardo Estrada, durante el sexenio de Salinas de Gortari, impidiera a Luis Miguel presentarse en Bellas Artes y sólo le prestara el inmueble para que pudiera grabar el video de "El día que me quieras", Ignacio Toscano, director general del INBA en la administración de Vicente Fox, negó por segunda ocasión el permiso para que el afamado cantante pisara el escenario del máximo auditorio para las artes mexicanas.

La negociación, de acuerdo con la gente cercana a Luis Miguel, era muy complicada, no tanto por la trayectoria del artista —razón a la que se debió la negativa de 1994—, sino por la polémica que había generado el concierto de Elton John en el patio del Alcázar de Chapultepec. El concierto referido se anunció en septiembre de 2001 y estaba programado para el 21 de octubre, como parte de la presentación de Vamos México. Se esperaba un aforo total de un millar de personas que pagarían boletos de entre 50 000 y 100 000 pesos, en beneficio de la fundación presidida por Marta Sahagún de Fox, entonces primera dama de México. En el anuncio realizado por la oficina de la esposa del presidente se justificó el concierto con el argumento de que los fondos reunidos se canalizarían para programas de combate a la pobreza y atención a niñas con problemas de salud y educación. Eso sí, debido a las especificaciones sobre el uso del Castillo de Chapultepec, dictadas por el Instituto Nacional de Antropología e Historia (INAH), se adelantó que el evento no contaría con el equipo de sonorización propio de un concierto de formato mayor.

Desde que se hizo público, el concierto generó un debate que llegó hasta la Cámara de Diputados, donde las bancadas de Acción Nacional y del Partido de la Revolución Democrática (PRD) discutieron por más de dos horas y media, con Felipe Calderón y Martí Batres como coordinadores de sus respectivos partidos. Los perredistas argumentaban que la intención de la primera dama era revivir junto con su esposo las prácticas imperialistas y utilizar el patrimonio nacional para fines personales, bajo la imagen de actos de caridad. De hecho, los representantes de la izquierda tuvieron la ocurrencia de comparar a Martita con la emperatriz Carlota. Por su parte, los panistas defendieron la legalidad del evento, arguyendo que se utilizaba la explanada, mas no el Alcázar ni los interiores del Castillo de Chapultepec, para un evento cívico y cultural con el visto bueno del titular de la Secretaría de Educación Pública (SEP), que en ese entonces era Reyes Tamez Guerra.

Al final, el concierto se llevó a cabo con 930 personas, las cuales degustaron langostinos frescos marinados, *sashimi* de atún, espuma de *foie gras* sobre compota de manzana, ensalada *magret* de pato y medallones de filete *prime* al armañac. No obstante, los diputados locales perredistas convocaron a una protesta y por la noche provocaron el cierre del Paseo de la Reforma, lo que obligó a los organizadores a modificar la ruta de acceso al castillo que, como ya les conté, de 1930 a 1932 fue hogar del suegro de Paulina López-Portillo, don Pascual Ortiz-Rubio Ortiz, a su vez papá de Pascual Ortiz-Rubio Downey.

Ajeno al conflicto partidista ocasionado por el concierto de Elton John, Luis Miguel se quedó como el personaje interpretado por Ausencio Cruz y le aplicaron el "lástima, Miguelito". A Micky lo volvieron a batear del Palacio de Bellas Artes y del Alcázar de Chapultepec. De acuerdo con el personal, tanto del INAH como de Conaculta, la negativa no tuvo relación con los méritos artísticos de Luismi —como sí ocurrió en 1994— ni con el género musical que representa, sino con el carácter evidentemente comercial del evento.

* * *

A Vicente Fox la historia política de nuestra nación lo ha señalado como el prócer de la transición democrática de México, país donde los representantes del PRI, después de 70 años de estar al frente del gobierno, fueron sacados de Los Pinos por el PAN.

Ahora bien, si Luis Miguel no hizo ningún guiño a la derecha, donde se ubica el PAN en la geografía política, ¿podríamos sospechar que es priista?

Esa pregunta se la hice a la periodista Claudia de Icaza en la entrevista que le realicé en octubre de 2022, y la primera biógrafa de Luis Miguel llegó a estas conclusiones: "Pues mira, te voy a decir algo: a él le tocó puro priista. Por una u otra razón de su vida, pero le tocó puro priista. Porque, a ver,

¿sabemos algo de Fox? ¿Sabemos algo de Calderón? No sabemos. Entonces, si sacamos conclusiones, no le tocó de otra más que empezar a moverse con los priistas porque era lo que había".

Por su parte, Martha Figueroa, también consultada en octubre de 2022, ante la misma pregunta me respondió: "Fíjate que Luis Miguel es como apartidista. A mí [...], por ejemplo, un día me dijo que a él le fascinaría ser secretario de Turismo... Le fascinaría, a él que le gustaba viajar tanto. Me dijo: 'Es que conozco todo México de punta a punta, el lugar que me digas. Y me fascina. Y se podría hacer tal y tal'. Esa cosa de Luis Miguel es bien padre y nadie la conoce".

Esto que acaban de leer es un dato inédito: a Luis Miguel se le antojaba sentarse en la... Secretaría de Turismo del gobierno de México. Y, bueno, hablando de esa secretaría, también le pregunté a Enrique de la Madrid Cordero —que, como ya señalé, fue el titular de la dependencia desde 2015 hasta 2018, en la administración de Enrique Peña Nieto— si creía que Luis Miguel era priista: "No lo sé. La verdad es que no lo sé. No sé si sea priista; antes que nada es un cantante. Es un mexicano, pero qué preferencia partidaria tenga, lo desconozco", me contestó.

Si bien la carrera de Luis Miguel está fuera de la política, en 2004 Pedro Torres reveló a Jonathan Garavito, reportero del periódico *Reforma,* que planeaban transmitir el videoclip de "El viajero" en los vuelos comerciales de dos aerolíneas nacionales para promover a México como destino turístico. "El plan es muy interesante, pues se tiene pensado que en los vuelos alrededor de todo el mundo realizados por las aerolíneas Aeroméxico y Mexicana se proyecte el video", afirmó en su momento el productor. Sin embargo, cuando los medios buscaron a las aerolíneas para confirmar el dato, ambas negaron tener información al respecto.

Regresando a la filiación política del Sol de México, considero que la respuesta que mejor sintetiza el objetivo de este libro me la dio Claudia de Icaza: "A Luis Miguel le vale madres la política. Usa a los políticos, pero le vale madres la política porque, si le importara la política y le importara la situación del país como a muchos otros, un día diría algo".

Para muestra, un botón. El 12 de abril de 2003, Alfredo Gatica Mercado y Cecilia Salinas Occelli —a quien Luis Miguel le amenizó su fiesta de quince años en 1989, en Los Pinos, como ya narré— se casaron por lo civil en una ceremonia realizada en Cuernavaca, Morelos, ante más de 600 invitados.[1] Una fuente les comentó a Juan Carlos García y Lupita Aguilar, reporteros del *Reforma*, que los novios habían convocado a Luis Miguel, pero que no estaba en la lista de invitados confirmados.

No conocemos las razones de la ausencia del Sol, pero tal vez algo influyó la pereza de tener que saludar y tomarse fotos con toda la planilla de políticos que hicieron acto de presencia, como el expresidente de México Miguel de la Madrid

---

[1] La historia de que esa cobertura había sido pactada con la revista *Quién* y que, al no ceder en la revisión del texto antes de publicarse, los Salinas se la dieron a la revista *Caras* la publicamos en nuestro libro de 2017 *Así en Los Pinos como en la Tierra. Historias incómodas de siete familias presidenciales en México*, escrito por Diana Penagos, Jessica Sáenz y yo.

Hurtado, el excanciller Jorge Castañeda Gutman y el entonces gobernador del Estado de México, Arturo Montiel Rojas, entre muchos más. Lo que sí sabemos es que en esas fechas Luis Miguel acababa de ser paparazzeado con la presentadora de televisión de la cadena Univisión Myrka Dellanos, en Los Ángeles y Roma, lo que confirmaba su noviazgo. Aunque, para ser justos, Martha Figueroa ya había dado la exclusiva en enero de ese mismo año.

Es más, Martita dio santo y seña de lo que ocurrió después del último concierto de Luis Miguel en el anfiteatro de Altos de Chavón de Santo Domingo, República Dominicana, donde los lugareños vieron a Luis Miguel y Myrka —nacida en La Habana, Cuba, en 1965, y por lo tanto cinco años mayor que el cantante— perdidos de amor en el *resort* Casa de Campo, en la localidad de La Romana, donde ocuparon la misma *suite* que tiempo atrás fue nido de amor de Antonio Banderas y Melanie Griffith.

* * *

Aunque por segunda ocasión le fue negado a Luis Miguel el permiso para dar un concierto en Bellas Artes, el 2 de marzo de 2002 el Sol de México se presentó por primera vez en el Estadio Azteca, en un memorable espectáculo. La crónica del periódico *Reforma* del día siguiente hizo el recuento obligado: 60 000 almas concentradas y entregadísimas, 50 toneladas de equipo, luces robóticas, tres megapantallas, 600 elementos de seguridad, tres enormes mamparas que proyectaron efectos de rosas y destellos de flamas, cuatro cambios de vestuario. En total fueron 38 canciones, de las cuales "Hasta que me olvides" y "La Bikina" fueron las más coreadas en las dos horas completas de Luis Miguel que inolvidablemente vivirán en la mente de los asistentes.

En 2004, todavía siendo novio de la copresentadora del programa de Univisión *Primer impacto*, Luis Miguel rompió su récord de *shows* en el Auditorio Nacional, con 25 conciertos. Considerando todas las presentaciones de esa temporada, Micky cantó 500 canciones durante 2 250 minutos, casi 250 000 personas lo vieron, y, de acuerdo con el conteo de *Reforma*, repitió dos frases en todos sus conciertos. La primera fue para agradecer a su público: "Muchísimas gracias, buenas noches. Les agradezco infinitamente que estén aquí. Ojalá pasemos un rato agradable". La otra se refería a su papá, fallecido en 1992, y a su trayectoria: "Hace varios años en el estudio experimenté los cambios de voz, y mi padre me dijo que era natural, que no me preocupara. Si no hubiera sido por él, tal vez no estaría aquí cantando. Hoy se lo agradezco".

* * *

El fin del primer sexenio panista, en 2006, trajo consigo una disputada contienda por la Presidencia de México entre Andrés Manuel López Obrador y Felipe Calderón Hinojosa. Tanto ellos como el candidato del PRI, Roberto Madrazo Pintado, tuvieron cierres de campaña con pinta de concierto popular. Maribel Guardia cantó en el cierre de Madrazo, mientras que el grupo Intocable se presentó en el Zócalo para el cierre de Andrés Manuel.

Esas dos participaciones fueron contratadas y los artistas no mostraron inclinación política por los candidatos. Sin embargo, Felipe Calderón organizó su cierre de campaña en el Estadio Azteca, con la agrupación de música pop Jeans, cuyas integrantes interpretaron la canción "Para que vivamos mejor". Una de ellas, Patricia Sirvent Bartón, sí se declaró en favor del candidato panista.[2]

El cambio de estafeta en la elección de 2006 estuvo marcado por el supuesto fraude que reclamaba la oposición. Quienes vivimos aquel tormentoso proceso recordamos los inicios del México dividido que ahora nos aqueja. Fue la elección del desafuero, del 0.56%, el momento en que nos polarizamos como sociedad, el comienzo de las campañas negras, de la frase "López Obrador, un peligro para México". Y, bueno, al final el "haiga sido como haiga sido" llevó a Felipe Calderón Hinojosa a portar la banda presidencial entre 2006 y 2012.

De acuerdo con el artículo "Calderón a medio camino" (2009), del historiador Enrique Krauze, "la presunción nunca probada del fraude envenenó la atmósfera nacional con un odio sin precedentes. Ningún presidente en tiempos modernos tomó posesión en circunstancias tan precarias".

El inicio del periodo calderonista coincidió con el cumpleaños 36 de Luis Miguel y también con sus bodas de plata artísticas. De 1982 a 2006, de acuerdo con su disquera en Los

---

[2] De hecho, para la segunda temporada de mi pódcast *Dinastías del poder*, documenté cómo ese primer encuentro en campaña entre Paty Sirvent y César Nava Vázquez —quien luego de la elección se convertiría en secretario particular del presidente— fue el preámbulo de una relación que llegó al altar y continúa hasta el momento en que escribo estas líneas.

Ángeles, Micky vendió más de 56 millones de discos, lo que lo hizo acreedor a cuatro Grammys estadounidenses, varios Grammy Latinos y dos World Music Awards. Asimismo, en 2006 rompió una vez más su récord de presentaciones en el Auditorio Nacional con 30 llenos totales.

Un par de años más tarde, en el primer semestre de 2008, Luismi lanzó su álbum *Cómplices*. En el marco de la promoción de ese material concedió una entrevista al periodista Javier Alatorre, transmitida en *Hechos*, noticiero estelar de Azteca Trece. El comunicador del eterno bigote advirtió en la transmisión en vivo que presentaría una conversación que había tenido unos minutos antes con la estrella. Poco después, el ídolo de la música apareció a cuadro, sentado, con traje negro y corbata del mismo color, que contrastaba con una camisa impecablemente blanca.

En el *back* de la toma de Luis Miguel se podía apreciar, en gran formato, la portada del nuevo álbum de estudio, en la que destacaba un retrato del cantante, en blanco y negro, el rostro recargado sobre la palma de su mano izquierda, cubriendo la mejilla del mismo lado y, desde luego, dando protagonismo a su ángulo derecho: su más grande amor. De los 12 minutos que aproximadamente dura la entrevista, este fragmento es el que nos interesa, dado que representa el hilo conductor de este libro.

—Luis Miguel, te saludo con muchísimo gusto. ¿Cómo estás? —dice Javier Alatorre desde el estudio de Fuerza Informativa Azteca.

—¿Cómo estás, Javier? Encantado de saludarte —responde Luis Miguel, quien se encontraba en el Casino Español de la Ciudad de México.

[La canción "Si tú te atreves" sonó de fondo a lo largo de toda la conversación. Apenas cinco minutos después del inicio, comenzaron las preguntas incómodas para el intérprete de "Por debajo de la mesa"].

—¿Te interesa lo que pasa en México, por ejemplo, políticamente hablando? —pregunta Alatorre.

—Me interesa muchísimo —responde Luis Miguel, al tiempo que se lleva la mano izquierda a la frente, como secándose un sudor que no existe—. Pero un artista, yo pienso, debe estar ajeno a la política. Un artista no debe hacer públicas sus opiniones con respecto a la política, porque creo que no es conveniente; por lo menos ésa es mi forma de pensar. Yo tengo mi forma de pensar, obviamente, pero es algo que mantengo para mí. Y lo único que deseo es lo mejor para México, lo mejor para la sociedad, y que hagamos…, y que podamos elegir correctamente, ¿no?, para un futuro mejor.

Según esta respuesta, ¿en la elección de 2006 habíamos elegido incorrectamente? Si Luis Miguel anhelaba un futuro mejor, ¿era porque el presente no le parecía bueno?

—En ese sentido yo te preguntaría, Luis Miguel: ¿te gustaría que tu hijo creciera en México?

[Luis Miguel esta vez tarda en responder. Se lleva la mano izquierda a la nariz y la frota. Pasa rápidamente los dedos por encima de los labios. Mira hacia abajo, a la izquierda, y responde después de esas microexpresiones que el autor del libro *Lie To Me*, Paul Ekman, coloca en el rango de las mentiras].

—Me encantaría, me encantaría —dice Luismi sin fuerza y mirando hacia abajo—. Yo creo que, si la seguridad y las cosas funcionaran todavía mejor, mucho mayor la probabilidad, ¿no?

Si nos atenemos a la máxima de que lo no dicho dice más que lo dicho, Luis Miguel comenzaba a dar pistas de su desaire a la derecha, específicamente al calderonismo.

Poco después de la mitad del sexenio, el Solecito se encontraba en la gira del adiós... pero de la década de los treinta años. Y es que, en 2010, en el año del Bicentenario de la Independencia y del Centenario de la Revolución, Luismi celebró el arribo de las cuatro décadas de vida, sentado en la cúspide del éxito y la riqueza. Desde ahí no volteó, ni de reojo, a ver al calderonato. Y vaya que, a diferencia de Vicente Fox, Felipe Calderón sí le lanzó un silbido directo al cantante. De esto tengo un testimonio que hoy ve la luz: la confesión del secretario privado de Margarita Zavala Gómez del Campo, esposa de Felipe Calderón. Pero antes un poco de contexto.

Alejandro Limón-Lason González entró a trabajar con Margarita Zavala en 2009. Se conocían de tiempo atrás, porque la entonces primera dama fue profesora de derecho del joven en la preparatoria del Instituto Asunción de México. Durante sus estudios en la carrera de comunicación en la Universidad

Iberoamericana, Alejandro Limón-Lason comenzó a laborar en la residencia oficial de Los Pinos. Era la mitad del sexenio del presidente Calderón y Alejandro oficialmente fungía como jefe de información de Margarita, quien ocupaba la oficina principal en el segundo piso de la Casa Lázaro Cárdenas, desde donde despachaba.

En Los Pinos, Alejandro llevaba a cabo múltiples actividades. En una ocasión fue comisionado, junto con Mónica Zavala, hermana de Margarita, para dar seguimiento a las invitaciones especiales que se enviaron desde Los Pinos a diferentes personalidades, entre ellas el cantante Luis Miguel, para que acudieran a la ceremonia del Bicentenario del Grito de Independencia, en el Palacio Nacional, celebrada el 15 de septiembre de 2010 y donde destacó la asistencia del expresidente Carlos Salinas de Gortari acompañado de su segunda esposa Ana Paula Gerard Rivero.

Alejandro Limón-Lason, uno de los integrantes del hermético círculo de la pareja presidencial, en entrevista para este libro me confió por primera vez esta historia. Según su versión, el área de comunicación del presidente fue la que se encargó de hacer el listado de los personajes a los que se mandarían invitaciones para ese día. Esa área solicitó ayuda al equipo de la esposa del presidente, donde se encontraba Alejandro. El ahora reconocido *wedding planner* me dijo en nuestra conversación de noviembre de 2022 que Luis Miguel sí fue convocado y que, de hecho, cada año se le invitaba, pero hubo más énfasis en 2010 para el Bicentenario. Sin embargo, tal como he escrito en otro capítulo, Luis Miguel tiene de tiempo atrás un contrato en Las Vegas y todos los 15 de septiembre realiza presentaciones en Estados Unidos.

Para decirlo en pocas palabras y en el lenguaje de los *centennials*: Micky dejó en visto a Calderón. Se le invitó y no asistió a los festejos por el Bicentenario de la Independencia, cuando se puso fin al dominio español en nuestras tierras, llamadas Nueva España, las mismas que le abrieron las puertas al artista en la década de los ochenta y donde incluso, de manos del presidente Carlos Salinas de Gortari, recibió la carta de naturalización como mexicano.

En una conferencia de prensa en Las Vegas, Nevada, donde dio a conocer su disco *Luis Miguel* antes de los festejos de septiembre —y sin venir a cuento, porque realmente le preguntaron por su repertorio para la siguiente gira de conciertos—, Micky declaró que las presentaciones durante las fiestas patrias de 2010 en Las Vegas eran conciertos especiales por el Bicentenario de México, "que son fiestas muy importantes". La idea era celebrar en grande, según Luismi; también dar buenas noticias y celebrar todo lo increíble que es México.

Que Luis Miguel nunca se haya presentado en la gran fiesta de nuestro país que es el Grito, y que tampoco haya cantado en el Zócalo de la Ciudad de México para los mexicanos que no tienen la posibilidad de pagar un boleto en algún centro de espectáculos, no deja de ser una de las facturas pendientes del Sol con el pueblo que, en gran medida, lo ha catapultado a la fama.

Como bien dijo Claudia de Icaza:

Si tú lo oyes cantar esas canciones maravillosas que hablan de México, del sentir de un mexicano y de todo ese rollo, pues ahí se queda, porque es un magnífico intérprete. Pero una cosa es que las cante y otra cosa es que nos cante qué siente como mexicano. Para él, el *business* es irse, y toda la vida a Las Vegas, porque para la vida que lleva y el tren de vida que lleva, pues sólo así. Bueno, no sé cuánto le hubieran pagado acá, porque ya no sabemos en los eventos de Calderón.

Durante los años que Calderón Hinojosa gobernó nuestro país, Luis Miguel tuvo dos temporadas en el Auditorio Nacional. La primera en 2009, con la gira *Cómplices,* la cual tuvo 25 funciones; la segunda en 2011, con la gira *The Hits Tour,* que contó con 20 funciones. Ambas tuvieron lleno absoluto. Y como dice el refrán: si la montaña no va a Mahoma, Mahoma irá a la montaña. Si bien el jefe del Ejecutivo no acudió a Luis Miguel, sí fue a verlo su esposa, Margarita Zavala, quien estuvo en una de las funciones de la gira de 2011.

La historia, inédita como todos los secretos revelados en este libro, llega por cuenta de Alejandro Limón-Lason. "Margarita fue sólo una vez con su hermana Mónica, pero fueron como cualquier persona, ya sabes cómo es Margarita y jamás va a ir alardeando o buscando conocer al artista y tomarse la foto, ni tener privilegio alguno. Ella fue normal con su hermana, fueron al concierto y se fueron. Yo creo que Luis Miguel ni se enteró".

Cuando le pregunté a Alejandro si los lugares de las Zavala también habían sido como los de cualquier ciudadano de a pie, esto es, comprados con tarjeta a través de Ticketmaster, o si habían sido cortesía de primera fila, Alejandro me contestó que hay un palco especial "al que tienen acceso, en el mezanine de abajo del Auditorio, hasta atrás, y ahí puedes ver muy bien. Igual hay, como en la fila número diez, algunos lugares disponibles, pero yo creo que ha de haber ido al palco, ahí pasa sin llamar tanto la atención ni del artista ni de la gente en general".

En su experiencia, Margarita es aficionada a casi toda la música de artistas mexicanos. No es que sea la máxima fanática, pero ha seguido la trayectoria de Luis Miguel y le gusta mucho. Alejandro no recuerda que el presidente Felipe Calderón haya tarareado o cantado alguna canción de Luismi, pero eso no quiere decir que no le guste su música. Al contrario, también es fan de la música mexicana y de intérpretes nacionales.

* * *

En la familia Calderón Zavala hay otra integrante, con su propia trayectoria política dentro del PAN, que también puso sus pies y su pelo chino frente al escenario del Auditorio Nacional para ver en primera fila a Luis Miguel. Estoy hablando de Mariana Gómez del Campo Gurza, quien acudió al concierto que ofreció Luismi en el Coloso de Reforma el 1 de febrero de 2013. Sí, ya sé que para entonces Felipe Calderón había dejado de ser presidente, pues el 1 de diciembre de 2012 Peña Nieto asumió el cargo; pero, para clarificar cómo se relacionan las castas de México, conviene contar una anécdota aquí.

Si nos echamos un rapidín en la genealogía política vamos a encontrar que Mariana Gómez del Campo Gurza, mejor conocida como Male por su familia, es prima segunda de Margarita Zavala Gómez del Campo, a su vez esposa de Felipe Calderón Hinojosa. La mamá de Margarita, doña Mercedes Gómez del Campo Martínez, es prima hermana de don Manuel Gómez del Campo López, papá de Mariana.

Tanto los Calderón como los Gómez del Campo han tenido distintos puestos en la política mexicana. Curiosamente, el papá de Margarita, Diego Heriberto Zavala Pérez, fue compañero de su yerno Felipe Calderón cuando ambos ocupaban un asiento por el PAN en la Cámara de Diputados, de 1991 a 1994.

Ahora bien, la historia de Mariana a no más de dos metros de distancia de Luis Miguel nadie me la contó. Yo la vi y yo la viví. Y, como mi pecho no es bodega, ahí les va el chismecito necesario. Resulta que el político Gerardo Islas Maldonado fue el que nos invitó. En aquella época, era el presidente del partido Nueva Alianza en Puebla y estaba de novio con Sherlyn González Díaz, actriz de películas y telenovelas de Televisa, quien era amiga íntima de Mariana Gómez del Campo. Esta última, para cuando fue al concierto de 2013 de Luis Miguel, era senadora de la República por el grupo parlamentario del PAN.

Alrededor de 2007, Gerardo Islas se hizo amigo de Alejandro Basteri, el primero de los dos hermanos menores de Luis

Miguel. La amistad se volvió hermandad e incluso sociedad, pues en los años que Gerardo tuvo que poner una pausa a sus actividades en la iniciativa privada por sus cargos públicos, Álex Basteri ocupó la presidencia del Consejo Directivo de Grupo Sexenio Comunicaciones, empresa de la familia paterna de Gerardo Islas, fundada y afincada en Puebla, que incluía un periódico y revistas impresas y digitales.

Como lo ratificó Martha Figueroa, "hubo un tiempo que también Alejandro, su hermano, tenía cosas que ver en Puebla, sí, con Gerardo Islas, y en ese tiempo también todos los políticos locales se la pasaban en los conciertos de Luis Miguel, por esa relación que tenía su hermano con todos estos cuates. Creo que también una vez vi en uno de los conciertos al Góber Precioso". La periodista se refiere a Mario Marín Torres, quien se encuentra en prisión preventiva desde 2021 en el penal del Altiplano, en el Estado de México, por el delito de tortura contra la periodista y activista Lydia Cacho.

Y les digo más: Gerardo Islas fue el único de los amigos del Picha o la Picha —le dicen de las dos maneras— que estuvo con él el día que nació Pierre Alexander, el hijo que tuvo Álex Basteri con la pintora Bibiana Domit, sobrina del magnate mexicano Carlos Slim Helú. Las fotos paparazzi que lo comprueban las tomó mi querida y aguerrida Jessica Sáenz en febrero de 2010 para la revista *Quién*; en ellas se puede ver a la entrada del Hospital Merci, en Miami, a Basteri, Islas y su entonces novia Pamela Cortés (ahora esposa del escritor y comunicador Andrés Roemer, quien al cierre de este texto está en arresto domiciliario en Israel por el delito de violación).

Debido a su cercanía con Álex, a nadie extrañó que Gerardo Islas se convirtiera en el padrino de primera comunión de Pierre Alexander. Gracias a la relación con los Basteri, tanto con Álex como con el propio Luis Miguel, Gerardo continuamente tenía en sus manos los boletos más cotizados de cualquier concierto de Luis Mi Rey: los de primera fila.

Cabe señalar que Islas comenzó a posicionar su nombre y apellidos en 2010, cuando inició su carrera política en el partido Nueva Alianza, en la coordinación de relaciones públicas de la campaña de Rafael Moreno Valle por la gubernatura de Puebla. En 2011 se trasladó al Estado de México para participar como subcoordinador de campaña de Eruviel Ávila Villegas, quien representaba a una coalición. Ese mismo año, ya de regreso en su tierra natal, el comité directivo de Nueva Alianza lo designó presidente del partido en Puebla. Gerardo apenas tenía veintiocho años de edad.

En esa época lo conocí. Para entonces, yo ya me había despedido de la revista *Quién* y había llegado al periodismo digital a través de la plataforma *Animal Político*, donde desde 2010 se alojaba mi blog *Cuna de Grillos*. Resultó que Gerardo era fan de mis crónicas político-sociales y, por lo tanto, me quería dar una primicia: ese año se casaría con su novia Carmen María Hernández Cortés, mejor conocida como Pamela Cortés. Quizá ésa fue mi primera publicación sobre la vida de Gerardo Islas, aunque al final no hubo boda con Pamela. Con quien sí se casó Gerry, en septiembre de 2013, fue con la actriz Sherlyn.

Sin embargo, pocos meses antes de esa boda, exactamente el viernes 1 de febrero de 2013, Gerardo me llamó por teléfono para hacerme una invitación. "¿Qué onda, Beto? ¿Te lanzas al concierto de Micky? ¡Pero es hoy!". Obviamente, no me lo pensé. Confirmé y asistí. En aquella primera fila, al centro, estábamos Gerardo y Sherlyn, quien iba acompañada de su hermana Criselle; Álex Basteri, quien iba con la modelo Xuxú; la senadora Mariana Gómez del Campo, y yo. A nuestra derecha había una hermosa rubia custodiada por dos mujeres de seguridad del Auditorio. ¿Quieren saber quién era?

Tres días después del concierto, el 4 de febrero, publiqué la crónica del evento con el título "Los políticos que estuvieron en el concierto de Luis Miguel", en mi blog *Cuna de Grillos*. Queda con ustedes el fragmento donde consigné la presencia de la misteriosa mujer:

> #Yoconfieso que la que sí acaparó toda mi atención fue una señorita (creo) de origen ruso (por lo que escuché), vestida completamente de negro, sentada dos asientos a la derecha del mío. Alta, rubia, con los ojos azul turquesa, el pelo perfectamente alaciado y el cutis sin ningún poro abierto: era la novia de Luis Miguel. O al menos la mujer con la que el Rey pone a secar sus trapitos al sol. Y es que esta ensaladita rusa nos mostró por qué su país llegó a convertirse en potencia. Calladita, calladita, fría y calculadora casi a la mitad del concierto, la susodicha se acercó al escenario desde donde Luis Miguel saludaba de mano a sus fans, entre ellas mi amiga, y en un abrir y cerrar de ojos el ídolo le plantó tremendo beso en la boca a la rusa. Eso se puso tremendamente *hot*.

Todo el mundo decía que era rusa, pero realmente nació en Bélgica. Se llamaba Kristina, con K, y lo que más valoró Micky —siempre en el ojo del huracán— fue que la chica mantuvo un perfil bajo a pesar de que fue paparazzeada conviviendo con Michelle Salas, la primogénita de Luis Miguel.

* * *

Volvamos a las cosas no tan agradables. De acuerdo con Enrique Krauze, el combate al crimen organizado que emprendió Felipe Calderón durante su sexenio fue, para bien y para mal, la divisa de su gobierno. Aunque hubo cierto reconocimiento público por el valor de la decisión, siempre existieron dudas razonables acerca de su instrumentación y persistió una incertidumbre abrumadora respecto de su eficacia.

En este tenor, quiero retomar la observación de Claudia de Icaza sobre Luis Miguel y su desinterés por la política y la situación de México. En 2010, durante la presentación del disco *Luis Miguel* en Las Vegas, Juan Manuel Navarro, en ese entonces periodista de Televisa Espectáculos, le comentó al Sol que México estaba pasando por un mal momento y le preguntó que, viviendo parte del tiempo en Acapulco, qué tan enterado estaba y qué tan preocupado se sentía por el estado del país.

Luis Miguel le contestó:

> Mira, es muy lamentable lo que se está viviendo y desgraciadamente pues y ojalá esto se mejore, ¿no? Toda la situación, la violencia es tremenda, la inseguridad también, y todos estamos muy conscientes de eso, y por eso hay que

enaltecer, como vuelvo a decir y a repetir, hay que tratar de dar buenas noticias, de dar cosas buenas a la gente. Y hay que celebrar también, porque México tiene muchas, muchas cosas bellísimas, y, como siempre he dicho, México es más grande que sus problemas. Tenemos que tratar de darle a la gente todo lo que es bello de nuestro país y no tantas noticias negativas.

Luis Miguel también se refirió al triunfo de Ximena Navarrete como Miss Universo en agosto de ese mismo 2010; incluso hizo un paréntesis para destacar su belleza: "Guapísima, por cierto". Para finalizar, en tono serio, propuso crear "un canal de buenas noticias para poderle combinar".

En la misma conferencia, la periodista Olivia X —la identifico así porque en la grabación no se alcanza a escuchar su apellido—, a manera de introducción para su pregunta, aseguró que Luis Miguel había escogido ser mexicano por convicción. Considerando que era embajador de México, alguien que representaba esa nación y con el Bicentenario de trasfondo, le preguntó: "¿Cuál es tu compromiso con tu país?".

Para sorpresa de pocos, Luis Miguel respondió cantinfleando:

> Fíjate que es muy interesante lo que dices, y yo creo que es muy importante llevar en el corazón al país que quieres, y llevarlo de verdad en el corazón, eso es muy importante. Yo creo que el problema, a veces, son algunos, inclusive ciudadanos, los que hacen los problemas importantes, y eso es

lo que hay que tratar de evitar y tratar de erradicar para que México esté como tiene que estar, en el lugar que le corresponde. Es un momento muy difícil, pero yo sé que lo vamos a pasar, y sé que esto va… Y que no se olvide la gente que tiene una gran calidad humana y que realmente es un país maravilloso y que lo quiero con todo mi cariño, la verdad.

En pocas palabras, México era mágico y maravilloso, pero hasta ahí. En un plano opuesto a lo dicho y hecho por Micky, Alejandro Fernández, con quien Luis Miguel tuvo un problema legal en el gobierno de Peña Nieto —lo que contaremos después—, se sumó a la campaña "Vive México", creada por el gobierno de Felipe Calderón a mediados del sexenio con el propósito incentivar el turismo en el país y a la que se unieron figuras de la televisión, la música y el cine.

Al evento en el que se anunció esta campaña, celebrado en la residencia oficial de Los Pinos en mayo de 2009, acudieron Roberto Gómez Bolaños, Florinda Meza, Angélica María, Bárbara Mori, Fher y Álex del grupo Maná, Emmanuel, Ana Claudia Talancón, Marco Antonio Solís y Aleks Syntek.

Alejandro Fernández, en concreto, participó en la promoción turística de Jalisco con los conciertos denominados *Jalisco en vivo 2009*, que fueron gratuitos y se llevaron a cabo en Puerto Vallarta y Guadalajara en junio de ese mismo año. *Jalisco en vivo 2009* fue todo un éxito. Contrario al nulo posicionamiento político de Luis Miguel, Alejandro señaló, en una entrevista de 2007 para el periódico *Reforma*, que así como él estaba trabajando mucho, quería que su país hiciera lo mismo; que creía buena la elección de Felipe Calderón como presidente, porque "lo veo con muchos pantalones y me está gustando cómo está tomando las riendas del gobierno".

Eso sí, demandó que el político cumpliera lo que había ofrecido: que la seguridad regresara a México, que creara fuentes de trabajo, mejor educación y mayor acceso a la salud. Destacó que, "aunque ahorita está saliendo a flote mucha de la inseguridad que existe, fue muy buena elección, y ahora todos los mexicanos debemos trabajar para ayudar a que México vaya hacia arriba. Tenemos que estar todos en la misma sintonía y echar para adelante, trabajar en conjunto".

En ese mismo tenor, otra diferencia es que Alejandro Fernández, mejor conocido como el Potrillo, sí se presentó en Bellas Artes. De hecho, lo hizo dos veces. La primera, como parte del concierto *Un canto a México*, que no fue abierto al público, sino sólo para personal de Televisa, la realizadora del concepto. En esa ocasión acompañaron a Alejandro las voces de Eugenia León, Lourdes Ambriz y Jorge Lagunes.

El evento se realizó en julio de 2000 —todavía en el gobierno de Ernesto Zedillo Ponce de León, pero ya con Vicente Fox como presidente electo— y se transmitió el 16 de septiembre de ese mismo año. Cuando la crítica cuestionó si su trayectoria era suficiente para que pisara el escenario de Bellas Artes, el hijo de Vicente Fernández declaró que no debían responsabilizarlo a él. "Quiero que entiendan que esto es un concepto y no un concierto mío. Estar aquí no significa que sea mejor o peor que otros artistas. Simplemente me llegó la oportunidad".

Como he dicho, ésa no fue su única vez en el escenario más importante del país. *Celebremos México* fue otro proyecto creado por Televisa en 2005 que, en palabras de su presidente, Emilio Azcárraga Jean, "surgió con la idea de recuperar los valores fundamentales de México y resaltar lo mejor de sus riquezas, especialmente de su gente, además de impulsar la responsabilidad social, la paz y la unidad entre los mexicanos".

La gala inaugural se llevó a cabo en el edificio de mármol blanco de la avenida Juárez y contó con la presencia musical de Juan Gabriel, Armando Manzanero, Alejandro Fernández, Lucero, Marco Antonio Muñiz y el tenor Fernando de la Mora. En el evento estuvo presente el presidente Vicente Fox, junto con su esposa Marta Sahagún, así como el Premio Nobel de Química Mario Molina, entre otros invitados especiales.

Con esto no intento comparar las carreras de dos grandes de la música mexicana. Es sólo que, curiosamente, entre las fechas en que Alejandro Fernández se presentó en Bellas Artes, ocurrió la segunda solicitud hecha por Micky para presentarse en el mismo escenario. Más curioso todavía es el hecho de que Luis Miguel fue el principal propulsor del éxito de Alejandro Fernández como cantante cuando solicitó poder presentarse por primera vez.

Y es que, según el mismo Álex declaró en una entrevista con Roberto Martínez para su pódcast *Creativo* (2023), en 1994 el disco de *covers Grandes éxitos a la manera de Alejandro Fernández* ya estaba en sus últimas, pasando sin pena ni gloria, y con ello la carrera del cantante se encontraba en un bache. Sin embargo, gracias a que en la radio se escuchó "El día que me quieras" de Luismi, cuyo video se filmó en Bellas Artes, las mismas estaciones comenzaron a tocar ese tema en la versión de Alejandro. De esa forma, el disco comenzó a tener mejores ventas, a raíz del debate que se creaba entre los locutores sobre qué interpretación era mejor. No cabe duda de que nadie sabe para quién trabaja.

Con esto hemos llegado a la recta final de este capítulo, no sin antes decir que en el calderonismo Luis Miguel no se casó, pero sí se reprodujo. Repitió como papá, pues recordemos que su primogénita, Michelle Salas, nació en 1989, producto de su relación con Stephanie Salas, aunque no fue sino hasta el sexenio calderonista, en 2008 en concreto, cuando Luis Miguel la reconoció como su hija. Ahora, de su relación con Aracely Arámbula, que duró de 2005 a 2009, nacieron Miguel, el 1 de enero de 2007, y Daniel, que abrió los ojos al mundo el 18 de diciembre de 2008.

En la elección de 2012, la Presidencia de México volvió a manos de la nomenclatura del PRI. Un sexenio después, Peña Nieto pasaría la estafeta al Movimiento de Regeneración Nacional (Morena) y sus aliados, que sentaron en la Silla del Águila a Andrés Manuel López Obrador. En esta administración, lamentablemente, falleció de un infarto Gerardo Islas, a la edad de treinta y nueve años, el 2 de febrero de 2023 en España.

Hay algo que no he dicho hasta ahora y que, a manera de reconocimiento póstumo, voy a confesar. La fotografía de la boda de Paulina López-Portillo y Pascual Ortiz-Rubio en la que se ve a Luis Miguel en la mesa de honor, con la mano del presidente José López-Portillo en el hombro del Solecito —publicada como primicia en mi sitio *Cuna de Grillos* en mayo de 2018—, me fue obsequiada por Gerardo Islas Maldonado, acompañada de la siguiente leyenda: "Se la merecen sus fans".

Foto: Publicada originalmente en el libro *Mis tiempos* de José López-Portillo (Fernández Editores, 1988). La imagen fue tomada el 30 de septiembre de 1982.

El presidente José López-Portillo sentado al lado de su esposa, Carmen Romano, con sus nietos en el regazo y detrás están Pascual Ortiz-Rubio Downey y su esposa, Paulina López-Portillo; José Ramón López-Portillo y su esposa, María Antonieta García López Loaeza, y Carmen Beatriz López-Portillo y su esposo, Rafael Tovar y de Teresa. De fondo, la entrada principal de la Casa Miguel Alemán, donde Luis Miguel estuvo por primera vez a los 10 años de edad, para hacer una audición.

Foto: Archivo Paulina López-Portillo Romano.

Una vez que Luis Miguel pasó la prueba, a los 11 años cantó en la boda de Paulina López-Portillo Romano y Pascual Ortiz-Rubio Downey. Aquí el presidente López-Portillo felicita a Micky junto a su sonriente padre, Luisito Rey.

Foto: Archivo Paulina López-Portillo Romano.

La boda de la hija del presidente de México con el nieto del expresidente Pascual Ortiz Rubio se llevó acabo el 29 de mayo de 1981, en el Casino del Heroico Colegio Militar.

Foto: Archivo Paulina López-Portillo Romano.

Durante su debut con las familias presidenciales, Luismi interpretó las canciones "Papachi" y "Malagueña" para cerca de mil invitados. Paulina recuerda que no estuvo la mamá del niño, Marcella Basteri Tarrozzo.

Foto: Archivo Paulina López-Portillo Romano.

Pascual Ortiz-Rubio y Paulina López-Portillo el día de su boda. En la imagen se muestra la cruz que más atesora la novia, pues con ella se han casado las mujeres de cuatro generaciones de su dinastía.

Cuarenta y dos años después de su boda, Paulina López-Portillo rompió el silencio y me concedió la primera entrevista para hablar, desde Estados Unidos, de su historia con Luis Miguel.

Aquí con la prestigiada retratista Blanca Charolet, quien fue la fotógrafa privada de la primera dama de México Carmen Romano Nölck.

Arturo "el Negro" Durazo, quien fungió como jefe de la policía del Distrito Federal, fue amigo del presidente López-Portillo. Durante ese sexenio, el Negro hizo amistad con Luisito Rey.

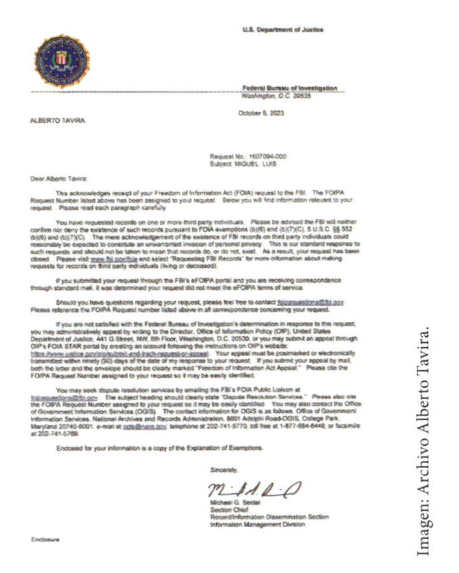

Foto: Agencia de noticias *El Universal*.

Solicitud de información a los archivos del FBI sobre la desaparición de Marcella Basteri, en Europa, en 1986, durante la administración del presidente Miguel de la Madrid.

Imagen: Archivo Alberto Tavira.

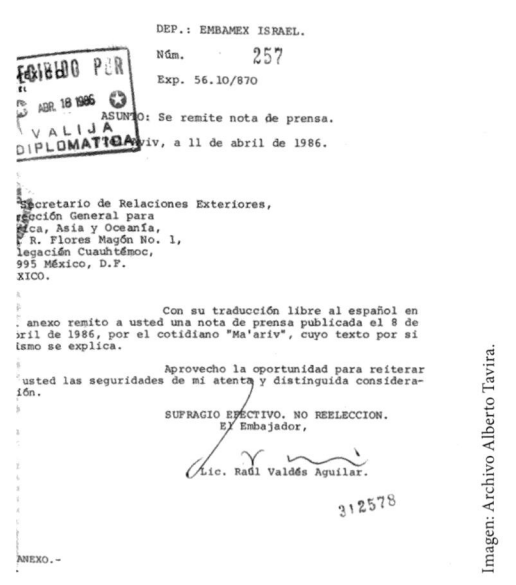

Oficio del archivo de la Secretaría de Relaciones Exteriores, de la embajada de México en Israel, consultado para verificar si hubo registros oficiales de petición de búsqueda de la mamá de Luis Miguel.

Imagen: Archivo Alberto Tavira

A continuación se presenta una serie de fotografías inéditas hasta la presente edición que muestran la fiesta de 15 años de Cecilia Salinas Occelli, hija del presidente Carlos Salinas de Gortari y su esposa, Cecilia Occelli González, celebrada a principios de 1989 en la Residencia Oficial de Los Pinos, donde cantó Luis Miguel.

Foto: Archivo Ugalde Resano.

Carlos Salinas ofreció como regalo sorpresa para su hija Cecilia el show del ídolo de adolescentes de los años ochenta.

Foto: Archivo Ugalde Resano.

La celebración de la hija del presidente contó con alrededor de 300 invitados, entre ellos su novio en turno, quien quedó impactado al ver que Luis Miguel cantó directo al corazón de la festejada.

Luis Miguel presentó su espectáculo, de aproximadamente una hora, durante la cena para los invitados de las familias Salinas de Gortari y Occelli González.

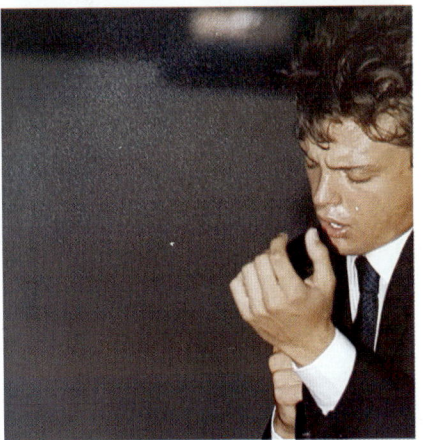

Fotos: Archivo Ugalde Resano.

El escenario en el que cantó Luis Miguel tuvo la infraestructura de sus conciertos de aquella época. La ubicación fue un antiguo gimnasio al interior de Los Pinos que, tras la llegada de Salinas, fue remodelado como salón de fiestas.

Fotos: Archivo Ugalde Resano.

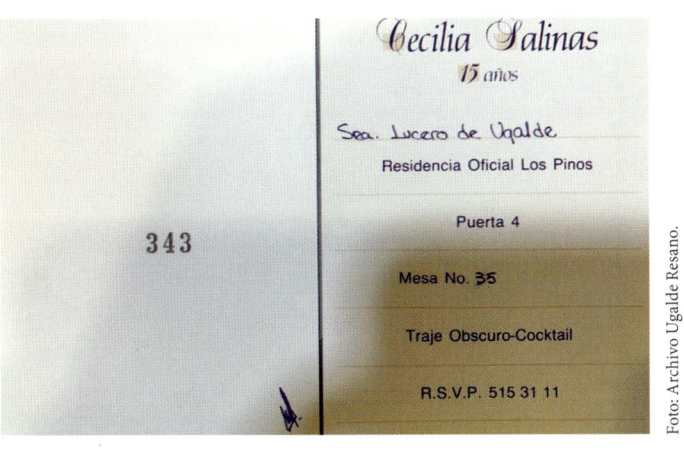

Invitación de los quince años de Cecilia enviada a una jovencísima Lucero de Ugalde, ya esposa del músico Ismael Ugalde, integrante del grupo Los Compadres, en el que también participan primos Occelli de Ceci Salinas.

La presentación de Luis Miguel en la fiesta de 15 años de la hija del presidente Salinas de Gortari coincide con los tiempos en los que el cantante tenía una deuda millonaria con el fisco mexicano.

Foto: Archivo Nahum Huesca Forzán.

En los primeros meses del sexenio de Salinas de Gortari, Luis Miguel filmó el video de "La incondicional" en el Heroico Colegio Militar y en la base aérea de Santa Lucía. Ahí convivió con militares en activo como el cadete Nahum Huesca Forzán, a la derecha del cantante, y el cadete Parra de la Rocha, a su izquierda.

El general José Gerardo Vega Rivera, comandante de la Fuerza Aérea Mexicana, tuvo una breve participación en el video de "La incondicional", en 1989.

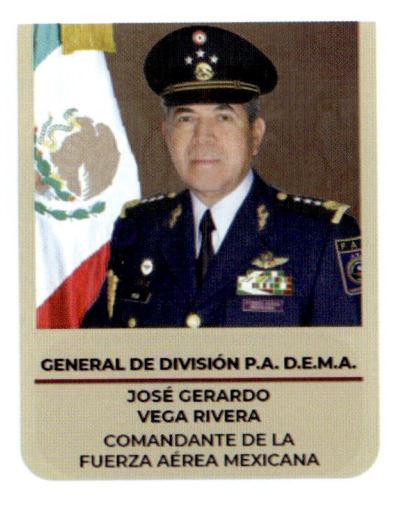

El secretario de la Defensa Nacional, el general Antonio Riviello Bazán, nombrado por el presidente Salinas de Gortari, fue quien autorizó al productor Pedro Torres y a Luis Miguel la grabación de "La incondicional" en territorio militar.

Foto: Agencia de noticias *El Universal*.

En noviembre de 1991, el presidente Salinas de Gortari, en un evento atípico, le entregó personalmente a Luis Miguel su carta de naturalización como mexicano.

Meses después de que Luis Miguel se hizo mexicano, la revista chilena *Vea* dio a conocer, en su edición de julio-agosto de 1992, que el Sol de México nació en Puerto Rico.

Con la llegada del nuevo milenio, Luis Miguel amplió su relación con los políticos, por ejemplo con Gerardo Islas Maldonado del Partido Nueva Alianza, a quien conoció gracias a su hermano Alejandro Gallego Basteri.

Foto: Archivo Gerardo Islas Maldonado.

Debido a su amistad con Gerardo Islas, el hermano de Luis Miguel también tuvo vínculos con el máximo poder político. Aquí ambos con el presidente de México Enrique Peña Nieto.

Imagen: Archivo Alberto Tavira.

Captura de pantalla del directorio de la empresa de Gerardo Islas, donde Alejandro Gallego Basteri fungió como presidente del Consejo Directivo.

XVI

Foto: Archivo Alberto Tavira.

Durante varios años, el político poblano tuvo boletos de primera fila para los conciertos de Luis Miguel. Aquí, de izquierda a derecha: la modelo Xuxu, Alejandro Gallego Basteri, Gerardo Islas, la actriz Sherlyn y su hermana Criselle.

Foto: Archivo Alberto Tavira.

En febrero de 2013, yo estuve entre los invitados de Islas Maldonado a un concierto de Luis Miguel, en el Auditorio Nacional. Ahí capturé cuando el Sol saludó a una fan.

En el Auditorio Nacional, en 2013. La prueba de que fui testigo de la primera fila.

Foto: Archivo Alberto Tavira.

Entre los invitados de Gerardo Islas a esa primera fila también estuvo la entonces senadora por el PAN Mariana Gómez del Campo, prima segunda de la primera dama de México Margarita Zavala Gómez del Campo.

Foto: Archivo Alberto Tavira.

Foto: Archivo Alberto Tavira.

En el concierto de 2013, de igual forma estuvo en primera fila, custodiada por una mujer de seguridad, la novia de Luis Miguel. Se llama Kristina. Nació en Bélgica y lo que más valoró Micky fue que la chica siempre mantuvo un perfil bajo.

Foto: Archivo Gerardo Islas Maldonado.

Luis Miguel con los cachorros del poder, en el sexenio de Enrique Peña Nieto. De izquierda a derecha: Gerardo Islas, Miguel Osorio Vargas (hijo de Miguel Ángel Osorio Chong), Santiago Miranda Barrera (hijo de Luis Miranda Nava), Alejandro Peña Pretelini (hijo del presidente Peña Nieto) y Luis Miranda Barrera (hijo de Luis Miranda Nava).

Foto: Tomada de la cuenta de X, antes Twitter, de Ángel Aguirre, @AngelAguirreGro.

El único guiño de Luis Miguel a la izquierda política del que hasta ahora se tenga registro sucedió en el verano de 2013, en la administración del gobernador de Guerrero Ángel Aguirre Rivero, del PRD.

Imagen: Tomada de YouTube.com

Luis Miguel fue contratado para convertirse en la imagen de la campaña turística "Soy Guerrero", la cual tuvo una inversión y unas condiciones sin precedentes para uno de los estados más pobres de México.

xx

A continuación una serie de fotografías de mi archivo con algunas de las personalidades que entrevisté para mi pódcast en Podimo *Luis Miguel ¿Culpable o no?*, el cual, a través de sus guiones, se convirtió en el pilar de este libro.

Con el político del PRI Enrique de la Madrid Cordero, hijo del expresidente Miguel de la Madrid Hurtado.

Con la periodista Claudia de Icaza, autora del libro *El gran solitario*, la primera biografía no autorizada de Luis Miguel.

Con la reconocida periodista de espectáculos Martha Figueroa, autora del libro *Micky. Un tributo diferente*.

Con Gerardo Estrada, exdirector del Palacio de Bellas Artes y excoordinador ejecutivo del Auditorio Nacional.

Con Pedro Torres, productor de más de veinte videoclips de Luis Miguel.

Y como cereza del pastel… Luis Miguel y la princesa Estefanía de Mónaco en el Festival Acapulco, en 1991, organizado por Televisa y el gobierno de Guerrero —encabezado por José Francisco Ruiz Massieu, papá de Claudia Ruiz Massieu Salinas—. El festival tuvo una audiencia estimada de 300 millones de telespectadores a nivel mundial.

Foto: Agencia de noticias *El Universal*.

CAPÍTULO 6

LA IMAGEN DE GUERRERO
El guiño a la izquierda

Acapulco, la icónica ciudad costera ubicada en el Pacífico mexicano, fue durante décadas un lugar emblemático y cautivador que atrajo a una multitud diversa de visitantes de todo el mundo. Con su deslumbrante belleza natural, su rica historia y su legendaria reputación como destino turístico de lujo, Acapulco se convirtió en testigo de la presencia de innumerables personalidades de la *jet set* internacional, del arte y de la cultura que han dejado su huella en este sitio paradisiaco.

Durante los años cincuenta del siglo xx, las playas de la costera vieja, como la de Caleta, fueron un lugar de encuentro para la alta sociedad nacional e internacional que buscaba escapar del bullicio de la vida cotidiana y que encontraba en Acapulco un suntuoso y exclusivo oasis. La gente cuenta con orgullo que fue ahí donde el cantante y compositor Agustín Lara, *el Flaco de Oro,* le escribió a la diva del cine mexicano, María Félix, la tan famosa letra de "Acuérdate de Acapulco, María bonita, María del alma…".

Tiempo después, como consecuencia de la inversión en infraestructura turística, hubo cambios paulatinos que dieron pie a la construcción de una ola de hoteles modernos lejos de Caleta. Durante el sexenio del presidente Miguel de la Madrid Hurtado se detectó el potencial de la zona para convertirse en destino turístico de lujo. Por lo tanto, el 28 de agosto de 1987 se publicó en el *Diario Oficial de la Federación* un decreto por el que se declaró de utilidad pública el desarrollo del área conocida como Punta Diamante, en la ciudad y puerto de Acapulco de Juárez, estado de Guerrero, así como la adquisición de los terrenos que forman parte de dicho sector.

La ubicación privilegiada de estas playas, lejos del ajetreo y el alboroto de la zona turística principal de Acapulco, brindó a los visitantes una sensación de privacidad y exclusividad que contribuyó a su atractivo. Fue durante el desarrollo de esta área, a inicios de la década de los noventa, cuando Luis Miguel eligió Acapulco como el lugar para afincar su residencia. Según el libro *Oro de Rey. Luis Miguel, la biografía,* de Javier León Herrera y Juan Manuel Navarro Salinas, "con 20 años cumplidos Luis Miguel siente que Acapulco será su casa".

Después de independizarse y superar los problemas económicos heredados por la mala administración de su padre, Luis Gallego Sánchez, Micky tomó la decisión de adquirir una de las casas que el empresario Jaime Camil Garza, papá del actor y comunicador Jaime Camil, construyó en la exclusiva zona de las Brisas Guitarrón. Esa propiedad, conocida como Villa Mikonos y que pertenece al conjunto residencial Los Siete Chakras, fue el primer hogar de uno de los solteros más codiciados de México. Un dato curioso de la arquitectura de ese conjunto es que las propiedades estaban interconectadas, lo que permitía una comunicación directa entre ellas.

Ya con el éxito alcanzado gracias a discos como *Romance* (1991), *Aries* (1993) o *Segundo romance* (1994), y tras la ruptura amorosa con Issabela Camil y el inicio de su relación con la cubana Daisy Fuentes, Luismi se mandó construir otro inmueble: la denominada "casa de la playa", edificada en Bonfil, una de las playas más solitarias en aquellos años noventa, en la carretera a Barra Vieja. Algunos la conocían como "Casa Aries" y otros la llamaban la "Casa de Tarzán". El costo de su construcción fue de unos tres millones de dólares y se inauguró en la fiesta de Año Nuevo, el 31 de diciembre de 1995.

Un año después, la conductora argentina Susana Giménez fue recibida en la sala principal de esa casa para llevar a cabo una entrevista. Era la primera vez que Luis Miguel abría las puertas de su hogar, y desde el inicio de la grabación el ídolo de Latinoamérica presumió que su residencia había sido fabricada con materiales naturales del estado de Guerrero. También señaló que quiso que su casa fuera redonda para recibir más energía del sol; abierta, sin puertas ni paredes, porque deseaba estar en contacto con la naturaleza, y que las condiciones climáticas de Acapulco permitían tener ese tipo de construcción.

Con el paso de los años, Luis Miguel se convirtió en uno de los principales atractivos turísticos de Acapulco. Se crearon *tours* armados por los guías locales o los lancheros para conocer por fuera su propiedad, y la gente visitaba el puerto con la esperanza de encontrárselo en la discoteca Baby'O, la cual casi era su segunda casa en Acapulco y en la que tenía, cada fin de semana, una mesa privada esperándolo dentro de la cueva, uno de los espacios más privilegiados del lugar. Los turistas del puerto también tenían posibilidades de encontrarlo cenando en una exclusiva mesa de los mejores restaurantes o en una popular banca de madera pintada de azul turquesa, en el restaurante de Beto Godoy, en Barra Vieja, donde Luis Miguel era tan cliente frecuente que incluso se hizo amigo del dueño.

En 1995, el año en que Luis Miguel construyó su casa de la playa, su carrera tuvo un crecimiento vertiginoso. En marzo, la Academia de Artes Discográficas le otorgó su segundo Grammy consecutivo en la categoría de Mejor Álbum Pop Latino, por el disco de boleros *Segundo romance,* que reivindicó el premio obtenido un año antes por el álbum *Aries.*

Pero sería otra premiación la que pondría de nuevo a Luismi en todas las portadas de la sección de espectáculos de los periódicos y revistas especializadas. Fue en la entrega de los Oscar donde destacó, pero no por sus dotes actorales, sino por su acompañante, Daisy Fuentes, que en ese momento era famosa por ser conductora y presentadora del canal

MTV Latino. La modelo cubana fue fotografiada con el Sol de México, y la nota destacó más que la reunión que tuvo Luismi con Quincy Jones, el principal productor de los álbumes de Michael Jackson. Por cierto, el también compositor estadounidense declaró a los medios que había estado con el mejor artista de Latinoamérica.

A partir de ese momento, todos los medios intentaron corroborar o desmentir la existencia de un romance entre la modelo y el cantante. Tuvo que salir la jefa de prensa de Luis Miguel, Rossy Pérez, a confirmar que, efectivamente, había una relación amorosa. Es decir, la cubana de veintisiete años sí era novia del ídolo de veinticinco. No obstante, en su aparición ante los medios tras recibir su tercer World Music Award en Mónaco —premio que le otorgó, el 3 de mayo de 1995, el principado de Mónaco por su disco *Segundo romance*—, Luis Miguel "friendzoneó" a la conductora de MTV al declarar: "Mantengo mi relación con Daisy Fuentes y con mucha gente dentro del medio. Mantengo una relación de amistad, no nada más con ella, sino con mucha gente, y muchas veces uno no debe juzgar por las fotos y otras cosas".

Durante 1995 Luis Miguel no grabó disco nuevo. Sin embargo, sus fans pudieron adquirir *El concierto* —o el disco blanco, como también se le conoce—, recopilatorio de varias canciones que interpretó durante su gira por Argentina y México en 1994. El disco incluye el famoso *medley* que contiene "Yo que no vivo sin ti", "Culpable o no", "Más allá de todo", "Fría como el viento", "Entrégate", "Tengo todo excepto a ti" y "La incondicional", además de esa parte que a todos nos encanta en la que, después de tararear, comenta: "Qué rico esto, ¿no?".

Por cierto, el *medley* es la composición más escuchada de ese disco en Spotify hasta 2023. Le sigue "Si nos dejan", tema original de José Alfredo Jiménez, con arreglos de Cutberto Pérez, que el artista cantó acompañado por el Mariachi 2000 y que causó furor por ser su primera canción grabada con mariachi. Además, maestro del *timing*, preparó el lanzamiento para septiembre de 1995, en concordancia con la celebración de las fiestas patrias y con el inicio de su nueva gira el 15 de septiembre en Las Vegas, Nevada.

"Acabo de pasar uno de los momentos más duros de mi vida porque toqué la muerte. Quiero a toda la gente sentir, porque sentir es vivir y vivir es ser feliz; les quiero agradecer a todos haber venido a mi cumpleaños número uno". Estas emotivas palabras fueron pronunciadas por el Sol en un concierto que se llevó a cabo en noviembre de 1995 en Guadalajara, Jalisco. El motivo, de acuerdo con el administrador del aeropuerto de esa ciudad, fue un accidente causado por una falla en los frenos del avión en el que viajaba el cantante, lo que obligó al piloto a aterrizar con toda la velocidad que llevaba. Gracias a su habilidad, el avión logró desembocar en el terreno aledaño a la pista y evitó que explotara.

A ese mismo accidente se refirió la periodista Erika Roa en un testimonio citado en capítulos anteriores de este libro, donde reveló que en sus días como editora adjunta de la revista *Quién*, en 2006, se apersonó en las oficinas de Grupo Expansión un supuesto empleado de Luis Miguel que quería vender un material exclusivo, resguardado en dos carpetas blancas de archivo. La primera historia trataba sobre el accidente aéreo que sufrió el cantante en 1995, cuando el avión privado en el que viajaba presentó serios problemas con el tren de aterrizaje y estuvo a punto de estrellarse. La segunda carpeta contenía la supuesta investigación que Luis Miguel habría encargado sobre la desaparición de su madre y que ya abordé páginas atrás.

Después del susto que casi le cuesta la vida, Luis Miguel celebró en grande el final de 1995. Brindó por la venta de más de 350 000 copias de su disco doble *El concierto* en menos de dos meses y el *sold out* de sus 14 presentaciones en el Auditorio Nacional. De acuerdo con la revista *Amusement Business*, Luis Miguel fue el tercer cantante más redituable en taquillas de conciertos a nivel mundial. Destacaron, sobre todo, las 14 presentaciones ininterrumpidas con boletaje agotado en el Auditorio Nacional del 6 al 23 de diciembre de 1995, con una asistencia total de más de 140 000 personas. Para darle perspectiva al dato, fueron 20 000 personas más que un lleno total en el Estadio Azteca.

Estas cifras coincidieron con —o, quizá, esas ganancias permitieron— la inauguración, el 31 de diciembre de 1995, de la segunda casa de Luis Miguel en Acapulco, la de la playa, la ya mencionada "Casa Aries". Como dato curioso, Luismi declaró en aquel momento que le gustaría poseer un barco, de preferencia con jacuzzi, por aquello de la comodidad; o, como el icono del cine estadounidense Marlon Brando, su propia isla.

Pero no todo fue un cuento de hadas. Martha Figueroa, a quien ya he citado, me compartió en la entrevista que le realicé en octubre de 2022 que la casa de Luis Miguel se convirtió en un punto de peregrinaje turístico muy importante. Todo el mundo se acercaba a ver la palapa, esperando que el Sol de México se asomara. Cuando había suerte, se le veía sentado en las tardes, disfrutando del *jet sky* o montado a caballo, e incluso jugando futbol en la arena. En palabras de Martha, en ese momento Luismi era un buen ciudadano, promotor de su entorno.

Sin embargo, la privacidad que el cantante encontró en esas coordenadas se fue diluyendo con el paso del tiempo. Comenzó a haber menos naturaleza y más edificios alrededor de ese oasis que el Sol había creado para sí mismo. Aunque Acapulco dejó de ser su hogar, Micky regresaría constantemente a descansar del largo ajetreo de sus giras y grabaciones, y de las persecuciones de los paparazzi que llegaban a vender sus imágenes, sobre todo las de algún nuevo amor, las cuales alcanzaban cifras de seis dígitos en pesos mexicanos.

El alejamiento de Luis Miguel de Acapulco no impidió que, en 2013, el gobierno estatal encabezado por Ángel Heladio Aguirre Rivero decidiera explotar la imagen de cercanía con el puerto que el cantante había construido a lo largo de los años.

* * *

No era la primera vez que Aguirre Rivero se sentaba en la silla grande de Guerrero. De hecho, una tragedia social lo habilitó para desempeñar el cargo la primera vez, en 1996, y, casualmente, otra tragedia desencadenó su renuncia en 2014. Pero vayamos por partes. El 12 de marzo de 1996, tan sólo tres meses después de que Luis Miguel estrenara su casa de la playa, en el Congreso de Guerrero, ante un pleno con mayoría absoluta del Partido Revolucionario Institucional (PRI), Ángel Aguirre, todavía dirigente estatal del PRI, rindió protesta como gobernador interino, cargo que ocupó del 12 de marzo de 1996 al 31 de marzo de 1999, en sustitución de Rubén Figueroa Alcocer, quien se separó del puesto "para no obstaculizar las investigaciones de los hechos tan lamentables de Aguas Blancas", como escribió en su carta entregada al Congreso local.

Rubén Figueroa se refería a lo ocurrido en el vado de Aguas Blancas, municipio de Coyuca de Benítez, el 28 de junio de 1995, cuando, de acuerdo con el relato de la Comisión Nacional de Derechos Humanos (CNDH), un grupo de miembros de la recién formada Organización Campesina de la Sierra del Sur fueron detenidos y masacrados con armas de fuego por policías y agentes judiciales. En dicha emboscada, 17 campesinos fueron asesinados y 14 más resultaron heridos.

Las repercusiones políticas y sociales fueron de tal magnitud que de nada sirvió al entonces gobernador haber ordenado el encarcelamiento de cuatro funcionarios de la Dirección de Seguridad Pública y de la Procuraduría de Justicia del estado, además de 33 policías estatales, por presunta responsabilidad en la muerte de los campesinos.

Las secuelas de Aguas Blancas continuaron incluso con el nombramiento del gobernador interino. El 28 de junio, durante el primer aniversario de la masacre en el mismo vado de Aguas Blancas, se dio a conocer, mediante el "Manifiesto de Aguas Blancas", el nacimiento de un nuevo grupo guerrillero denominado Ejército Popular Revolucionario (EPR).

A lo largo de los siguientes meses se presentaron enfrentamientos entre los miembros del EPR, el Ejército mexicano y las autoridades estatales. Al final, la inestabilidad política y social generada por Aguas Blancas propició que, en los comicios del 6 de octubre de 1996 para la renovación del Congreso estatal, el PRI perdiera la mayoría absoluta de la Cámara, aunque conservó la mayoría simple, con 30 diputados, frente a 12 del Partido de la Revolución Democrática (PRD), 2 del Partido Acción Nacional (PAN), 1 del Partido del Trabajo (PT) y 1 del Partido Cardenista.

En 1996, mientras en Guerrero se vivía un tsunami de sucesos políticos y sociales, Luis Miguel tenía un año tranquilo. Estable en su relación sentimental con Daisy Fuentes, el cantante estrenó el disco *Nada es igual,* en el que, paradójicamente, todo fue igual. Luismi decidió continuar con la fórmula que ya le había dado bastante éxito, esto es, una mezcla de música pop cargada de ritmo, como se advierte en las dos canciones más populares del álbum: "Dame" y "Cómo es posible que a mi lado".

Posteriormente, Luis Miguel se elevó a las cimas hollywoodenses, con la develación de su estrella en el Paseo de la

Fama. De acuerdo con los ejecutivos de la Cámara de Comercio de Hollywood, el acto fue uno de los más concurridos en toda la historia, con alrededor de un millar de admiradores, quienes contemplaron entusiasmados cómo Johnny Grant, presidente de la Cámara, otorgó a Luismi el título de Rey del Pop Latino en su presentación.

* * *

Aunque sus tres años de interinato (1996-1999) pasaron sin pena ni gloria, Ángel Aguirre, tras haber sido diputado federal y senador, estaba entre los favoritos del PRI para suceder al perredista Zeferino Torreblanca en la elección a gobernador de Guerrero en 2011. No obstante, el Revolucionario Institucional decidió que su candidato fuera Manuel Añorve Baños, así que, por invitación de Marcelo Ebrard Casaubón, Aguirre encabezó la coalición Guerrero Nos Une, conformada por el Partido de la Revolución Democrática, el Partido del Trabajo y Convergencia; consiguió 673 799 votos, o el 55.97% del voto total, lo que lo consagró como ganador del proceso electoral.

Lo fácil fue ganar la elección; lo difícil era gobernar Guerrero. Poco después de asumir el cargo, el 1 de abril de 2011, Aguirre enfrentó una serie de desafíos de toda índole, como la retención de 200 millones de pesos por parte de la Secretaría de Hacienda y Crédito Público (SCHP) por concepto de adeudo de cuotas de la Secretaría de Educación estatal al Instituto de Seguridad y Servicios Sociales de los Trabajadores del Estado (ISSSTE). En términos generales, la administración de Zeferino Torreblanca heredó al nuevo gobierno una deuda pública de 3 100 millones de pesos.

Guerrero, una de las entidades más pobres y sangrientas de México, se encontraba en una situación compleja debido a la creciente presencia del narcotráfico. En mayo de 2011, después de un violento fin de semana que dejó un saldo de 18 personas asesinadas en distintos municipios del estado, el gobernador pidió a los grupos de la delincuencia organizada que detuvieran las hostilidades entre ellos "y que canali[zaran] sus diferencias y odios de otra manera".

Un sexenio antes de la política federal del presidente Andrés Manuel López Obrador de "abrazos, no balazos", Ángel Aguirre apeló en ese mismo mensaje "a [la] calidad de seres humanos [de los miembros de esos grupos] para que establezcan un alto en el camino; ya basta de tanta sangre derramada de nuestros hermanos guerrerenses y mexicanos". La petición cayó en oídos sordos y 2012 fue uno de los años más violentos en la historia de Guerrero.

El índice delictivo del Centro de Investigación para el Desarrollo, A. C. (CIDAC), publicado en 2013, ubicó a Guerrero como el peor estado de la República Mexicana, al pasar del lugar 26 al 32, con un agravamiento de casi todos los delitos analizados, como el secuestro, los homicidios dolosos, la extorsión y el robo con violencia. Asimismo, de acuerdo con el informe del Consejo Ciudadano para la Seguridad Pública y la Justicia Penal, A. C., Acapulco ocupó el nada honorable segundo sitio en el *ranking* de las ciudades más inseguras del mundo.

LA IMAGEN DE GUERRERO

Aunque en Guerrero se sentía la necesidad de cambiar la situación, Ángel Aguirre entendió que era más fácil disimular la realidad con un lavado de imagen. Como parte de su estrategia para posicionar de nuevo a la entidad como un sitio turístico relevante, en 2012 invitó a los actores Antonio Banderas y Melanie Griffith a formar parte del Festival Internacional de Cine de Acapulco (FICA), además de iniciar la campaña turística "Soy Guerrero" con la imagen de Ana Serradilla, quien, aunque nació en el Distrito Federal, fue elegida por el gobernador por ser bonita y buena actriz.

La noche que Melanie Griffith y Antonio Banderas recibieron el Jaguar de Plata, máxima presea del festival, Aguirre tuvo un momento bohemio con la pareja, en compañía del magnate mexicano Carlos Slim Helú, el exgobernador de Veracruz Miguel Alemán Velasco, su esposa, Christiane Magnani Martel, y el cantante Jorge Muñiz. Según contó Ángel Aguirre el 18 de mayo de 2019 en su columna "La política es así" del periódico *Milenio*, Antonio dijo que Acapulco realmente era un paraíso; que conocía muchas bahías, pero ésa era la más bella del mundo.

En ese tiempo de anuncios de grandes obras, cenas con personalidades y campañas turísticas con artistas, Ángel Aguirre tuvo la idea de vender el renacimiento de Guerrero y en julio de 2013 viajó a Estados Unidos para atraer turismo al puerto. En el itinerario tuvo tiempo para asistir a una entrevista con el prestigiado comunicador Jorge Ramos Ávalos para el programa *Al punto* de Univisión, quien comentó al gobernador que iba en una misión imposible, dada la situación que guardaba Guerrero.

En la entrevista, el periodista enfrentó al político con datos duros y cuestionó su interés por invitar a los turistas a la ciudad y el estado más peligrosos de México. El gobernador replicó que él no lo veía así, que tenía otros datos y podía presentar cifras que demostraban que había bajado la delincuencia en un 40% en el puerto de Acapulco. No sólo eso: se ufanó de una visita de quien sería la nueva imagen turística del estado: "Acaba de estar, por cierto, Luis Miguel, con quien acordamos sea la nueva imagen del puerto, porque él es gente que vivió varios años allá".

Luis Miguel y Acapulco seguían siendo prácticamente sinónimos a pesar de que el cantante, para ese 2013, ya vivía en Estados Unidos. Sin embargo, para Ángel Aguirre era una ambiciosa apuesta, debido a que los rayos del Sol no sólo alumbrarían toda la República Mexicana, sino que se reflejarían en muchos países del continente americano y en algunos de Europa e incluso de Asia. Su fama internacional atraería tanto el turismo local como el extranjero. ¿Qué podría salir mal?

Cabe señalar que el estado de Guerrero no fue el primero que en 2013 se acercó a Luis Miguel para ofrecerle dinero de los contribuyentes por sus servicios. En enero de ese año, el gobernador del estado de Nayarit, Roberto Sandoval Castañeda, anunció la presentación gratuita del cantante el 4 de marzo en la Feria Nayarit 2013, con la finalidad de hacer de este evento la feria sin costo más importante del país. Eso sí, el titular de la Secretaría de Turismo del estado, Raúl Rodrigo Pérez Hernández, reveló que la condición del cantante para llevar a cabo el concierto era no dar a conocer el monto de su contratación, por lo que el funcionario aclaró que la información fue clasificada como "reservada".

Sin ningún contratiempo, y con el dinero de sus impuestos, los tepiquenses o tepiqueños disfrutaron del espectáculo. Esa presentación se sumó a una larga lista de conciertos ofrecidos por Luis Miguel desde febrero de 2012, con pequeños descansos en junio, julio y diciembre, y que a inicios de 2013 incluyeron entre sus escenarios el Auditorio Nacional, ya consagrado por el cantante.

En ese mismo periodo, en febrero de 2013, hubo un hecho no menos importante: la actriz Aracely Arámbula, con quien Luismi procreó a Miguel y Daniel, sus dos hijos menores, interpuso una demanda en la Corte Superior de Los Ángeles por la manutención de los pequeños, además de acusar al cantante de no pasar tiempo suficiente con ellos, pero ésa es otra historia.

Como parte de su extenuante gira, en marzo de 2013 Luis Miguel se presentó en el escenario del Forum Mundo Imperial, en Acapulco, y, como no queriendo la cosa, en septiembre ofreció un concierto privado en la localidad de Delicias, Chihuahua, para 200 personas, con motivo del cumpleaños de la esposa del empresario Jaime Galván Guerrero. Luis Miguel aceptó cantar a cambio de 250 000 dólares. Normalmente cobraba 350 000, pero, según Galván, se le hizo un descuento de 100 000 dólares a la tarifa habitual.

Si ésos eran sus honorarios por un concierto, ¿cuánto cobraba Luis Miguel por una campaña publicitaria? Ángel Aguirre Rivero fue la primera persona a la que busqué con el fin de entrevistarlo y así conocer, por medio de la fuente primigenia, cómo se gestó el proyecto que llevó a Luis Miguel a ser imagen del estado de Guerrero, cómo llegaron a él y, sobre todo, cuántos recursos públicos se destinaron a pagar los honorarios del ídolo de las multitudes.

* * *

El 15 de noviembre de 2022 contacté a través de WhatsApp a Ángel Aguirre Rivero. Su teléfono lo conseguí con una amiga en común de muy alto nivel. Luego de presentarme con el exgobernador, le envié mi semblanza profesional, le expliqué el proyecto en el que estaba trabajando y le solicité una entrevista. En un principio, él aceptó y estuvo de acuerdo con el tema. Sin embargo, a partir de entonces se dedicó a reenviarme sus columnas periodísticas en respuesta a cada mensaje para agendar la entrevista que de inicio había aceptado, aunque, como buen político, sin decirme cuándo.

Lo que descubrí después fue que esas respuestas impersonales en realidad eran un mensaje cifrado para señalarme dónde podía encontrar la información solicitada. Así logré descubrir sus memorias, tituladas *El anecdotario*, que son el colofón de las columnas de opinión publicadas por el político en los periódicos *El Sur* y *Milenio*.

Por ejemplo, el 1 de junio de 2019, Ángel Aguirre dio a conocer que en 2013 decidió invitar a Luis Miguel a convertirse en el primer promotor de los destinos turísticos del estado de Guerrero. De acuerdo con la versión de Aguirre, acordaron verse en un pequeño hotel *spa* rumbo a Barra Vieja, lugar donde se preparan deliciosos pescados a la talla. Después de una breve espera, Luis Miguel llegó enfundado en una camisa negra y con unos lentes oscuros que no se quitó durante toda la charla.

De acuerdo con el escrito de Aguirre, el cantante agradeció la invitación para promover a su querido Acapulco y propuso hacer un video con gente nativa, con escenas que motivaran la añoranza y los bonitos recuerdos del puerto. Ya para terminar el encuentro, Luis Miguel sugirió que se hicieran algunas fotografías, cosa que el gobernador aceptó, de modo que la entrevista culminó con un abrazo y la confirmación del cantante de que pronto regresaría a Acapulco.

Hasta aquí todo muy bonito, muy bien platicadito y toda la cosa. Pero como dos décadas en el reporteo me han permitido comprobar que la fuente directa también miente, busqué una segunda versión de los hechos para contrastar el casi poema de Ángel Aguirre. Fue así como, gracias a los contactos de mi querida amiga Cristi Chávez —otra de las personas que más quieren a Acapulco y a la que Acapulco quiere también—, logré dar con Rahel Ávila Guzmán, quien fue director de mercadotecnia en la Secretaría de Turismo del estado de Guerrero durante la administración del gobernador Aguirre.

Entre otras responsabilidades, Rahel estuvo a cargo de la coordinación de filmaciones, la cual tenía que ver con todas las producciones que se hacían en Guerrero, desde una telenovela hasta catálogos de moda o comerciales. Cualquier cosa que implicara una cámara de fotografía profesional, de cine o de video pasaba por su oficina y él daba el visto bueno.

Alejado de la administración pública, pues actualmente trabaja para la iniciativa privada, Rahel pudo darme santo y seña de cómo fue que Luis Miguel se convirtió en la imagen de Guerrero hace una década.[1]

Según el testimonio de Rahel Ávila, la campaña fue ofrecida al gobierno del estado de Guerrero desde el área de ventas al gobierno de TV Azteca, que, a través de la productora MAS Comunicación, promovía distintas entidades de México con la imagen de personajes del mundo del espectáculo. Al secretario de Fomento Turístico del estado, Javier Aluni Montes, la idea le pareció muy viable; incluso llegó a proponer que, luego de haber contratado a Ana Serradilla, la imagen de la nueva temporada de la campaña fuera Luis Miguel, por su asociación inmediata con Acapulco. La productora contactó al *manager* del cantante y comenzaron los condicionamientos: los honorarios de éste estaban en dólares y comprendían varios ceros; en caso de llevarse a cabo, Micky exigió que el video fuera producido en su totalidad por Pedro Torres.

Al decir de Rahel Ávila, en ese punto el secretario de Fomento Turístico hizo una enorme labor de cabildeo a nivel

---

[1] Esta entrevista, realizada el 2 de diciembre de 2022 en Jarpa Studio, se dio a conocer primero en mi pódcast *Luis Miguel ¿Culpable o no?* de Podimo y ahora, en una versión más amplia, en este libro.

federal para poder llegar a decir: "Sí nos alcanza, sí hagámoslo". En 2013, la oficina de la Secretaría de Turismo federal, con sede en la Ciudad de México, estaba a cargo de Claudia Ruiz Massieu Salinas. Si bien había nacido en el entonces Distrito Federal, esta funcionaria tenía muchos lazos y nexos con Guerrero, ya que su familia paterna era originaria de ese estado, e incluso su padre, José Francisco Ruiz Massieu, fue gobernador de 1987 a 1993.

Claudia entendía muy bien que la ecuación que involucraba el espectáculo y la política podía dar un resultado positivo, pues su papá fue uno de los creadores del Festival Acapulco. En aquellas décadas, el puerto no sufría el deterioro social producto de la violencia, pero sí necesitaba el impulso de algo extraordinario para volver a ser referencia turística tanto a nivel nacional como internacional. En consecuencia, en mayo de 1991 el propietario de Televisa, Emilio Azcárraga Milmo; el titular del programa *Siempre en domingo*, Raúl Velasco, y el gobernador de Guerrero, José Francisco Ruiz Massieu, instituyeron una copia del certamen organizado en Viña del Mar, Chile, y crearon el ya mencionado festival musical.

En ese entonces, las responsabilidades se dividieron de la siguiente forma: los gastos de hospedaje y alimentación de invitados, así como el equipo de producción, corrían a cuenta del gobierno del estado y de la industria hotelera local; las casas discográficas debían atender los requerimientos de los artistas, y a Televisa le correspondía toda la producción y transportación del elenco artístico.[2] El evento contribuyó a crear una experiencia única y memorable para los asistentes que llenaron el Centro de Convenciones y lograron que el puerto tuviera una máxima capacidad de ocupación.

Sin importar que los artistas usaran *playback* —lo que permitió un evento sin demoras ni aburrimiento, además de ayudar a los tiempos en pantalla—, el prestigio del festival hizo posible que se presentaran personalidades como Sting, Richard Marx, Roxette e incluso Estefanía, la princesa de Mónaco, a quien Luis Miguel le entregó su medalla de participación en la primera edición, de 1991.

Pero ¿qué tiene que decir Claudia Ruiz Massieu acerca de la campaña "Soy Guerrero" de 2013? A mediados de enero de 2023, por los canales oficiales, solicité una entrevista con la senadora de la República —entonces todavía afiliada al PRI, partido al que renunció en julio del mismo año— a fin de conocer su versión de este episodio. También solicité la entrevista mediante una amistad en común. La respuesta de la senadora Ruiz Massieu llegó el 20 de enero de 2023, a través de un mensaje de WhatsApp que me reenvió nuestra amiga mutua, a quien mantendré en el anonimato.

El mensaje dice:

> Te comparto. No fue una campaña institucional, es decir, no fue desarrollada por el Consejo de Promoción Turística de México (CPTM). Ésta fue desarrollada por el gobierno local

---

[2] Así lo mencionan Carlos Meraz y Carlos Vega en "Acuérdate de Acapulco", nota publicada en el *Reforma* el 22 de mayo de 1999.

(Javier Aluni, como secretario de Turismo) y, en su caso, el CPTM sólo habría contribuido con difusión en el marco de los programas cooperativos que todos los estados tenían. Ellos sus programas y contenidos, el CPTM sólo los ayudaba en difusión.

Ante la negativa del equipo de Claudia Ruiz Massieu a la realización de la entrevista, el 18 de enero de 2023 hice una solicitud a través de la Plataforma Nacional de Transparencia, marcada con el oficio UAJ/006/2023. El 7 de febrero recibí la respuesta en un documento oficial firmado por José Luis Bárcenas Díaz, director general de la Unidad de Asuntos Jurídicos de la Secretaría de Turismo del estado de Guerrero, dirigido a la licenciada Esmeralda Lucas Sánchez, titular de la Unidad de Transparencia de la misma secretaría. El documento dice lo siguiente:

> En relación al Oficio recibido el 02 de febrero del presente año del área a su cargo, respecto a la solicitud recibida de manera electrónica de la Plataforma Nacional de Transparencia en la cual solicitó: Los contratos realizados de la campaña Soy Guerrero 2013. Hago de su conocimiento que los Archivos de los Contratos solicitados fueron llevados al archivo de destrucción en el año 2020, esto de conformidad al Artículo 17 de la ley 875 de Archivos Generales del Estado Libre y Soberano de Guerrero, por los años que transcurrieron y los cuales lograron su debido proceso de vigencia de conservación del área [a] mi cargo.

No soy el único que se ha preguntado por el costo al erario que supuso el promocional. En 2013, el diputado Jorge Camacho Peñaloza, del PAN —a quien tal vez se recuerde más como comentarista deportivo en el programa *El mañanero*, con Brozo—, y la diputada Karen Castrejón Trujillo, del Partido Verde Ecologista de México (PVEM), en una comparecencia del secretario Aluni Montes ante la Comisión de Turismo del Congreso de Guerrero, preguntaron por el costo de la contratación de los artistas para la promoción de Acapulco, específicamente de Luis Miguel. El secretario respondió que en ese caso no se había desembolsado ni un solo peso, ya que el cantante había colaborado por cariño al puerto. Asimismo, Aluni Montes señaló que el gobierno del estado tenía un presupuesto superior a los 100 millones de pesos, los cuales se aplicaron en diferentes estrategias de promoción y publicidad, y de los que 50 millones estaban direccionados a la promoción de los destinos turísticos mediante los programas de revista de las dos televisoras más importantes del país, Televisa y TV Azteca.

Aquí conviene echar un vistazo a los dineros oficiales. En 2013, de acuerdo con la cuenta de la Hacienda Pública Federal, el Consejo de Promoción Turística de México pagó 1 498 millones de pesos en la partida 3600. Ese mismo año, Guerrero recibió de la federación, en el ramo 21 (que es Turismo), 38.1 millones de pesos, los cuales, conforme al tipo de cambio de mediados de 2013 —basado en el *Diario Oficial de la Federación*— equivaldrían a casi tres millones de dólares.

Vaya cifra para un estado que, en los informes del Consejo Nacional de Evaluación de la Política de Desarrollo Social

(Coneval), se ubicó en el tercer lugar de las entidades con mayor índice de pobreza en todo México. Esta posición se ha mantenido desde la administración de Ángel Aguirre hasta nuestros días.

En pocas palabras, en el texto que me hizo llegar Claudia Ruiz Massieu, la senadora no reconoció haber autorizado la entrega de recursos federales para pagar la campaña de 2013 "Soy Guerrero". Por su parte, el gobierno actual del estado, encabezado por Evelyn Salgado Pineda —una representante del Movimiento de Regeneración Nacional (Morena)—, dice haber destruido los archivos de los contratistas de dicha campaña. Y, en un ejercicio de rendición de cuentas ante el órgano legislativo, el secretario Javier Aluni Montes negó que se hubiera hecho algún pago al cantante.

El 22 de agosto de 2013, durante la presentación de la campaña, el secretario Aluni, al ser cuestionado sobre su costo, dijo desconocer los números y que no podía responder a esa pregunta porque los recursos provenían de una bolsa tripartita con el Consejo de Promoción Turística de México, el gobierno estatal y una televisora. En ese momento Aluni aceptó por primera vez que sí se usó dinero del erario para retribuir a Luis Miguel.

*　*　*

De acuerdo con Rahel Ávila, la campaña se llamaba "Soy Guerrero" porque debía promocionar la imagen del estado. Sin embargo, el apego de Luis Miguel era con Acapulco, por lo que el cantante dijo: "Sí hago la campaña, pero hago la campaña para Acapulco, no para Guerrero". Entonces, en las negociaciones le insistieron en que el mensaje fuera: "Soy Guerrero" y "Soy Acapulco". Y, como se tenía presupuesto federal, también se agregó: "Éste es nuestro México".

> Hay recuerdos dentro de mí que no me abandonan nunca, que están conmigo en el escenario y están conmigo cuando las luces se apagan. Son imágenes que vienen y se quedan. Yo no. Yo vengo y me voy, pero siempre vuelvo. Vuelvo a Acapulco. Soy Acapulco. Soy Guerrero y éste es nuestro México.

Ésas fueron las palabras pronunciadas por Luis Miguel en el comercial de un minuto que actualmente se puede ver en YouTube, en el canal de Azteca Noticias. La segunda versión, de 30 segundos, habita en el canal Soy Guerrero, de la misma plataforma.

Si Luis Miguel había solicitado entre sus condiciones que se convocara a Pedro Torres, había que consultar al productor del comercial para conocer su versión de manera directa. Durante la entrevista que le hice a Pedro Torres a finales de 2022, el también director recordó que, en efecto, se redactó de nuevo el guion original. "Yo hablo con la agencia y le digo: 'Del guion que me diste, así es como Micky lo quiere, y así es como yo sugiero que lo hagamos para que se cumpla con el objetivo de *marketing* de promover una buena voluntad hacia Acapulco'. Recuérdate que en esa época estaba muy violento. Estaba muy bajo el nivel de turismo. Ni los turistas mexicanos querían ir a pasar las Navidades".

—Sí hubo un pimponeo ahí, en el acomodo de los textos —ahonda Rahel Ávila en su respectiva entrevista—: qué se iba a decir, qué no se iba a decir, sacar imagen, etcétera. Y, obviamente, que Luis Miguel estuviera contento con el resultado final, porque fuera de que el estado tuviera algún tipo de necesidad o restricción, era el talento el que ponía las condiciones.

—Ah, qué interesante. O sea, pagaba el estado, pero ¿Luis Miguel decidía qué sí y qué no iba en el texto? —le pregunté al testigo, para dejar claros los alcances del divo de la música.

—Mucho fue: "Sí la hago, pero va a ser en Acapulco", "Sí accedo a que diga Guerrero, pero yo no me voy a ir a grabar a Taxco". Ese tipo de cosas, más o menos.

Pedro Torres justifica así la decisión de darle el control al artista: "Es una cuestión de sentido común: o perdemos al artista porque se va a ir, o somos flexibles y se cambian algunas frases. Micky cambió muchas de las frases. El *copy* es mucho de él. Él quería sentirlo de él. Y al final sí lo sentí incómodo con 'Soy Guerrero'. Le parecía muy de comercial de 'Toma Coca-Cola'".

Por absurdo que parezca, todos en el gobierno acataron la decisión de su contratista. Rahel rememoró el día que les enseñaron el corte final. Junto a él estaba el secretario Aluni Montes, y éste, en cuanto terminó la proyección, comentó: "No hay cambios, no hay comentarios y está bien". De acuerdo con Rahel, la línea siempre fue ésa y nunca hubo duda al respecto: se iba a hacer lo que Luis Miguel quería que se hiciera.

Y no sólo acerca del texto que se repetiría en el video; toda la producción se creó en torno a los deseos y caprichos de

Micky. Hay una anécdota que ilustra perfectamente el nivel de presunción de poder por parte del cantante, la cual tendrá resonancia a nivel internacional en los medios de comunicación enfocados al espectáculo, pero también hará fruncir el ceño a los medios que cubren la fuente de política.

Resulta que otra de las peticiones del Sol fue que le pusieran un avión privado para trasladarse desde Estados Unidos hasta Acapulco para la filmación. El avión rentado por la productora de Pedro Torres para la campaña tuvo un pequeño retraso de... siete horas, provocado por el cantante. Ese detalle generó un incremento en el alquiler. Las causas tienen que ver con un antojo paternal... a costa del erario, y es mejor leerlas tal como las expuso el propio Pedro Torres en mi pódcast en Podimo:

> Cuando me piden cotizar el comercial, obviamente cuando lo ven se asustan, pero les digo:
>
> —Está incluido todo lo que sé que Luis Miguel va a pedir.
>
> Yo tenía que cotizar el avión privado que lo transportaría desde donde él estaba. Finalmente, faltando dos días, recibí respuesta:
>
> —El jet me va a recoger en tal lugar en la Florida y quiero que sea a tal hora.
>
> Yo tenía todo preparado a las nueve de la mañana, pero desde la noche anterior yo había quedado de ir a verlo a las ocho de la noche al Hotel Quinta Real, en Acapulco, para tener los últimos acuerdos de vestuario y de todo, pero de último momento me informaron:

—Es que viene retrasado el avión.

—A ver, el avión lo estamos pagando nosotros por hora— repliqué.

—Es que va a haber una parada— respondió el piloto, a quien tenía acceso directamente.

—¿Cómo? Si el vuelo era Miami-Acapulco.

—No, vamos a ir aquí, a Boca Ratón.

Como que ahí había un misterio.

—¿Pero qué tiene que ver eso con nuestra filmación, que es en Acapulco? —insistí.

—Lo está pidiendo el joven.

—Señores, este avión que se cotizó en tanto hoy, hay siete horas más de costo. El costo de un jet es altísimo —respondí de inmediato.

Total, en lugar de llegar a las siete de la noche, el avión llegó casi a las dos de la mañana del día siguiente. O sea, no sólo son siete horas de retraso para mi filmación, sino de sobreprecio de la renta del avión.

Micky llega, yo estaba monitoreando, me voy al hotel a recibirlo. Venía feliz de la vida, como si no hubiera pasado nada, simpatiquísimo. Venía feliz, y después entendí por qué venía feliz [...]. Meses después, platicando con Aracely Arámbula, que ya se había separado de Micky, estaban en una relación tensa y distante, me cuenta que ese día aterrizó; no sé si en Boca Ratón u Orlando, algún lugar donde estaban los hijos de Luis Miguel, y pasó con ellos cuatro o cinco horas. Ése fue el motivo de la parada. Luis Miguel jamás me lo contó ni yo pregunté.

Le digo [a Aracely]:

—Acabo de filmar con Micky esto.

—Sí, ese día se paró y vio a sus hijos —contestó.

El testimonio de Pedro Torres es atómico. La anécdota del retraso del *jet* privado pagado con dinero público es tan tierna como indignante. La permisividad del gobierno del estado de Guerrero con Luis Miguel fue hasta cierto punto vergonzosa.

* * *

—¿Es verdad que fuiste un capricho de Luis Miguel? —le pregunté a Pedro Torres, refiriéndome a las condiciones que puso el Sol de México al gobierno de Guerrero.

—Me buscaron porque sería, yo creo, el productor ideal por mi cercanía con Luis Miguel y la confianza. Porque todo mundo sabe que una celebridad como Luis Miguel es mucho más allá de filmar el comercial. Todo el preámbulo, todo el ritual, todos los síes, todos los noes, todos los cómos. A ver, con Micky es complejísimo hacer cualquier cosa. Sumamente complejo. Es una celebridad que hace muy difícil poder iniciar.

Si lo dice el productor de los videos más emblemáticos de Micky, como el de "La incondicional", por algo será. Y es que, de acuerdo con el mismo Pedro, lo más difícil de trabajar con Luis Miguel es que nunca es directo; "siempre hay dos o tres intermediarios antes de que puedas hablar solo, como yo exijo siempre", porque "en la intimidad es donde Luis Miguel puede decir las cosas que siente".

A Pedro lo contrataron sin que él hubiera sabido por Luis Miguel que sería contactado para realizar el comercial. De hecho, el director supone que fue un capricho del cantante,

> porque ya había 20 años de historia en donde se vuelve importante el saber cómo poner un espejo al lado de la cámara para que él se mire a sí mismo y se cante a sí mismo. Es algo que en la serie [*Luis Miguel, la serie,* de Netflix] sale, un espejo. Si te das cuenta, hay un espejo con ruedas; ése fue un invento de mi hermana Gaby Torres. Siempre había un espejito que traía el famoso "Doc" cuando hacíamos los videoclips, y ponía el espejo al lado del lente para que Micky viera si estaba bien la mirada, si estaba bien el pelo, si estaba bien el gesto. Él conoce su *close up* mejor que nadie. Sabe que un *close up* de él va a ser histórico; sabe que va a vender por el resto de la vida y que va a estar en YouTube por la eternidad.

Desde que la productora MAS tuvo el primer acercamiento con Pedro hasta que comenzó la filmación pasaron dos o tres semanas, lapso que, según el productor, es lo normal para este tipo de realizaciones. La idea original de Pedro consistió en tener la mejor luz en Barra Vieja, porque, en su opinión, "la mejor luz es la que Dios te da: el amanecer y el atardecer. Tú filmas en esas dos horas y tienes garantía de que la gente se va a emocionar, porque la luz es todo en una filmación. No hay escena mala ni bonita, hay escena mal iluminada; no hay mujer fea, hay mujer mal iluminada, como dice mucha gente".

El comercial de "Soy Guerrero" estaba planeado para filmarse en siete horas. Sin embargo, el capricho paternal de Luismi hizo que se retrasara su arribo y se complicara todo. Sabiendo que Luis Miguel no es muy madrugador, Pedro le propuso que se fuera a dormir temprano para arrancar a las ocho de la mañana y comenzar a filmar a las nueve, con el sol todavía en una buena posición para darle mejor contraste al cantante. Pese a lo feliz que se encontraba, Luis Miguel respondió que no podía estar tan temprano grabando, que tenía que dormir mínimo diez horas, por lo que seguramente se presentaría al mediodía para empezar a rodar. No sobra decir que Luismi sólo dispuso de un día para hacer el comercial, y la misma noche de la grabación tomó su vuelo de regreso.

Pedro recuerda:

> Estábamos desde las nueve de la mañana esperándolo. Llega cerca de la una de la tarde a Barra Vieja, donde hacemos las escenas con los niños, la escena de la lancha, la escena de la panga, la escena con la chica que sale ahí y el chico.
>
> Y luego ya nos trasladamos a un lugar que es muy de las querencias de Micky. Me dice: "Yo quiero ahí porque eso sí me hace sentirme muy auténtico en mi relación con Acapulco". Es en Barra Vieja, un lugar donde Beto Godoy, que es una tradición, hace el pescado a la talla tipo Acapulco y hace unos ceviches deliciosos. Dice: "Ahí quiero que sea la base, porque es mi amigo Beto Godoy. Y ahí al lado hay un hotelito". Él mismo me sugiere valores de producción. Entonces dijimos: "La segunda locación va a ser en este hotelito".

No tenía playa; tenía cuartos para usarlos de camerinos, porque Micky trae su *entourage*, o sea, no viaja solo.

Si te das cuenta, hay pura gente real de Barra Vieja. Es un video muy local, muy de Barra Vieja. Ni siquiera de Acapulco. No salen hoteles. Sale la laguna, salen valores que para él son significativos, porque recordemos que Micky siempre ha sido muy asediado por los fans, por la prensa y demás; entonces sus salidas eran a estos lugares, y es lo que él quería representar. Es lo que para él era significativo.

Hasta el momento no se ha hecho público ningún documento que acredite algún pago a Luis Miguel por parte del gobierno del estado de Guerrero. Ante ese silencio informativo, mucha gente se quedó con la imagen romántica de que la participación de Luis Mi Rey fue por amor al puerto. No obstante, la mayoría de los entrevistados coincide en que el monto cobrado por el artista fue bastante alto, tomando como referencia lo que se le dio a Ana Serradilla.

Cuando le pregunté a Rahel Ávila cuánto pagó el gobierno de Guerrero por el comercial de Luis Miguel, me comentó lo siguiente: "No sabría decirte, pero fue una cantidad muy grande, y obviamente el negocio fue en dólares [...]. La verdad, yo no vi el cheque, no te podría decir. Pero imagínate que tuvimos que recurrir al apoyo federal para poder cubrirlo".

A Pedro Torres se lo pregunté de otra manera:

—Si hoy te pidieran hacer un video comercial con Luis Miguel con las mismas características que el de Guerrero, ¿en cuánto lo cotizarías?

—De lo más caro es el avión. Es un comercial que hoy podría costar sin ningún problema un millón de dólares. Sin el sueldo de Luis Miguel, que no tengo la menor idea de cuánto fue.

—¿Siete dígitos en dólares te suenan?

—No sé si siete dígitos, pero yo creo que sí, cerca... Yo, si fuera *manager* de Luis Miguel, sí cobraría cerca de un millón de dólares, mínimo, porque sé el valor, si explotas bien la pieza, que puede generar en derrama económica un *spot* turístico.

La versión más precisa sobre el pago por parte del gobierno encabezado por Ángel Aguirre la encontré a través de documentos legales en Estados Unidos. En 2015, William Brockhaus, exrepresentante de Luis Miguel, demandó a éste y le solicitó el 10% de regalías que estipulaba su contrato por conceptos que faltaba contabilizar, entre los que se encontraba una campaña de publicidad para el gobierno de Guerrero.

La siguiente crónica está basada en la copia de las declaraciones juradas y testimonios de William Brockhaus, William Zysblat —presidente de RZO, el despacho que llevó la contabilidad del Sol en esos años— y el propio Luis Miguel Gallego Basteri, quien se presentó a testificar bajo protesta de decir verdad el 28 de octubre de 2015.

Luis Miguel invitó a William Brockhaus a trabajar como su representante debido a que la esposa de éste, Michelle Salom, era amiga suya desde la infancia. Salom es descendiente de una familia de sirios con mucha influencia en Ciudad Juárez y su familia era muy cercana a la del cantante.

LA IMAGEN DE GUERRERO

Luismi conoció a William en 1997 en el Hotel Camino Real de El Paso, Texas, después de un concierto. Ya como pareja de Michelle se frecuentaron más, sobre todo en celebraciones como Año Nuevo o algunos cumpleaños. Incluso vacacionaron juntos en Las Vegas, Disneylandia, Acapulco, República Dominicana, Cabo San Lucas, entre otros lugares.

William llegó al entorno profesional de Luis Miguel a raíz de que éste rompió con su *manager* Alejandro Asensi, quien tuvo el mal cálculo de establecer una relación sentimental con la hija del Sol de México, Michelle Salas. En agosto de 2011, mientras vacacionaban en Cabo San Lucas, Luis Miguel le ofreció a William ser su representante personal y le insistió para que aceptara; no dudó en apelar al sentimentalismo al decirle que las únicas personas en las que confiaba eran él y su esposa.

William decidió dejar atrás su carrera de casi 20 años en el sector automotriz, específicamente en la compañía Lear, de la cual obtenía un ingreso anual de aproximadamente un millón de dólares. La oferta de Luismi le resultó muy tentadora, ya que se comprometió a pagarle 10% del total de sus ingresos (en palabras del mismo cantante, tan sólo en su último *tour* había ganado 50 millones de dólares, de los que a William le correspondieron cinco millones).

Como parte del trato, William se incorporó inmediatamente al equipo de Luis Miguel, en octubre de 2011, y al mismo tiempo se encargó de dejar todo listo para su reemplazo en Lear, compañía de la que se separó en abril de 2012. No obstante, no firmó contrato con Luis Miguel sino hasta julio de este último año, confiando en que dada su larga amistad se cumpliría el compromiso verbal, toda vez que el contrato de Asensi tenía vigencia hasta junio de 2012.

Desde octubre de 2011 hasta 2014, Luis Miguel decidió no comprometerse ni personal ni directamente con nadie involucrado en los aspectos comerciales de su carrera artística, con excepción de su nuevo *manager*. Además, como alguna vez le hackearon el teléfono en una gira por Europa, dispuso que la comunicación se llevaría a cabo sólo en persona o a través de mensajes de texto. Por lo tanto, William dio por hecho que Luis Miguel nunca habló directamente con su agente ni con sus contadores o abogados, sino que el trato con ellos fue exclusivamente por medio de él.

La relación profesional no duró lo que las dos partes hubieran deseado. El 8 de octubre de 2013, el secretario personal de Luis Miguel, Joe Madera, dejó un mensaje telefónico en el que solicitó a William que dejara de buscar u obtener nuevas contrataciones para el artista. A inicios de 2014, el mismo Madera y William Green, jefe de seguridad de Luis Miguel, informaron de manera verbal a Brockhaus que el artista tenía planeado moverse en una dirección diferente una vez que se terminara su contrato, por lo que no tenían contemplada una renovación.

Hasta aquí se comprende que hubo una relación personal manchada por la falta de entendimiento a nivel profesional. Sin embargo, no hubo acuerdo monetario que cumpliera la expectativa de William Brockhaus, por lo que éste se vio obligado a demandar a su examigo y solicitar al tribunal que se le otorgaran 399 852 dólares por su trabajo para Luis Miguel durante el periodo comprendido entre el 1 de abril y el 30 de junio de 2012, y 1 869 987 dólares por el periodo estipulado en el contrato más intereses.

* * *

Atando cabos entre distintas versiones supe que lo que dijo el gobernador Ángel Aguirre Rivero era inexacto. Según la anécdota que éste narró en su columna, el encuentro con Luis Miguel ocurrió antes de la grabación del comercial, y la evidencia de ello era la fotografía que el político subió a sus redes sociales. Sin embargo, en la entrevista realizada para este libro, Pedro Torres, testigo del encuentro, me confesó que durante la filmación del *spot* el secretario de Fomento Turístico comenzó a ponerse nervioso y le solicitó lo siguiente: "Pedrito, necesito que aproximadamente en una hora hagas un *break* para degustar algún cevichito que nos va a mandar Ángel Aguirre, el gobernador, que quiere venir a saludar a Micky".

El gobernador llegó. Quiso tomarse la foto oficial con Luis Miguel, única que vio la luz y que el mismo político perredista publicó en sus redes sociales, específicamente en Twitter. "Sí, se presentó Ángel Aguirre, estuvo 15 minutos con nosotros, se tomó la foto y se fue. Ésa es la historia", me contó Pedro Torres.

Pero no sólo eso. El mismo gobernador asegura que le preguntó a Luis Miguel por qué se había ido de Acapulco, y que el cantante contestó: "La verdad es que la inseguridad está terrible, pero con usted estoy dispuesto a regresar…". "Al final nos dimos un abrazo y me confirmó que pronto volvería a Acapulco", concluyó Aguirre en *La otra verdad* (Editorial Sustantivo, 2021), su autobiografía.

Si es que esa plática y esa promesa existieron, Luis Miguel también mintió. No planeaba regresar a Acapulco e incluso estaba vendiendo su casa. Cuando en la Corte de Estados Unidos se le preguntó la razón por la cual despidió a William Brockhaus, el cantante aseguró que fue por su incompetencia y porque le hizo perder "millones y millones y millones de dólares personal y profesionalmente". En el aspecto personal, la pérdida se debió a que William tuvo en sus manos una oferta de 15 millones de dólares por la casa de Acapulco, y aunque el cantante manifestó con insistencia que le gustaba la oferta y le pidió que cerrara el acuerdo, su representante no lo hizo.

Luis Miguel expuso así sus razones para irse de Acapulco: "Fue un momento muy malo en México. Cuando comenzó, ya sabes, toda la, ya sabes, la seguridad y el mal momento para México, entonces tuvimos que tomar la decisión de mudarnos de Acapulco, de México, por mi seguridad. Así que quería…, quería…, quería quedarme con la casa, pero no era posible porque no era factible. No era una opción para mí".

En defensa de William, todo parece indicar que le aplicaron el teléfono descompuesto: una amiga de Luis Miguel le dijo que tenía un comprador que quería pagar 15 millones de dólares por la casa; William habló con los supuestos compradores, que nunca pusieron nada por escrito ni hicieron una oferta formal; basado en su experiencia, Brockhaus consideró que no parecían interesados en comprar la propiedad.

William y Luis Miguel eran conscientes de lo que ocurría en Guerrero. "En ese momento, Acapulco estaba pasando por grandes problemas de drogas y asesinatos. Y era el peor momento del mundo para vender una propiedad en Acapulco", aseguró William.

Por cierto, al parecer Luis Miguel estaba vendiendo todas sus propiedades por entonces: además de ofrecer su departamento en una zona exclusiva de Miami, Florida, por 2.2 millones de dólares en 2012, en 2013 se hizo del dominio público que puso a la venta su residencia de la zona exclusiva de Bel Air en Los Ángeles, California, por 5 895 000 dólares.

* * *

Hanzel Zárate de la O es un fotógrafo y periodista originario de Acapulco que desde 1999 se convirtió en la sombra de Luis Miguel, cubriendo su vida en el puerto. El Sol lo ubica perfectamente, pues este reportero ha ventilado asuntos de su vida privada que sin duda el cantante hubiera preferido mantener en secreto. Al ser un conocedor del tema, me di a la tarea de obtener el testimonio de mi colega para esta investigación.

De acuerdo con Hanzel, la casa de la playa de Luis Miguel fue adquirida por un constructor de la comunidad judía. La información que el periodista pudo obtener es que los nuevos dueños tenían la idea de edificar un condominio en el terreno excedente de la propiedad —es decir, un predio ubicado cruzando la carretera— y dejar la antigua casa de Luismi como club de playa.

Ahora bien, no sólo la situación de violencia afectó la promoción de la casa. Hanzel aseguró que se tardaron mucho en venderla porque en Acapulco existe una ley que no permite la construcción de casas habitación a menos de 400 metros de la playa. Condominios sí, pero no casas habitación. Si bien en su momento le cedieron ese terreno a Luis Miguel por ser Luis Miguel, al intentar vender la propiedad el permiso quedó sin vigencia. Por lo tanto, la casa se tuvo que vender como terreno, con la intención de que funcionara como club de playa, a semejanza de otros que existen en la zona.

Y bueno, cuando el secretario de Fomento Turístico Javier Aluni contestó que a Luis Miguel no se le había pagado un solo peso por su participación, pues el artista había colaborado por puro cariño al puerto, también mintió. William Brockhaus declaró en la Corte lo que sabía sobre el llamado "Acuerdo de Acapulco" *(The Acapulco Deal),* que fue el trato por el que Luis Miguel se comprometió a hacer un video y ser el patrocinador estatal, o la cara de la ciudad, para Acapulco. A continuación, el fragmento de la transcripción judicial que lo comprueba:

EXAMINADOR: ¿Cumplió con ese trato?

WILLIAM BROCKHAUS: Hizo el video. Y le pagaron algo de dinero. Y no sé qué pasó después de eso. No sé si obtuvo la segunda mitad de eso. Pero sé, al hablar con personas de la organización de Luis Miguel, como Daniel González y Joe Madera, que ese segundo pago estaba en peligro porque la gente de Acapulco no estaba contenta con el apoyo que Luis Miguel les había brindado.

Examinador: ¿Cuál fue el primer pago? ¿Te acuerdas?
William Brockhaus: Creo que fue medio millón [de dólares], creo. Nunca lo vi.

A propósito de esta revelación, vale la pena levantar el dedo índice para señalar que Daniel González fue quien hizo el acercamiento para el concierto privado de Luismi en Delicias, Chihuahua.

Aunque William no lo hubiera visto, el dinero entró en la contabilidad de Luis Miguel, y William Zysblat declaró que la comisión por el Acuerdo de Acapulco correspondía a 57 500 dólares, por lo que el primer pago —no se sabe si el único— debió ascender a 575 000 dólares.

La campaña, que se lanzó en julio de 2013, estaba planificada y presupuestada para que durara un año, con una pauta grande, cineminutos programados, *spoteo* en televisión, radio, espectaculares, así como otros materiales que se tenían planeados. Sin embargo, los días 13, 14 y 15 de septiembre de 2013, los huracanes Ingrid y Manuel azotaron con tal fuerza el territorio de Guerrero que dejaron un saldo oficial de 157 muertos y miles de viviendas afectadas.

Hanzel Zárate recuerda lo ocurrido en el puerto aquel septiembre negro. Según me contó, la afectación más fuerte se dio en las zonas Diamante, Coloso y Colosio. Muchas casas quedaron bajo el agua por la fuerza de los huracanes, pero también porque, en opinión de Zárate, seguramente no tenían los permisos de construcción, ya que el uso de suelo de esa área no es ideal para unidades habitacionales. De hecho, se generó una gran cantidad de denuncias penales contra las constructoras e investigaciones de los gobiernos que entregaron esos permisos.

Cuando le pregunté acerca de la campaña con la figura de Luis Miguel financiada por el gobierno, Hanzel dijo que su resultado fue totalmente nulo. "Nunca jaló, nunca tuvo el impacto que se pensó, y tan fue así que la vida útil de ese *spot* fue pequeñísima".

Pedro Torres agregó a este tema lo siguiente:

> Aquí yo creo que no pasó mucho honestamente, porque además era injusto pensar que el simple hecho de que Luis Miguel apareciese en un comercial iba a cambiar la percepción de algo muy podrido que estaba sucediendo. Había mucho narco [...]. Un comercial jamás hubiera cambiado; por mejor mercadotecnia, mejor celebridad y mejor productor, no hubiese generado una oleada de turismo, porque la violencia estaba existente en Acapulco [...]. Fue una producción, una inversión que para mí no dio resultado.

"Soy Guerrero" no duró más de dos meses al aire. De acuerdo con Rahel Ávila, al llegar los huracanes se retiraron todas las campañas. Y hubo controversia, sobre todo en Twitter, porque a los guerrerenses no les pareció que, mientras otras personalidades o talentos se mostraban muy sensibles con la situación de Acapulco, la persona que era la imagen del puerto no saliera a dar la cara. A raíz de eso se decidió retirar "Soy Guerrero" y para finales de septiembre y principios de octubre de 2013 se lanzó una campaña emergente con el actor y comediante Eugenio Derbez.

Al respecto, Javier Aluni señaló que el comercial de Luis Miguel mostraba un Acapulco muy bonito, pero que, después del huracán, se tenía que demostrar que Acapulco estaba de pie y por ello se lanzó una nueva campaña con Eugenio Derbez. Cuestionado por la polémica que suscitó la decisión, el secretario declaró: "Mucha gente habló y dijo que era porque [Luis Miguel] no había apoyado a Acapulco. No es así. Creo que es un profesional […], una persona que ama Acapulco".

Con un cambio de discurso en el que por segunda ocasión aceptó que sí se había pagado a Luis Miguel por el comercial, Aluni Montes declaró que Eugenio había regalado su trabajo y no había cobrado un centavo por el anuncio. "De él, no de nosotros, salió el donar la taquilla de Estados Unidos, de México [de su película *No se aceptan devoluciones*, filmada en Acapulco], y no cobrar ni un centavo por el comercial. Eugenio regaló su trabajo por Acapulco".

Rahel Ávila no tiene conocimiento de alguna ayuda enviada por Luis Miguel tras el paso de los huracanes Ingrid y Manuel. "No era forzoso, porque no existía por contrato la obligación de hacerlo. Sin embargo, era lo que la gente estaba esperando ver".

La prensa documentó poco o nada la posible ayuda de Luis Miguel a los damnificados de Guerrero. En el archivo digital de la revista *¡Hola!* hay una nota fechada el 27 de septiembre de 2013, con el título "Luis Miguel 'saca la casta' por Acapulco y envía dos aviones con despensas". Sin embargo, no es una nota reporteada por la madre de todas las revistas del corazón, que incluso con Luis Miguel tiene línea para confirmar la información.

Entrevistado después de haber grabado los *spots*, Eugenio Derbez dijo que él creía que habían crucificado injustamente a Luis Miguel por no aparecerse en Acapulco o por no actuar de inmediato. En su opinión, el cantante no era el presidente de la República para presentarse de manera instantánea. Y aseguró que Luismi "sí ayudó, mandó víveres y a su manera apoyó".

Hanzel Zárate considera que las declaraciones de Eugenio Derbez no son más que especulaciones. "Hasta el día de hoy no hay una prueba real de que [Luis Miguel] haya hecho algo por Acapulco". No existe registro público de ninguna ayuda, y, según Hanzel, tampoco lo hay de una contribución anónima. Esto lo ha verificado porque, debido a su trabajo, tiene buena relación con diferentes instituciones y asociaciones benéficas, entre ellas el Sistema Nacional para el Desarrollo Integral de la Familia (DIF), la Cruz Roja, Niños en Alegría, Amigos del Anciano, etcétera.

En contraste, Zárate evocó la actuación del tenor Plácido Domingo cuando el huracán Paulina azotó Acapulco en 1997. Los registros de defunciones por esta catástrofe varían dependiendo de las versiones públicas y periodísticas, pero el promedio podría superar fácilmente las 200 personas. La gente recuerda que Plácido Domingo, a través de sus amigos, construyó casas. De hecho, hay una colonia que se llama Plácido Domingo y sigue muy presente. De acuerdo con

Hanzel, a diferencia de Luis Miguel, Plácido Domingo ha seguido viviendo en Acapulco, participa en diferentes asociaciones, y ha dado conciertos a beneficio con la Filarmónica de Acapulco.

***

El que sí fue sacrificado después de lo ocurrido la noche del 26 de septiembre de 2014 fue Ángel Aguirre. Un grupo de estudiantes de la Escuela Normal Rural Raúl Isidro Burgos de Ayotzinapa acudió a la ciudad de Iguala, Guerrero, con la finalidad de tomar autobuses para trasladarse a la conmemoración del 2 de octubre. Como es del dominio público, los estudiantes, de entre diecisiete y veinticinco años de edad, fueron atacados por diferentes corporaciones del Estado y 43 de ellos siguen desaparecidos.

Ante la emergencia, y "para favorecer un clima político que ponga la atención en esas prioridades", el gobernador Ángel Aguirre solicitó licencia al Congreso del estado para separarse de su cargo. Los hechos de Ayotzinapa fueron el colofón de un gobierno que priorizó la imagen antes que el combate a la delincuencia y gastó millones de pesos para atraer el turismo a territorio comanche.

El veredicto en esta historia es definitivo: Luis Miguel aceptó ser contratado por el gobierno de Guerrero para una campaña de promoción turística en la que él terminó poniendo las reglas, justo cuando buscaba vender su casa y alejarse lo más posible de Guerrero. La millonaria campaña publicitaria resultó fallida. El gobierno y el imaginario colectivo de

Acapulco no recuerdan que Luis Miguel haya devuelto al estado, ni en los días de la tragedia de los huracanes Ingrid y Manuel ni inmediatamente después de ésta, algo de lo mucho con lo que se benefició.

CAPÍTULO 7

LOS HANK
La boda del millón de dólares

Tijuana, con su corazón pulsante en la frontera norte de México, ha sido por mucho tiempo un punto de encuentro entre culturas, una amalgama de tradiciones que fusiona lo mexicano y lo norteamericano en una danza enriquecedora. Fundada en 1889, la ciudad ha recorrido un camino fascinante a lo largo de su existencia, pasando de ser una modesta comunidad agrícola a un importante centro urbano y turístico.

La cercanía de Tijuana con la ciudad estadounidense de San Diego, en el estado de California, en Estados Unidos, ha sido un factor clave en su desarrollo, lo que la ha convertido en un imán para el turismo y el comercio transfronterizo, pero, sobre todo, la ha dotado de un espíritu abierto y cosmopolita que se expresa en su vibrante vida nocturna.

Una de las joyas tijuanenses más preciadas y emblemáticas

fue el Casino de Agua Caliente, un templo dedicado a la pasión por las carreras de caballos y el entretenimiento que tuvo su época de gloria a finales de los años veinte y principios de los treinta del siglo xx, cuando se aprovechó el auge de Hollywood y de las visitas que generaba la prohibición del alcohol en Estados Unidos. El complejo turístico, que incluía hotel, casino, restaurante, hipódromo, galgódromo, aeródromo, campo de golf, alberca y balneario de aguas minerales, se convirtió con rapidez en un referente internacional por ser un lugar de convergencia social y cultural.

De la arquitectura original poco o nada queda después de que en el periodo presidencial de Lázaro Cárdenas del Río se prohibieran los juegos de azar en México. El Casino de Agua Caliente se cerró en julio de 1935 y el predio e instalaciones, ubicados muy cerca del río Tijuana, fueron expropiados a Abelardo L. Rodríguez, predecesor de Lázaro Cárdenas en la Presidencia de México —gobernó de 1932 a 1934—, quien era el dueño de los terrenos, junto con los "barones de la frontera": Carl Withington, Marvin Allen y Frank Beyer, uno de los socios del complejo. Ahora sólo destaca el Minarete, la torre emblemática por excelencia de Tijuana, que hace 20 años fue remodelada con recursos federales y que permite al turista apreciar el estilo morisco con que fue construido el casino.

El complejo original se perdió, pero el hipódromo sobrevivió. En el predio de 600 000 metros cuadrados que originalmente eran parte de Agua Caliente, el empresario y político Jorge Hank Rhon tiene un nuevo complejo más pequeño que incluye el único galgódromo de México, el estadio de futbol donde juega su equipo de primera división, los Xolos de Tijuana, el Colegio Alemán Cuauhtémoc Hank, el Club Hípico Caliente y varios establecimientos turísticos más.

El escritor y cronista Carlos Monsiváis escribió que Tijuana "es la utopía de la ruleta a la que ni siquiera intimidan los suicidios en la madrugada; es […] la bailarina Margarita Cansino, aún no llamada Rita Hayworth […]. Tijuana […] es la prostitución, que florece con tal de resguardar la moral de la región; es la suma de negocios turbios que fundan dinastías; es la mala fama productiva".[1]

Hablando de dinastías, la de los Hank, creada por Carlos Hank González —aquel político mexiquense que resumió su pensamiento en la máxima "un político pobre es un pobre político"—, llegó a Tijuana después de que un incendio consumiera el Hipódromo de Agua Caliente en 1971. En 1973, Fernando González Díaz Lombardo, director del periódico *Ovaciones,* invitó a Hank, entonces gobernador del Estado de México, al actor Mario Moreno Cantinflas y al empresario tijuanense Max Paul a asociarse con el fin de obtener una concesión para operar un nuevo hipódromo.

Con el tiempo, estos socios se separaron y abandonaron sus acciones, hasta que en 1981, siendo jefe del Departamento del Distrito Federal, Carlos Hank se quedó con la concesión completa. Sin embargo, su trabajo diario le impedía concentrarse en un negocio que languidecía por falta de turistas en sus gradas, de modo que el profesor Hank González decidió

---

[1] Carlos Monsiváis, "Frontera y transfrontera", en *Monsiváis en la frontera*, Daniel O. Martínez V. (coord.), Gobierno del Estado de Baja California, 2020.

heredar en vida el hipódromo a su segundo hijo, Jorge Hank Rhon, fruto de su matrimonio con María Guadalupe Rhon García (el hijo mayor de esta pareja es el empresario Carlos Hank Rhon, quien, de acuerdo con la revista *Forbes*, en 2023 ocupó el lugar 17 entre las personas más ricas de México).

El profesor Carlos Hank también logró que se modificaran los términos del permiso, de tal suerte que la familia pudo segregar 20 hectáreas más para fraccionar y construir una zona residencial. Lo anterior permitió a Jorge expandir sus intereses comerciales hasta convertirse en uno de los personajes con más dinero e influencia de Tijuana.

Antes de mudarse a esa ciudad fronteriza, Jorge Hank Rhon estudió la carrera de ingeniería industrial en la Universidad Anáhuac, en la Ciudad de México. Sin embargo, su *petophilia* lo llevó a incursionar en la compraventa de animales, y fue así como, al lado de su amigo Alberto Murguía Orozco —a quien conoció en la Anáhuac—, abrió su primera tienda de mascotas. Más tarde, esa aventura dio pie a la fundación de Promotora Beta, donde podían adquirirse desde aves en peligro de extinción hasta manatíes y que se encargó de traer a la ballena más querida de México: Keiko.

Cuando los negocios y los animales no fueron suficientes, Jorge Hank Rhon, con la bendición de su apellido, se postuló como candidato a la presidencia municipal de Tijuana en 2004, por el partido que hasta ese momento le había dado todo a la familia: el PRI.

Para entonces, el heredero del profesor Hank tenía una larga lista de incidentes con la ley debido a su pasión por los animales. De acuerdo con el conteo del periódico *Reforma*, hacia 2004 Jorge Hank tenía 127 criaderos de perros, nueve tiendas de mascotas y cinco clínicas veterinarias; además, llevaba a cabo exhibiciones en tres delfinarios. Su amor por las especies exóticas lo llevó a ser detenido en 1991 por autoridades estadounidenses que lo encontraron en posesión de una cría de tigre blanco. El cachorro fue decomisado y el empresario tuvo que pagar una multa.

Una década antes, cinco mexicanos fueron retenidos por agentes del Servicio de Pesca y Fauna Silvestre cuando intentaban adquirir de manera ilegal, a través de un agente encubierto, un gorila y un orangután que supuestamente serían enviados al domicilio de Jorge Hank en Tijuana. Asimismo, el 24 de mayo de 1995 este empresario fue detenido en la aduana del aeropuerto de la Ciudad de México por no declarar la introducción de abrigos de ocelote, un chaleco de perlas y artesanías de marfil, entre otras mercancías. En ese momento, Hank Rhon le quitó peso a lo acontecido señalando que sólo se trataba de "baratijas", y fue puesto en libertad tras pagar una fianza de 150 000 nuevos pesos.

Ésta sólo es una parte del escandaloso currículum que precedía a Jorge Hank en su candidatura de 2004. Lo que sucedió después con su carrera política lo documentó muy bien Daniel Salinas Basave en su libro *La liturgia del tigre blanco*, donde dedicó un capítulo a uno de los sucesos más llamativos del trienio en el que el político priista encabezó la presidencia municipal de Tijuana (del 1 de noviembre de 2004 al 19 de febrero de 2007). El hecho referido no tuvo nada que ver con la forma de gobernar del empresario, sino con un evento familiar. Me refiero a la boda de su hija Mara, celebración en la que cantó nada más y nada menos que Luis Miguel.

* * *

Antes de llegar al día en que el Sol de México deslumbró con su talento a la estirpe de los Hank, es necesario hacer un paréntesis para describir esta casta conformada por un patriarca, al menos seis mujeres (cuatro de ellas esposas de Jorge Hank) y 23 hijos.

En el recuento que preparó para la revista *Clase* del periódico *El Universal*,[2] el reportero Brando Alcauter precisó que la primera esposa de Jorge Hank Rhon fue Dolores Inzunza Armas, con quien se casó en 1979, a la edad de veintiséis años. Tuvieron tres hijos: César, Jorgealberto y María Hank Inzunza. El empresario tuvo además una relación extramarital con Marcela Talancón, de la que nació otro hijo: Carlos Emilio Hank Talancón. Como era de esperarse, Dolores solicitó el divorcio. Posteriormente, Jorge volvió a casarse; su segunda esposa fue Minerva Krauss, exreina de belleza; con ella tuvo cinco hijos: Sergio, Jorge, Tigre, Lobo y María Hank Krauss. Sí, leyeron bien: los hijos se llaman Tigre y Lobo por los dos animales favoritos del padre.

Años más tarde, Hank Rhon tuvo una relación fugaz con la estadounidense Michelle Guilt, con quien procreó a David

---

[2] El texto de Alcauter apareció luego de una entrevista que le dio el entonces candidato a la gubernatura de Baja California, publicada en mayo de 2021.

Hank Guilt. Asimismo, el 18 de agosto de 1996 se casó en terceras nupcias con María Elvia Amaya Araujo, quien tenía seis hijos de su primer matrimonio con el empresario hotelero Alejandro de la Vega: Alejandro, Mara, Ana Guadalupe, Carlos Andrés, José Mario y Rodrigo, a los que Jorge adoptó y les dio su apellido. De este nuevo matrimonio nacieron tres hijos más: María Guadalupe, Nirvana y Jorge Carlos Hank Amaya.

En 2018 Jorge se dio una cuarta oportunidad en el amor y se casó con Carolina Sol Kabande. Para entonces, él tenía sesenta y dos años de edad y ella veintiocho. El empresario adoptó a las dos hijas de su nueva esposa: Hanna y Olivia. Luego procrearon dos hijos: Jorel y Oso Hank Kabande. La pareja firmó el divorcio en 2021.

Tras este curso exprés acerca de la genealogía de los Hank, y ya con conocimiento de quién es quién, hay que decir que Luis Miguel se presentó en un magno *show* organizado para celebrar la boda de Mara Hank Amaya, la hija de María Elvia Amaya que adoptó Jorge Hank Rhon.

***

Antes de llegar frente al altar, la vida de Mara puede resumirse de la siguiente manera: nació y vivió en Tijuana hasta que se fue a estudiar ciencias políticas y sociología en la Universidad de San Diego, California. Posteriormente trabajó en la Embajada de México en Londres y en las embajadas de los Estados Unidos en Londres y París.

Durante su estancia en la capital francesa, Mara conoció a Marc A. Moret, con quien poco tiempo después comenzó un noviazgo. Él había estudiado derecho en la Universidad de Friburgo, Suiza. Se especializó en derecho comercial e internacional y se graduó con honores en 1998. Empezó su carrera siendo banquero de inversiones en Morgan Stanley en Londres y luego se incorporó a Merrill Lynch en Nueva York. En 2004 regresó a Suiza para trabajar con WM Partners, hasta que, en 2006, en Ginebra, fundó Lobnek Wealth Management, empresa que hasta la fecha "brinda servicios financieros altamente personalizados y de última generación a una base internacional de clientes de *Ultra High Net Worth*", o sea, clientes muy ricachones, tanto en Europa como en los Estados Unidos.

Una vez madurada la relación, Marc dio el siguiente paso con Mara. La pedida de mano se realizó durante unas vacaciones de la pareja en México. Marc incorporó al ritual una tradición ajena a él para garantizar el "sí, acepto": le propuso matrimonio a Mara con mariachi en la residencia de la familia Hank en Tijuana.

La boda por lo civil de Mara Hank y Marc Moret tuvo lugar el 2 de septiembre de 2006 en el principado de Mónaco. Sin embargo, la fiesta se llevó a cabo tres meses después en México para que pudieran celebrar con ellos los amigos mexicanos de la novia, así como su familia, que para entonces ya era kilométrica.

En diciembre de 2006, mientras en las calles de Tijuana se vivía una de las peores crisis de seguridad, los Hank Amaya ofrecieron una fiesta mexicana de preboda en sus dominios, dos días antes de la gran celebración. Alejandro Hank Amaya, conocido en el mundo taurino como Alejandro Amaya, ofreció uno de los toros a la pareja, y ése fue el preámbulo de la actuación del matador Eloy Cavazos. También hubo desfiles de charros, peleas de gallos, mucho tequila y música para todos los gustos: mariachi, marimba, norteño, banda sinaloense, etcétera.

No se podía esperar menos del espléndido anfitrión que cada 28 de enero festeja su llegada al mundo en dos escenarios distintos: el Hipódromo de Agua Caliente, en Tijuana, y el rancho Don Catarino, en Santiago Tianguistenco, Estado de México. Jorge Hank ha acostumbrado a sus amigos a lo grandioso —entendido como opulento y extravagante— en sus fiestas de cumpleaños. En esas celebraciones siempre ha cantado algún famoso, y la lista incluye a Alejandra Guzmán, Enrique Guzmán, Pandora, José José, Raphael, José Luis Rodríguez el Puma, Mijares, Emmanuel, Lucero, Yuri y Juan Gabriel.

En esa lista de cantantes sobresale uno: Emmanuel, quien es compadre de Jorge por dos de las hijas de éste y quien suele quedarse en casa de los Hank durante sus visitas a Tijuana. Daniel Salinas escribió en *La liturgia del tigre blanco* una anécdota que le contó el mismo Jorge: un día, éste le regaló un lobo a Alexander Acha, hijo de Emmanuel, quien insistía en pagar por el animal. Ante la persistencia del cantante, Jorge pidió que se le pagara con una canción, y Alexander compuso "Ojos azules", dedicada a María Elvia Amaya.

Regresemos al día que nos incumbe. El 2 de diciembre de 2006, la novia entró a la iglesia del Espíritu Santo de

Tijuana de la mano de su papá, Jorge Hank Rhon, vestida con un diseño especial que se mandó hacer en la casa de modas española Victorio & Lucchino. Quienes asistieron al enlace ante los ojos de Dios pudieron escuchar las voces de 13 integrantes de los Niños Cantores de Viena, quienes interpretaron los coros junto a la Orquesta Sinfónica de Baja California.

A la salida del templo, en vez de cubrir a la pareja de arroz para augurarle prosperidad, abundancia y fertilidad, como marca la tradición, Jorge Hank organizó un espectáculo de fuegos artificiales.

Tras recibir la bendición de Rafael Romo Muñoz, obispo de Tijuana; Onésimo Cepeda Alba, obispo de Ecatepec; Abelardo Alvarado Alcántara, obispo auxiliar de la arquidiócesis de México, y del reverendo José María Rubín, los novios y los invitados se dirigieron al Hipódromo de Agua Caliente, donde ya se había instalado una carpa espectacular para resguardar a los cientos de asistentes.

Al fondo del salón, éstos vieron un escenario tras cuyo telón rojo —con las iniciales de los novios— se escondía un misterio musical. Todo esto lo sabemos por Ana Laura Sánchez-Díaz Monge, corresponsal de la revista *Quién,* que fue el único medio acreditado para cubrir la boda y que publicó la exclusiva en su edición del 22 de diciembre de 2006.[3]

Según la crónica de Ana Sánchez-Díaz, "transcurría la velada tranquilamente cuando las luces se apagaron y, con los

---

[3] En la portada de la revista había un cuadrito con la foto de Luis Miguel y el título "Jorge Hank Rhon contrató al Sol para la boda de su hija".

invitados aún sorprendidos, llegó el Sol para iluminar la noche". La reportera narró que de pronto comenzaron a escucharse los acordes de "Qué nivel de mujer", canción con la que Luis Miguel hizo su entrada triunfal en el evento, "causando conmoción entre los ahí presentes".

Mara Hank disfrutó junto a su esposo y sus invitados de la presentación de Luis Miguel, quien "después de dirigirles unas palabras a los novios se dispuso a cantar sus románticos boleros. Luego, un mariachi se apareció en el escenario y el cantante entonó los temas de *México en la piel*. Finalmente, [hubo] una explosión musical con éxitos de los ochenta como 'Decídete', 'La chica del bikini azul', 'Isabel', 'Los muchachos de hoy', 'Ahora te puedes marchar' y 'Cuando calienta el sol'".

La estrella internacional de la música no se quedó al festejo. Apenas concluyó su repertorio, que duró alrededor de dos horas, salió de inmediato del lugar. Enseguida se sirvió la cena, en la que los convidados, aún "con la adrenalina causada por Micky", disfrutaron un sofisticado menú que incluyó una torre de langosta de Puerto Nuevo, ravioles con mole oaxaqueño, medallones de res, sorbete de mandarina sevillana y *fondue* de chocolate.

Si algo sabemos es que las canciones de Luis Miguel ya estaban contempladas, al menos en el primer baile de los novios, quienes inauguraron la pista al ritmo de versiones instrumentales de los temas de Luismi. Marc bailó con su esposa, después con su mamá y su suegra; por su parte, Mara bailó con su esposo, después con su papá y por último con Emmanuel.

Pero no todo fue miel sobre hojuelas para el equipo de la revista *Quién*. Al menos éste era el recuerdo vago que yo tenía de aquella cobertura, ya que, para diciembre de 2006, fungía como editor de política de la publicación de Grupo Editorial Expansión y los comentarios en la redacción indicaban que la experiencia había sido un viacrucis.

Diecisiete años después quise reavivar la memoria y conocer la historia detrás de la historia, así que contacté a Ana Laura Sánchez-Díaz Monge, mi excompañera de *Quién*, para preguntarle cómo se gestionó la cobertura y, sobre todo, si había un vínculo de amistad entre la familia Hank y Luis Miguel.

De entrada, Ana me explicó, a través de unos audios de WhatsApp del 26 de julio de 2023, que sus inicios como corresponsal de la revista coincidieron con la boda de los Hank. Ella gestionó la cobertura directamente con María Elvia Amaya de Hank, quien, tras consultar con su hija, le dio acceso a Ana y, por lo tanto, al medio de comunicación.

"Yo no sabía que iba a cantar Luis Miguel. Yo sabía que iba a ser un bodón y que iba a haber mucha celebridad, mas nadie había confirmado que fuera a cantar Luis Miguel. Era un rumor", me dijo Ana. De acuerdo con su testimonio, durante la recepción en el Hipódromo de Agua Caliente mi colega se sentó con unos amigos de su papá en alguna de las mesas de los invitados, como si fuera una asistente más, y no permaneció en la mesa destinada a los fotógrafos de *Quién*, que aguardaban el momento para entrar en acción.

Pero esto tiene una explicación. Ana Sánchez-Díaz es una periodista que trabajó en el área de Comunicación Social de algunos gobiernos, y luego comenzó a colaborar con varios medios de comunicación. Por casualidad, debutó con una entrevista periodística que le hizo a Jorge Hank en un encuentro de alcaldes fronterizos en Mexicali. De hecho, la política corre por las venas de Ana, ya que es nieta del exgobernador de Baja California, Raúl Sánchez-Díaz Martell, a quien se le atribuye haber introducido el término "maquiladora" pues este tipo de empresas empezaron a instalarse durante su mandato, del 1 de noviembre de 1965 al 31 de octubre de 1971. La cultura popular refiere que de niño Sánchez-Díaz Martell escuchó a su madre decir, cuando lo enviaba al sastre a remendar la ropa, "lleva las camisas a que las maquilen".

Además de su abuelo, Ana también tiene tíos con carrera en recintos legislativos, e incluso uno de ellos trabajó directamente con el presidente Miguel de la Madrid. Por lo tanto, a los invitados a la boda no les llamó la atención que una joven con ese pedigrí estuviera entre ellos vestida de largo. "La neta, sí me aproveché un poquito de esa situación", me confesó mi excompañera durante el intercambio de audios.

Ana, quien también es creadora de la exitosa cuenta de Instagram Eugenia Garavani, que presenta noticias sobre la realeza, me comentó que para los presentes sí fue una megasorpresa ver cantar a Luis Miguel porque, antes del evento, circularon muchos rumores sobre quién animaría la boda. "Era un chisme. Unos decían que iba a ser el Potrillo. Llegaron a decir que habían visto a Pablo Montero en Tijuana y que iba a cantar". Tiempo después, la misma Mara le confesó a Ana que nunca se imaginó que su papá le daría la sorpresa de llevar a su cantante favorito a la boda.

No quiero arruinar esta tierna anécdota, pero el 22 de noviembre de 2006, Martha Figueroa, en su columna "De vuelta al ruedo" del periódico *Reforma*, escribió que Luis Miguel se presentaría en una boda el 2 de diciembre en una ciudad norteña, con un *show* casi completo, pero sin mariachi, para una fiesta de entre mil y mil quinientos invitados, y que incluso usaría el traje negro con camisa de rayas que vistió para su video de "Santa Claus llegó a la ciudad".

Martha casi le atina a todo: Luismi, con su tradicional traje oscuro y camisa blanca, se presentó en Tijuana, en diciembre, en una boda con un número muy grande de invitados, aunque el *show* fue por demás completo —duró alrededor de dos horas— y sí incluyó mariachi.

Durante la entrevista con Ana Sánchez-Díaz salió a relucir el viacrucis que padeció uno de los dos fotógrafos que la revista *Quién* envió para la cobertura: María Fernanda Rached y Rodrigo Terreros. Este último fue quien logró capturar las imágenes de Luis Miguel cantando a los novios, en una suerte de misión imposible.

En la versión de Ana, antes del concierto, uno de los escoltas de Hank Rhon se acercó a su mesa para preguntarle discretamente si el fotógrafo de la revista *Quién* iba con ella. Ana contestó afirmativamente y mostró su gafete de prensa. Al guarura se le salió decir que, como Luis Miguel haría una presentación, no podía haber fotógrafos de medios de comunicación, pues así lo había solicitado la gente del cantante, y pidió que se le transmitiera esa petición a Rodrigo. Ana le dio el *ok* al emisario. Se levantó de su silla y fue a donde su compañero de trabajo para darle la primicia e indicarle que estuviera atento para conseguir la exclusiva a como diera lugar.

Había que escuchar también el testimonio de Rodrigo Terreros, así que lo contacté a finales de julio de 2023 por WhatsApp. El fotógrafo, con quien coincidí en varias coberturas de *Quién*, me reveló que, si bien la revista estaba autorizada para cubrir la boda, momentos antes de que Luis Miguel saliera al escenario un guardia del cantante se le acercó para jalonearlo y advertirle que no debía haber fotógrafos ni camarógrafos a petición del cantante.

Rodrigo aclaró que él no estaba allí por Luismi, sino porque era fotógrafo privado "del dueño del circo", refiriéndose al señor Hank Rhon. Enseguida, uno de los agentes de seguridad del mandamás de Tijuana se acercó para defender el trabajo de Rodrigo. La discusión entre el escolta de Hank y el de Luis Miguel subió de tono a tal grado que el primero se desesperó y se llevó la mano a la espalda baja, amagando con sacar su arma.

La trifulca terminó ahí, pero, una vez que el guardia de Hank se alejó, el de Luis Miguel se quedó vigilando de cerca y amenazó a Rodrigo con señas. Allí, a Rodrigo tal vez le hubiera convenido rezar la oración a san Jorge que según Martha Figueroa venía al reverso de una estampita religiosa que el mismo Hank Rhon le regaló en una entrevista: "San Jorge bonito, amarra a tus animalitos con tu cordón bendito para que no me muerdan ni duro ni quedito". Al final, el guardia de Hank se acercó a éste para comentarle el incidente. El dueño del hipódromo volteó a ver a Rodrigo; sonriendo y a base de señas, le indicó que se metiera debajo de su mesa para después tomar alguna que otra foto de Luis Miguel.

Rodrigo siguió la instrucción y, cuando los invitados se levantaron a bailar (cosa que se prohibió mientras duró la presentación del cantante), el movimiento constante de la gente le permitió abandonar su puesto debajo de la mesa y colocarse detrás de Jorge Hank; desde ahí, para su sorpresa y comodidad, pudo tomar la evidencia fotográfica, que después se publicaría en exclusiva en las páginas de *Quién*, de cómo el cantante mexicano más exitoso de todos los tiempos hizo un *show* privado para la hija del en ese momento presidente municipal de Tijuana.

> Hay cosas de esa boda que jamás olvidaré —me escribió Rodrigo Terreros en el testimonio que me envió en un mensaje de WhatsApp—, como cuando volví de esa boda a la Ciudad de México y anduve con delirio de persecución porque recibí una llamada a mi celular donde alguien, que jamás supe ni quise investigar quién era, me dijo que me compraba cinco fotos de Luis Miguel con los novios a 22 000 pesos cada una. Respondí que no sabía de qué me hablaba y respondió que nadie se enteraría. Respondí que no sabía de qué boda me hablaba porque jamás había siquiera visto a Luis Miguel; después de eso me respondió: "Así me gusta".

"La boda, con concierto incluido, fue icónica", me comentó Ana, quien finalizó su texto consignando que el evento culminó pasadas las ocho de la mañana. Eso sí, desde el minuto uno de la actuación de Micky, muchos se preguntaron en cuánto le habría salido el obsequio sorpresa a Jorge Hank. El rumor más fuerte entre los cercanos al empresario es que tuvo un costo de un millón de dólares. Algunos medios de comunicación dieron este dato por verdadero. "¿Cuánto cobró Luis Miguel por el concierto?", le pregunté a Rodrigo. Su respuesta se basa en los dichos de algunos miembros de la familia Hank: "Entre ellos decían que habían pagado un millón de dólares por dos horas, por eso estaban enojados que cómo chingados no tenían derecho de bailar con todo lo que se le pagó".

La cantidad se aproxima a lo que supuestamente cobró Luis Miguel por ser la imagen turística en un *spot* para el gobierno del estado de Guerrero, que ya se mencionó en el capítulo anterior.

Ahora bien, por esas fechas el *Reforma* publicó que, por 700 000 dólares —es decir, más de siete millones y medio de pesos si tomamos en cuenta el tipo de cambio de diciembre de 2006—, uno podía contratar un *show* de Luis Miguel con todo y equipo. Esto lo confirmó una fuente de la producción del espectáculo que ofreció Luismi en el Lagos del Sol Residencial and Golf Club de Cancún. De acuerdo con la fuente, el monto incluía los honorarios del artista y el traslado e instalación del equipo tecnológico.

También se supo que el camerino del Sol no tenía ninguna petición especial o extravagante, salvo que el lugar estuviera a temperatura ambiente y que hubiera botellas selladas de agua Fiji, gaseosas Perrier, bebidas energéticas y variedad de frutas de la estación, como papaya, melón, sandía, naranja, piña y lima.

Cuando le pregunté a Ana Sánchez-Díaz si existía un vínculo especial entre Luis Miguel y Jorge Hank Rhon que le hubiera permitido al político tener un trato preferencial, ella me respondió: "Según tengo entendido, no tienen una relación de amistad. Más que nada fue un contrato; lo contrataron para cantar ahí". En otras palabras, el *show* se pagó en su totalidad como cualquier servicio profesional. La misma periodista declaró que Alejandro Basteri sí ha llegado a estar en el rancho de los Hank. De hecho, en julio de 2023, al hermano menor de Luis Miguel se le vio en el Estadio Caliente de Tijuana, y en septiembre del mismo año estuvo en primera fila con María Guadalupe Hank Amaya en uno de los conciertos de la nueva gira de Luis Miguel en Estados Unidos.

* * *

Después del concierto de Tijuana circuló el rumor de que, en ese diciembre de 2006, la gente de Luis Miguel advirtió a la familia Hank que, si Aracely Arámbula, entonces pareja de Micky, entraba en labor de parto, se cancelaría la presentación en la boda de Mara y Marc para que el cantante pudiera trasladarse a recibir a su primogénito en Estados Unidos.

Sin embargo, el pequeño Miguel permitió que su padre se presentara sin contratiempos en territorio Hank. Nació en perfecto estado de salud el 1 de enero de 2007, a las 13:45

horas de Beverly Hills, California; pesó 3.315 kilos y midió 53 centímetros.

Ya entrados en el tema de las bodas, Luis Miguel dio una respuesta diplomática cuando se le preguntó por su posible matrimonio con Aracely Arámbula durante la presentación del disco *Navidades Luis Miguel,* en noviembre de 2006: "Creo que todos los niños son angelitos, y son buenas noticias —dijo el Sol—; no podría decir más. Es una bella experiencia, que realmente espera uno que todos tengamos oportunidad de experimentar algo así, tan bonito y personal".

En una rueda de prensa poco usual, Luis Miguel confesó que había comprado el primer regalo para su bebé: "una cunita muy bonita" que había encargado dos meses atrás, pero que apenas había llegado a su hogar. Realmente estaba muy emocionado. "No soy mucho de hablar de mi vida personal, ni de mi vida privada, pero ésta es una noticia tan bonita y positiva que no tengo más remedio que decírselo al mundo, porque es algo que no puedo contener", dijo.

El Sol explicó que eligieron Estados Unidos para el nacimiento de Miguel por una cuestión de seguridad y no por otra cosa, pero su intención era que tuviera la doble nacionalidad, tanto la mexicana como la estadounidense. De hecho, en la misma edición de *Quién* en la que apareció la exclusiva de la boda de Mara Hank y Marc Moret, el escritor German Dehesa incluyó a Micky en su selección de "Los 10 personajes más polémicos del año" y escribió: "El gran Luis Miguel nos anunció que su hijo 'por seguridad' tendría la nacionalidad norteamericana. Me pregunto qué tipo de seguridad se tiene por nacer en Estados Unidos. Se me ocurre que es una seguridad muy relativa y se me ocurre también que a Luis Mi Rey no le ha ido nada mal en México […]. Que Luis Miguel haga su voluntad y que, si quiere, registre a su monoquete en Togo. No pasa nada."

Carlos Monsiváis describió la Tijuana de la época de gloria del Hipódromo de Agua Caliente como "el territorio liberado de las presiones morales, la inmodesta utopía del desenfreno de quienes se desplazaban en una red de lujo, complacencia y estupefacción ante su propia riqueza y su culto de las emociones"; una definición que, después de investigar sobre la boda de la hija de Jorge Hank Rhon, vuelve a cobrar sentido.

CAPÍTULO 8

EL PEÑANIETISMO
El ocaso del Sol y del PRI

Nada es para siempre. Esto lo sabe esa bendita organización del Estado llamada República, en donde gracias al sistema democrático no hay mal que dure 100 años, al menos no seguidos. En México, luego de que por 12 años la banda presidencial descansó sobre el pecho de representantes del Partido Acción Nacional (PAN), volvió a ser colocada en un soldado del Partido Revolucionario Institucional (PRI): Enrique Peña Nieto.

Ese mismo PRI del que Luis Miguel recibió, de presidentes priistas o de sus herederos, algunos de los más importantes favores que le han hecho en toda su vida.

Hasta el momento he podido confirmar, mediante entrevistas a testigos de primera línea, que durante los seis años de gobierno de Enrique Peña Nieto (2012-2018) no hubo encuentros en la residencia oficial de Los Pinos entre el cantante Luis Miguel y el "Luis Miguel de la política", tal como bauticé a Peña Nieto desde que fue ungido como gobernador del Estado de México, por allá del año 2005.

Para nadie es un secreto que Peña Nieto no llegó solo a Los Pinos. Lo hizo de la mano de su segunda esposa, Angélica Rivera Hurtado, con quien se casó en 2010. La actriz de Televisa fue pieza clave en "la telenovela que gobernó a un país".[1]

Lo que encontré a lo largo de mi investigación, y que a continuación referiré —porque lo bueno cuenta, y cuenta mucho—, es un testimonio que confirma que Angélica Rivera se reencontró con Luis Miguel luego de 25 años de haber estado frente a frente.

Toda luismilóloga sabe que Angélica Rivera apareció en una de las versiones del videoclip de la canción "Ahora te puedes marchar", del álbum *Soy como quiero ser*, estrenado en 1987. Un año antes, con tan sólo quince años, el video de "Macumba", canción interpretada por Verónica Castro, le había abierto las puertas del mundo del espectáculo.

Cuenta la leyenda que, al observar su linda cara, la misma Vero convenció a Angélica de participar en el concurso *El rostro de El Heraldo*, pues le veía posibilidades de ser coronada. Y la Castro tuvo razón, porque, efectivamente, Rivera se inscribió en el certamen y lo ganó. Pero ése no fue su mejor regalo de 15 años, sino poder ser la protagonista de una de las versiones del video de Luismi.

---

[1] Esta historia de amor y traición también la documenté para dos episodios de mi pódcast *Dinastías del poder*, producido y transmitido por Podimo.

EL PEÑANIETISMO

Insisto, esto ya se sabe. Lo que pocos conocen es que aquella modelo y bailarina que figuró al lado de Luis Miguel, más de dos décadas después volvió a estar con el Sol, pero ahora como espectadora, en su papel de primera dama de México.

El doctor Gerardo Estrada Rodríguez, quien fue coordinador ejecutivo del Auditorio Nacional desde 2013 hasta 2016, es decir, en el sexenio de Peña Nieto, tiene un testimonio de primera mano. En la entrevista que le realicé en octubre de 2022, me reveló que, dado su alto cargo, le correspondió recibir personalmente a la familia presidencial en sus visitas al Coloso de Reforma.

Estrada dijo haberle dado la bienvenida a la primera dama, incluso en los conciertos de Luis Miguel; sin embargo, sólo en una ocasión recibió al presidente Peña Nieto, y cuando lo hizo se trató más de un evento oficial que de un concierto popular. "Ella [Angélica] sí estuvo; iba a muchas cosas, por supuesto… No tengo el dato preciso de a qué función de Luis Miguel fue, pero estuvo en alguna", reveló el otrora funcionario a cargo del Auditorio Nacional, recinto que presume de poder alojar 10 000 espectadores, pero que, según Estrada, en realidad sólo tiene lugar para 9 600 o 9 400, porque se pueden quitar o añadir butacas.

En los años que Gerardo Estrada estuvo al frente del centro de espectáculos, Luis Miguel presentó dos giras: en 2013, *The Hits Tour*, con 18 funciones, y en 2015, *Déjà Vu Tour*, con 12 funciones. En alguno de esos 30 conciertos del Sol de México estuvo Angélica Rivera, quien, al decir de Estrada, permaneció con sus acompañantes en el mal llamado "palco presidencial", que en realidad es un espacio que se asignaba de manera permanente a la presidencia del Consejo Nacional para la Cultura y las Artes (Conaculta), porque era la dependencia que presidía el Comité de Administración del Auditorio. "Es uno de los 12 palcos que se rentan anualmente, y funciona más como palco de honor que como palco presidencial".

* * *

El de 2015 fue el primer año de lo que los biógrafos de Luis Mi Rey han llamado el "Trienio Horribilis": una crisis que cimbró al cantante hasta 2017 y que lo llevó a tocar fondo de manera tanto personal como profesional.

En realidad, podríamos decir que desde 2014 Luis Miguel comenzó una mala racha. En abril de ese año, el portal TMZ publicó que había obtenido los documentos en los que Aracely Arámbula exigía al cantante 60 000 dólares mensuales por la manutención de sus dos hijos: Miguel y Daniel. El mismo medio de información sobre celebridades dio a conocer que la actriz había recibido una oferta por parte del cantante de 15 000 dólares mensuales y que estaba segura de que Luis Miguel se había mudado de California a Florida, en los Estados Unidos, para evitar ir a la Corte por la demanda interpuesta en aquella nación.

En septiembre de ese 2014, después de cuatro años sin ningún disco nuevo desde el lanzamiento de *Luis Miguel* en 2010, Micky llenó The Forum en Inglewood, en Los Ángeles, en la primera de dos fechas de su gira *Déjà Vu*.

EL PEÑANIETISMO

La nota del concierto, que reunió a más de 17 000 personas, fue la pésima actitud del artista y los muchos abucheos que recibió porque, tras el primer *encore*, decidió no salir de nuevo al escenario, cuando prácticamente es una tradición en cualquier *show* de cualquier cantante. Los aficionados no ocultaron su frustración porque Luis Miguel comenzó una hora tarde y no compensó la tardanza con un concierto completo.

Unos días después, Luis Miguel, por primera vez en su carrera musical, se presentó en un palenque, como parte de las Fiestas de Octubre de Guadalajara, México. Se trató de una temporada corta con cuatro presentaciones, del 9 al 12 de octubre, con boletos de 900 a 3 300 pesos. Eso sí, en actitud de divo, el cantante solicitó que en el pasillo que lo llevaría al redondel del palenque se cambiara la alfombra gris, que no le gustó, por una roja.

No hubo el lleno total que se esperaba. De las 7 000 localidades disponibles, sólo se ocuparon 5 000. De acuerdo con la crónica de Xulio Guillén para el periódico *El Mural*, "a la medianoche, cuando [Luis Miguel] debería haber salido a escena, el lugar lucía a tres cuartos de su capacidad, cuando se especulaba que no habría ni un solo boleto. Pero quizá el costo de la entrada fue el factor que dejó a muchos sin asistir [...]. Para muchos fans de 'El Sol' sorprendía no ver tanto revendedor alrededor y encontrar en taquillas boletos de todas las zonas, incluso de la VIP". Los conciertos ocurrieron sin contratiempos, con 19 canciones que conformaron el *setlist*, más cuatro popurrís. Pese a la expectativa generada, el público mexicano comenzaba a darle la espalda al ídolo internacional.

Un mes después, en noviembre, se dieron a conocer las fechas de las presentaciones de Luis Miguel en el Coloso de Reforma en el marco de su gira *Déjà Vu,* la cual se iniciaría en enero de 2015 y tendría al Auditorio Nacional como promotor de la temporada. En entrevista con Manuel Tejeda, del periódico *Reforma,* Luis Carlos Romo, director de operaciones del recinto de Paseo de la Reforma, afirmó que el cantante fue quien buscó directamente al personal del Auditorio para proponerles que éste fuera su promotor; sería la primera vez que el emblemático sitio desempeñara esa función con Luis Miguel, aunque ya lo había hecho con otros artistas y espectáculos, como Juan Gabriel o las transmisiones de la Opera House.

De acuerdo con el mismo Luis Carlos Romo, pese a la dificultad de cubrir un *show* del tamaño de los que ofrece Luis Miguel, en el Auditorio aceptaron el reto porque una de las directrices del inmueble ha sido llevar al público mexicano sus artistas favoritos cueste lo que cueste.

Para finalizar 2014, Lorena de la Garza Venecia, titular de la Secretaría de Turismo del estado de Nuevo León en la administración del gobernador Rodrigo Medina de la Cruz, anunció que Luis Miguel, quien un año antes había rentado su imagen al gobierno de Guerrero para una campaña publicitaria, daría el concierto de Año Nuevo en el Parque Fundidora de Monterrey y que sería gratuito para los asistentes. Según la funcionaria, la estrella cobraría 16 millones de pesos más gastos de producción, pero se tenían contemplados 25 millones para el evento.

EL PEÑANIETISMO

La fiesta de Año Nuevo no reunió a las 70 000 personas que se esperaban y que, a decir verdad, eran muchísimas si las comparamos con las 65 000 que pueden disfrutar de un concierto en el Foro Sol en la Ciudad de México. De acuerdo con la Corporación para el Desarrollo Turístico de Nuevo León, la asistencia fue de 40 000 personas, aunque los medios locales aseguran que a simple vista parecían muchas menos.

El problema, tal vez, no fue tanto Luis Miguel sino el termómetro de la ciudad de Monterrey, que ese día marcó seis grados centígrados con llovizna intermitente. El concierto se realizó sin contratiempos y, cuando faltaban pocos minutos para la medianoche, Micky cantó "Santa Claus llegó a la ciudad" y "Frente a la chimenea". En los últimos segundos de 2014, Luismi dejó de cantar y esperó a que la cuenta regresiva proyectada en las pantallas llegara al "cinco, cuatro, tres, dos, uno...". En cuanto el reloj quedó en ceros, gritó efusivo: "¡Feliz año nuevo!", sin saber que siete minutos después, tras haber interpretado "Labios de miel", el 2015 lo esperaba fuera del escenario con retos nunca enfrentados.

* * *

Los primeros síntomas del ocaso del Sol se mostraron en el Auditorio Nacional, cuando su primer concierto de 2015 comenzó con una hora de retraso. No obstante, con una sobredosis de nostalgia y recuerdos, la gente coreó todas y cada una de sus canciones. Eso sí, a Micky se le olvidó, irónicamente, gran parte de la letra de "Hasta que me olvides". Después del oso, prefirió no repetir el error y mejor volteó a ver sus monitores continuamente.

Poco tiempo después ocurrió la primera caída del Rey. El 7 de febrero de 2015, más de 6 000 seguidores de Mérida que habían comprado boleto para ver a Luismi en el Coliseo Yucatán quedaron frustrados y enojados por la cancelación del concierto. Ese sábado, tras dos horas de espera, una persona no identificada tomó el micrófono y dijo:

> El artista Luis Miguel simple y sencillamente se metió a su cuarto, pidió botellas de alcohol y se está emborrachando. Ésa es la verdad, no les voy a mentir. Lo pueden comprobar en la hacienda Temozón Sur; está en una habitación metido emborrachándose y drogándose, por eso no vino, ésa es la verdad. El sonido me lo quieren quitar, es de él; estamos aquí tratando de hablar con ustedes con la verdad. Ellos no nos quieren prestar el sonido, por eso no me escuchaba yo… No ha venido, no sabemos si va a venir, no nos ha cancelado, no ha tenido ni la decencia de cancelar.

En el mismo video, que todavía se puede consultar en YouTube, se ve cómo la esperanza y la ilusión se cambiaron por la rechifla y los reclamos de la gente que se sintió defraudada. Más tarde, en rueda de prensa, Jorge Rejón Boyancé, directivo del Coliseo Yucatán, desmintió la versión ofrecida durante el concierto y dijo no saber qué había pasado con el artista.

Posteriormente, la Fiscalía General del Estado informó que tres personas habían sido detenidas tras la cancelación del concierto. De acuerdo con la oficina de comunicación social de la dependencia, la aprehensión de Óscar Raúl Montes, Javier Rodríguez Mendoza y Daniel Font se realizó en el mismo Coliseo Yucatán, tras la denuncia interpuesta por el apoderado legal del inmueble, José Gabriel Castillo Peralta, por un supuesto incumplimiento de contrato.

Los detenidos se reservaron su derecho a declarar sobre la ausencia de Luis Miguel y fueron puestos en libertad tras haber rendido su declaración, toda vez que la denuncia fue interpuesta por la vía civil. La empresa local Escena Producciones declaró dos días después que la promotora Don Boletón, responsable del evento, tendría que pagar un total de 11 millones de pesos por cargos y gastos derivados del incumplimiento del contrato. Asimismo, se reembolsó a los fans el costo de los boletos vendidos.

En un comunicado fechado el 8 de febrero de 2015 y difundido a través de su cuenta de Twitter (@LMXLM), Luis Miguel informó que no pudo llegar al concierto por problemas técnicos de la aeronave que lo trasladaría. Aplicó la clásica disculpa, lamentó lo acontecido y aseguró tener la mejor disposición para reprogramar el espectáculo.

En su columna "En boca cerrada" del periódico *Reforma*, Claudia de Icaza externó su opinión sobre una crónica publicada en *El Peninsular*, periódico yucateco, un día después del frustrado evento. En la crónica, Martha López Huan escribió que "Luis Miguel, quien se presentó el pasado 7 de febrero en el Coliseo Yucatán como parte del primer aniversario de ese recinto, ofreció un concierto inolvidable, mostrándose relajado, más animado y muy, pero muy coqueto, sorprendiendo gratamente a los presentes que corearon de principio a fin".

Para describir ese espectáculo inexistente, Martha López Huan debió de haberse basado en la crónica de un concierto ofrecido en el Auditorio Nacional, que alguien del equipo de *El Peninsular* adaptó, cambiando algunos detalles. Al respecto, Claudia concluye que todos los *shows* de Luis Miguel "vienen siendo pan con lo mismo: nada nuevo en su espectáculo como para hablar de algo sobresaliente, ninguna evolución musical, ningún éxito radial [...]. De él sólo se cuenta los kilos de más que trae encima, y de ese bronceado color naranja, tal como han venido siendo las reseñas de los últimos tiempos".

Duro y a la yugular, como siempre. Las luismifílicas no estaban de acuerdo y justificaban a su ídolo con el argumento de que después de más de cien conciertos uno se cansa. Las menos radicales levantaban la voz, como en aquella presentación post-San Valentín en el Auditorio Nacional, en ese mismo 2015, cuando el público exigió a Luis Miguel que tarareara menos y cantara más. Ese día, el Sol volvió a llegar tarde a la cita, con unos 50 minutos de retraso, y demoró entre 40 y 50 segundos entre canción y canción, lo que desesperó a un importante número de seguidores que protestaron con gritos y chiflidos.

El 17 de febrero, el concierto nocturno en la Macroplaza del Malecón, que se ofrecería de manera gratuita como cierre del desfile del Carnaval de Veracruz 2015, también se canceló. A través de su cuenta de Twitter, Juan Octavio

EL PEÑANIETISMO

Pavón, coordinador general de Comunicación Social del estado, dio a conocer la determinación oficial, con la explicación del riesgo de fuertes vientos y lluvias por el paso de un frente frío.

Seguramente los chiflidos recibidos hasta ese momento no le dolieron tanto a Luis Miguel como saber que su exrepresentante William Brockhaus había presentado en la Corte de Estados Unidos una demanda civil por incumplimiento de contrato y exigía el pago de más de dos millones de dólares. Justo cuando en marzo de ese año Aracely Arámbula, refiriéndose al arreglo sobre la pensión de sus hijos, declaró que era "bien bonito e importante dar noticias positivas y compartir con el público cosas buenas y lindas", la justicia americana llamó de nuevo a Luis Miguel para aclarar el millonario adeudo a Brockhaus. Ésta fue la segunda caída del ídolo, por la que estuvo a punto de pisar la cárcel.

Para abril de 2015, el mes de su cumpleaños cuarenta y cinco, la mala racha continuaba. Luis Miguel no pudo llenar ni la mitad del palenque de la Feria Internacional del Caballo de Texcoco, en el Estado de México, que probablemente es el palenque más famoso del país. Tan sólo 2 000 personas pagaron boleto para ver al Sol en un recinto colmado de personalidades como Alejandro Fernández, quien, se sabe, es apuesta segura. Los lugares vacíos no eran exclusivos de nuestro país: durante su presentación del 13 de septiembre de 2015 en el Mandalay Bay Events Center, en Las Vegas —donde desde 2006 hasta 2014 había abarrotado el Caesars Palace—, Luis Miguel no tuvo la misma convocatoria y dejó grandes huecos.

Quien sí triunfó en el mismo recinto, con lleno total, fue Alejandro Fernández. De hecho, se preveía que no pudiera presentarse por el accidente automovilístico en el que se vio involucrado, pero, con el visto bueno de los médicos, el Potrillo cantó con todo y bastón por más de tres horas, entregándose al público y dedicando su concierto a Dios. Es más, consciente de las fechas patrias, Álex regaló playeras verdes, blancas y rojas para que la gente formara una enorme bandera nacional mientras interpretaba "Guadalajara", "Ay, Jalisco, no te rajes" y "México lindo y querido".

No sólo eso: con todo el sentimiento nacionalista, el hijo de Vicente Fernández dedicó unas palabras a Donald Trump, en ese momento precandidato del Partido Republicano para la Presidencia de los Estados Unidos de América. El Potrillo tomó el micrófono y expresó a todo pulmón: "Que sepa el señorito ese güero que anda diciendo pendejadas que sin nosotros, los mexicanos, Estados Unidos no sería nada". La ovación en ese momento fue mayor que con cualquier canción.

Tras el impacto mediático de aquellas declaraciones, vino un anuncio impredecible. El 12 de noviembre de 2015, *Reforma* publicó que Alejandro Fernández y Luis Miguel unirían fuerzas para realizar una gira en conjunto que se iniciaría en abril de 2016 y culminaría en noviembre del mismo año, con la condición de sólo presentarse en foros grandes, con capacidad superior a los 15 000 espectadores.

Dos días después, quedó claro que Luis Miguel necesitaba un impulso para llenar sus conciertos cuando, en su presentación en el Centro de Convenciones de Puerto Vallarta, sólo vendió la mitad de los 5 000 boletos disponibles.

El sueño de muchas de ver a estos dos titanes de la música en un mismo escenario se estaba volviendo realidad. Pero la pesadilla para Micky continuaba. A unos días del anuncio de la gira conjunta, Luis Miguel pasó uno de sus peores momentos en el Auditorio Nacional. La noche del 18 de noviembre de 2015, tras sólo 30 minutos de concierto —que había comenzado con 45 minutos de retraso—, el Sol de México se retiró del escenario.

El espectáculo tuvo un inicio turbulento: Luismi se mostró distraído y olvidó las letras de las canciones. Con la intención de disimular la falta de memoria, el artista apuntó el micrófono al público varias veces, para que la gente cantara. Los fans hicieron su parte, tal como lo pedía el Sol. Diría Joaquín Sabina: "Y además, en lugar de cobrar, me pagáis".

Sin embargo, después de interpretar "Amor, amor, amor", las luces se apagaron, Luismi se retiró del escenario y 10 minutos más tarde, a las 21:50, se escuchó desde los altavoces del Auditorio: "Por motivos de cambios de clima y temperatura en los últimos conciertos, la presentación se tendrá que cancelar. En nombre del señor Luis Miguel, les pedimos disculpas y reprogramaremos el concierto en futuras fechas".

La reacción no se hizo esperar. Los vítores se volvieron abucheos y silbatinas. Gritos del tipo "que devuelvan las entradas" y "culero" invadieron la atmósfera; se dirigían a una estrella en plena decadencia que ya no los podía escuchar, porque, fiel a su costumbre, Luismi tenía su camioneta esperándolo dentro del Auditorio para llevárselo apenas terminara de cantar. De hecho, para ese momento ya lo había alejado varios metros del Coloso de Reforma.

Lo más triste llegó al día siguiente. De inicio, en el escenario, "Qué nivel de mujer" se escuchó bien y Micky no olvidó ninguna parte de la canción. Luego la música dejó de sonar y las luces se apagaron durante dos minutos. Los asistentes ignoraban lo que pasaba; rechiflaron y Luis Miguel regresó. No obstante, tras la cuarta canción, "Suave", las luces se apagaron para toda la noche. Después de tres minutos de incertidumbre, en el sonido local se escuchó: "Por causas de fuerza mayor y la salud del artista, el concierto será pospuesto nuevamente. El señor Luis Miguel ha querido venir aquí con todos ustedes a hacer un esfuerzo muy grande, pero su garganta y su salud no se lo permiten: tiene un cuadro de laringitis. Agradecemos su comprensión y esperamos poder reprogramar esta fecha junto con la de ayer a la brevedad posible".

Esa noche, la falta de respeto al público no fue una espera de tres cuartos de hora, sino un concierto que apenas duró 25 minutos. Gerardo Estrada recuerda perfectamente lo que significó el desplante de Luis Miguel. El excoordinador del Auditorio me reveló que, cuando se enteró, salió de su oficina y se dirigió rápidamente al camerino para preguntar qué había pasado. "Me tocó encontrarme con la camioneta de él que salía a toda velocidad, desde adentro del Auditorio, porque él tenía el privilegio de acceder en la camioneta casi hasta la puerta del camerino. Por más señas que le hice no se pararon.

No quise entrar en un pleito o en una discusión, y ya, fui a platicar con sus representantes".

Tras los dos intentos fallidos, los productores de Luis Miguel optaron por posponer los dos conciertos restantes y reagendar los que había abandonado. A través de un comunicado, la oficina de prensa del cantante reveló el diagnóstico médico: una rinofaringitis aguda. En términos coloquiales es lo que conocemos como resfriado común o gripa, y que implica la inflamación de toda la mucosa que recubre la nariz y la que forma parte de la laringe. La misma oficina prefirió aumentar el drama y anunciar que se trataba de "un proceso inflamatorio agudo de la vía aérea superior [...]. Se le ha indicado tratamiento médico y reposo absoluto".

Aunque Luis Miguel entregó su justificante médico, Gerardo Estrada me confesó que se le aplicó una penalización por contrato, porque "se le había adelantado lo que costaban los conciertos. En ese momento creo que eran ocho los que ya se le habían pagado". Los números oficiales del Auditorio Nacional indican que la gira tuvo 12 presentaciones entre enero y febrero, y cuatro reprogramaciones de los conciertos cancelados del 18, 19, 20 y 21 de noviembre. "Eso a mí me creó un problema grave ante la administración —continúa Estrada—, porque cómo lo había dejado ir, y luego comenzó la discusión de si lo demandábamos o no lo demandábamos, qué sé yo. Mucha gente me aconsejaba que sí, otros muchos también que no; entonces, fue muy complicado".

Hay que recordar que el Auditorio opera mediante el Fideicomiso para el Uso y Aprovechamiento del Auditorio

Nacional y un comité técnico compuesto por cinco miembros del gobierno federal, cinco del gobierno de la Ciudad de México y representantes de la iniciativa privada. Entre los integrantes de este último sector se encontraban empresarios como Carlos Slim Helú, Roberto Hernández Ramírez y Fernando Senderos Mestre.

Si de algo puede dar gracias Luis Miguel es de que Gerardo Estrada y el Auditorio, con el respaldo del gobierno encabezado por Peña Nieto, decidieron no demandarlo y prefirieron llegar a un acuerdo. Para que esto sucediera intervino un hombre importantísimo. Me refiero a Miguel Alemán Magnani.

Gerardo, el mismo que negó a Luis Miguel el permiso de subir al escenario del Palacio de Bellas Artes años atrás, me lo confesó:

> No se demandó porque yo hablé con uno de sus mejores amigos, el licenciado Miguel Alemán Magnani, para preguntarle sobre el estado de salud de Luis Miguel y me dijo: "Sí está enfermo, sí está delicado". Y le dije: "¿Tú qué probabilidades crees que tiene Luis Miguel de recuperación y como para cuándo?". Ésa era la pregunta que nadie podía contestar, pero sí era importante constatar que efectivamente estaba enfermo y que no se trataba de un capricho. Yo obviamente confiaba en la familia Alemán. Y le expliqué a mis jefes que sí estaba enfermo y que más valía esperar, porque entrar en un pleito con Luis Miguel, como con muchos artistas, es dirimirlo en Estados Unidos, porque ahí tienen sus representantes.

Respecto del último tema, Estrada me explicó:

> A Luis Miguel creo que una o dos gentes le han ganado pleitos, pero laborales; estos de no presentación, pues no, porque él siempre se compromete a que los va a repetir y que los va a cumplir en algún momento. Se tardó un año y medio o dos en cumplirlo, pero los cumplió, con una ganancia con creces para el Auditorio, porque, aunque fue dos años después y con todo y la pérdida por las devaluaciones, lo recuperó como si le hubiéramos cobrado intereses por el préstamo.

El académico culminó su participación con estas palabras:

> Cuando los artistas dicen que el público mexicano es el mejor del mundo, es que somos un público muy fácil. La verdad es que la gente se siente contenta con que el espectáculo se cumpla, con que llene sus expectativas, y no es muy exigente que digamos. Yo sé que estoy diciendo a lo mejor algo bárbaro, y que a mucha gente no le va a gustar, pero eso es cierto: somos un público muy complaciente. Yo creo que mucha gente se conformaba con ciertas figuras, con verlas, y Luis Miguel es el caso. Luis Miguel es de estas figuras que, cante o no cante, baile o no baile, lo que importa es [decir]: "Ya lo vi".

Pasó mucho tiempo antes de que Luis Miguel repusiera los conciertos reprogramados para 2016, pues ese mismo año la oficina del cantante informó que debían suspenderse los *shows* del 30 de marzo y del 1, 2 y 3 de abril, los cuales eran reposiciones por las cancelaciones de noviembre de 2015. La causa era un tratamiento médico no especificado al que se tuvo que someter un Sol eclipsado por él mismo.

* * *

A Luis Miguel todavía le faltaba para tocar fondo. El diario *Reforma* publicó en noviembre de 2015 que una fuente allegada a la compañía discográfica Warner Music México había revelado que la trasnacional ya no consideraba rentable el producto que el cantante ofrecía, por lo que se contemplaba la posibilidad de rescindir su contrato. En su momento, la fuente señaló: "A Luis Miguel sólo le queda un disco por grabar con la empresa, y están llegando a un acuerdo para que ya no lo haga y le den su carta de retiro, para así terminar la relación".

El mayor conflicto para la compañía era que el cantante siempre hacía todo conforme a su voluntad: producía, grababa y componía sin que hubiera ninguna aportación u opinión por parte de la corporación. El modelo funcionaba cuando Luismi era garantía de ventas, pero sus últimos tres discos hasta 2015, *Cómplices, No culpes a la noche* y *Luis Miguel,* no se vendieron como se esperaba.

En su etapa con Emi Music —esto es, desde los inicios de su carrera hasta 1986—, Luis Miguel vendió alrededor de 18 millones de discos, y con Warner superó los 80 millones. Y si bien *Busca una mujer* rebasó los ocho millones y medio,

Luis Miguel, que salió en 2010, sólo llegó al medio millón de discos vendidos.

Después de los exabruptos en el Auditorio Nacional, en noviembre de 2015 Luis Miguel se trasladó a Argentina para continuar su gira con tres conciertos: uno en la ciudad de Córdoba y dos en Buenos Aires. Antes de su viaje, en Puerto Vallarta, Jalisco, el cantante le concedió una entrevista a Agustina Binotti, corresponsal del periódico *Clarín*. En ese momento, Agustina escribió que le resultaba difícil no pensar si se encontraría con Luis Miguel o con un doble, como tantas veces se había dicho y se seguiría diciendo años después. La periodista decidió no irse por las ramas y preguntó, directa: "¿Sos Luis Miguel o sos un doble?". El cantante respondió: "No, no lo soy. ¡Ojalá tuviera dobles! Así uno estaría ahorita grabando un disco, yo haciendo esta entrevista y mandaría a otro de gira por algún lugar".

Quien también estaba en Vallarta era Alejandro Fernández, para hacer con Luis Miguel las fotografías de promoción de la gira conjunta, aunque algo ya olía mal. Al ser interrogado al respecto por Agustina, Luis Miguel contestó que "estaban en tentativas".

Lo más importante de esa entrevista es que Micky confesó que padecía acúfeno, una enfermedad que genera percepción de ruido en los oídos sin que exista una fuente externa que lo origine. Según él, después de estar expuesto por más de 30 años a sonidos muy fuertes, desarrolló ese padecimiento, aunque aseguró que ya se había tratado y se encontraba mejor.

Cuando se le preguntó cómo le gustaría que lo recordara la gente, el cantante contestó: "Me gustaría que me recordaran como un artista totalmente dedicado y entregado a lo suyo desde muy niño. Por mi trabajo, por mi disciplina, por mi entrega, que siempre fue total". Sin embargo, en sus conciertos en Argentina no se esforzó mucho por hacer realidad ese deseo. Daniel Santos, periodista de *La Voz*, publicó una crónica devastadora de la actuación del Sol de México en su primera presentación, el 25 de noviembre de 2015 en el estadio Orfeo de la ciudad de Córdoba. De acuerdo con Daniel, "Luis Miguel actuó el miércoles en un Orfeo a medias [...]. Lo que menos hizo fue cantar, dejando a sus incondicionales la mayor parte de las canciones".

De hecho, Santos enumeró todos los problemas del concierto. En primer lugar, el artista no se sabía la letra de sus canciones: "Los *teleprompters* ubicados a los costados del escenario le servían de apoyo: más que eso, no podía seguir las canciones sin mirar cada frase, aun cuando trataba de disimular con oficio. Los olvidos, incluso de temas inolvidables, se percibían también con el cambio de fraseo tradicional, apurándose en algunas frases, demorando en otras".

El segundo punto de la crítica fue el nulo esfuerzo del cantante frente a las dificultades físicas y que, pese a haber empezado con mucho ritmo, "moviéndose sobre el escenario con cierta gracia poco habitual, fue desmoronándose... y su voz lo sintió primero. En la mayoría de los temas dejaba que [fuera] la gente la que cantara aquellos momentos de mayor exigencia".

El tercer problema fue que Luis Miguel hacía los coros mientras la gente cantaba, ya fuera por los incómodos olvidos de las letras, por las recurrentes confusiones de orden o porque su físico no lo dejaba continuar, de suerte que terminaba coreando "larai, larai".

La lista sigue. Los argentinos vivieron en carne propia la larga espera entre tema y tema que los fans del Auditorio Nacional padecieron, y, conforme avanzaba el espectáculo, el intervalo duraba cada vez más. En suma, Daniel terminó dándole la razón a Claudia de Icaza: en ese momento, Luis Miguel era la nostalgia andando.

En su artículo "El bochorno global", el escritor mexicano Juan Villoro escribió que "las estrellas del espectáculo viven en estado de irrealidad hasta que estallan como supernovas". Luis Miguel siguió estallando cuando pospuso su gira en Estados Unidos por recomendación de los médicos después de su pésima presentación en Córdoba, seguida de varias más en Argentina, Chile, Colombia y Miami, donde dio sus primeros conciertos en tierras estadounidenses antes de tirar la toalla.

Para febrero de 2016, el sueño de ver juntos a Alejandro Fernández y Luis Miguel terminó en la basura. Star Productions, la empresa que representa a Fernández, informó que se cerraba el ciclo de conciertos incluso antes de haber empezado. En un documento, la corporación explicó que los artistas habían firmado por separado acuerdos preliminares de cara a la celebración de un contrato formal, pero que la falta de cumplimiento había impedido que se llegara a la firma final.

Echándole toda la culpa a Luis Miguel, Star Productions aclaró que

> no se concretaron ni firmaron los contratos pertinentes a consecuencia de no haberse cumplido con los compromisos establecidos en dichos acuerdos preliminares, todos ellos ocurridos por causas ajenas a la voluntad del artista Alejandro Fernández y de su equipo de trabajo. Lamentablemente el promotor y algunas otras personas ligadas a él básicamente dejaron transcurrir el tiempo a partir de la firma de los acuerdos.

Las "tentativas" de las que Micky habló a *Clarín* quedaron en eso, y él no quiso continuar.

En abril de 2016, Luis Miguel pospuso los conciertos que ya tenía agendados para quitar el mal sabor de boca que había dejado con las dos bochornosas presentaciones del Auditorio Nacional en noviembre de 2015. La nota no fue ésa, pues la dramática espiral de aquella gira continuaba. La noticia la dieron cerca de 30 fanáticas que al grito de "Tú eres mi sol, tú eres mi rey… Tú eres mi Luis Miguel" se presentaron afuera del Auditorio Nacional para demostrar su apoyo.

Pero la tercera caída estaba por llegar. De acuerdo con una nota del periódico *El País* de mayo de 2016, la Corte de Nueva York informó que Luis Miguel Gallego Basteri "no cumplió con la entrega del dinero acordado y ahora [debía] desembolsar 5 millones de dólares (4.5 millones de euros) por haber fallado al acuerdo" con su exrepresentante William

Brockhaus. Como expliqué en capítulos anteriores, la deuda comprendía el 10% del primer pago que el gobierno del estado de Guerrero entregó al artista por su participación en un *spot* turístico.

Para julio de 2016, Juan Carlos García, del diario *Reforma*, informó que, según una fuente de Warner Music, ejecutivos de esta casa disquera y de su oficina de *management* exigieron a Luis Miguel que recapacitara y se pusiera en manos de expertos con el fin de mejorar su situación profesional y su deteriorada imagen ante la opinión pública. La fuente aseguró que el cantante ya había asistido al menos a seis sesiones de terapia y asesoría para enfrentar sus problemas médicos y laborales.

En una cultura ávida de destrucción, Luis Miguel estaba más que hundido. La brillante estrella que alguna vez iluminó los escenarios del mundo con su voz inigualable había caído en un abismo de oscuridad que amenazaba con extinguir su resplandor para siempre. La cancelación de conciertos, la falta de innovación musical y una vorágine de problemas legales y personales marcaron, a la mitad del sexenio de Peña Nieto, una decadencia que resultaba desgarradora para los seguidores más apasionados de Luismi. El que fuera el Sol de México parecía inmerso en una noche eterna, y, mientras sus canciones se convertían en ecos de glorias pasadas, el lamento por su carrera se alzaba como un triste canto fúnebre.

***

El PRI también se hundió. Durante las elecciones presidenciales de 2018, a Enrique Peña Nieto le arrebató la Presidencia de la República el candidato de la coalición Juntos Haremos Historia, Andrés Manuel López Obrador, quien ya había participado en los comicios de 2006 y 2012. El 1 de diciembre de 2018, el fundador del Movimiento de Regeneración Nacional (Morena) tomó protesta y se convirtió en el primer jefe del Ejecutivo proveniente de la izquierda en la geografía política de México.

El nuevo mandatario decidió vivir en Palacio Nacional junto con su familia, por lo que la otrora residencia oficial de los presidentes de México abrió sus puertas al público, ahora como el Complejo Cultural Los Pinos. Los pisos de mármol de la Casa Miguel Alemán, por los que Luis Miguel desfiló en distintos sexenios, quedaron al descubierto; el ocaso del Sol, también.

CAPÍTULO 9

MIGUEL ALEMÁN MAGNANI

El incondicional

En enero de 1983, Luis Miguel se mantenía en el sitio número uno de popularidad con su segundo sencillo de su primer disco: "Directo al corazón". De manera paralela, se estaba convirtiendo en un habitual del programa *Siempre en domingo,* de Raúl Velasco, en el canal 2. En ese mismo año, como parte de su estrategia para distribuir películas y telenovelas propias, Televisa fundó Videocentro, franquicia de renta de películas en formato Betamax y VHS.

Treinta y tres años después, en 2016, un solo Videocentro seguía luchando por no morir. (En los años noventa, la empresa mexicana fue adquirida por Blockbuster, firma estadounidense que, ante las nuevas formas de consumo digital, anunció el cierre de todos sus videoclubes en 2014). Ese año comenzó la salvación de Luis Miguel, gracias al emporio que eliminó las cadenas de renta de películas de video: Netflix.

Pero vayamos por partes. En noviembre de 2016 Mark Burnett, presidente de Televisión y Digital de Metro-Goldwyn-Mayer (MGM), anunció al público que la empresa Gato Grande Productions había adquirido los derechos vitalicios exclusivos del cantante mexicano Luis Miguel. Gato Grande Productions fue presentada como una compañía de MGM y los empresarios mexicanos Miguel Alemán Magnani y Antonio Cue Sánchez Navarro, constituida con la intención de producir contenido en español para audiencias de todo el mundo.

También se anunció que la directora de desarrollo de Gato Grande, Carla González Vargas, sería la *showrunner* de una serie sobre Luis Miguel. Éste, por su parte, declaró en un comunicado difundido el 21 de noviembre de 2016 en sus redes sociales: "Me ha tomado mucho tiempo decidir contar mi historia y siempre he buscado el equipo indicado para traerla al público de manera correcta […]. Mark y el equipo de Gato Grande son los socios perfectos para revelar la trayectoria de mi vida".

¿Pero quiénes eran los socios y directivos de Gato Grande? Antonio Cue Sánchez Navarro es hijo de Mercedes Sánchez Navarro Redo, actual novia del magnate mexicano Carlos Slim Helú; también es nieto del que hasta su muerte fue vicepresidente de Grupo Modelo, don Juan Sánchez Navarro y Peón. En 2005 Toño Cue, como lo llaman sus cercanos, se mudó a Los Ángeles, California, para convertirse en el propietario más joven de un equipo de la Major League Soccer (MLS) en los Estados Unidos, y en 2012 vendió su parte al empresario jalisciense Jorge Vergara Madrigal.

Por su parte, Carla González Vargas había hecho carrera como cineasta independiente y era autora de varios libros sobre historia del cine. En su genealogía destaca que es la hija del matrimonio conformado por Pablo González y Gaby Vargas, la mediática escritora que a su vez es hija de don Joaquín Vargas Gómez, fundador de lo que hoy es uno de los conglomerados de medios más importantes de México: MVS Comunicaciones.

* * *

En medio del llamado "Trienio Horribilis", 2016 terminaba con la esperanza de concretar el acuerdo comercial para que Luis Miguel llevara su vida al *streaming*. Sin embargo, en enero de 2017, apenas se hizo público que la caja registradora del cantante comenzaría a sonar, Star Productions, empresa que representa a Alejandro Fernández, exigió el reembolso de los cinco millones de dólares que se habían entregado al Sol como adelanto por la gira que éste decidió cancelar y en la que compartiría escenario con el Potrillo.

La Fiscalía de Asuntos Especiales y Electorales de la Procuraduría General de Justicia abrió un expediente sobre la denuncia, identificado con la clave CI-FAE/B/U1-3C/D19/01-2017. Además de exigir el reembolso, Alejandro Fernández y su equipo acusaron a Micky de haber afectado la imagen de Álex con la cancelación de la gira.

Ante el público, el Potrillo se lavó las manos y en un comunicado aclaró que, "después de un año y medio de grandes esfuerzos por parte mía y de mi equipo de trabajo por darle a nuestro público una gran gira, lamentablemente no pudimos llegar a ningún acuerdo. Siempre he tenido un gran compromiso con mi gente, pero las cosas no sucedieron como queríamos y, aunque no se haya podido realizar esta gira, seguiré con mis fechas, y les aseguro que vienen más y mejores cosas".

Las reclamaciones se acumulaban. En marzo de 2016, tocó el turno de Warner Music, la casa disquera de Luis Miguel, quien inició una demanda a la que tuvo acceso *El País*, por una deuda de 3.6 millones de dólares. El periódico español reprodujo un documento fechado el 8 de marzo que se elaboró en un juzgado de Los Ángeles, California; si bien no se explican los motivos de la disquera para solicitar el resarcimiento del daño por esa deuda, sí se incluye la aceptación por parte de Luis Miguel.

En el documento mencionado, Luismi reconoció que desde 2014 tenía un adeudo de cuatro millones de dólares y que había llegado a un acuerdo para extender la fecha de pago hasta el 30 de noviembre de 2015. Sin embargo, más de un año después, el pago nunca se realizó y el cantante se vio obligado a asumir la demanda.

Para abril de 2017, días después de su cumpleaños cuarenta y siete, la policía estadounidense tocaba a la puerta del Sol. Un mes antes, la Corte de Los Ángeles había publicado un ultimátum: de no presentarse el 17 de abril a la audiencia por el caso de su exrepresentante William Brockhaus, Luis Miguel sería arrestado. Puesto que faltó a la cita, el martes 2 de mayo de 2017 el cantante fue aprehendido. Tuvo que comparecer en calidad de detenido ante el juez Jean P. Rosenbluth por negarse a pagar la indemnización de su antiguo *manager*, William Brockhaus. Acompañado de Miguel Alemán Magnani, debió firmar una fianza de responsabilidad civil por un millón de dólares para recuperar su libertad.[1]

Días más tarde, ante la amenaza de que un juez examinaría en audiencia pública todos sus bienes para determinar cómo podría pagar en especie la deuda con Brockhaus (ésta comprendía 549 000 dólares por servicios de representación, más 98 000 por intereses acumulados y 395 000 por gastos de abogados; el total se calculaba en 1 042 000 dólares), Luis Miguel prefirió llegar a un acuerdo *in extremis*.

Un mes después, el cantante recibiría otro golpe a su patrimonio. El yate *Sky* fue embargado en Miami por el Cuerpo de Alguaciles de Estados Unidos. Según el reporte de la cadena Univisión, desde diciembre de 2016 Micky debía 120 000 dólares a las autoridades por la renta de una marina en el puerto de Miami. Después se supo, a través de los papeles de Pandora, que Luis Miguel recurrió a una empresa opaca en las islas Vírgenes Británicas para finiquitar la compra del yate en 2013.

Luis Miguel y Alejandro Gallego Basteri constituyeron la empresa Skyfall Marine Limited con ayuda del despacho Trident, que fue la mayor fuente de filtración de los papeles de Pandora, al aportar más de 11.9 millones de documentos desclasificados. En varios de ellos, analizados y publicados por

---

[1] Información obtenida del libro *Oro de rey* (Aguilar, 2021), de Javier León Herrera y Juan Manuel Navarro Salinas, y del artículo "Luis Miguel se entrega en un juzgado de Los Ángeles", de Pablo Ximénez de Sandoval, publicado en *El País* el 3 de mayo de 2017.

el periódico *El País,* Luis Miguel aparece con 50 000 acciones y como único dueño de la compañía según un certificado fechado el 13 de junio de 2013. Asimismo, su hermano figuró como secretario y director de la empresa.

Esta estrategia legal y financiera permitió a Luis Miguel ocultar quién era el verdadero dueño de su yate. Esto se debe a que en las islas Vírgenes Británicas rige el principio de confidencialidad, por lo que está prohibido revelar el directorio de una compañía o cualquier información sobre sus accionistas mayoritarios. En Estados Unidos, tras cruzar aguas internacionales, se registraba el nombre de la empresa y no el del propietario. Asimismo, Luis Miguel se ahorró cualquier tipo de impuesto sobre Skyfall Marine Limited y su embarcación. El único costo fueron los 350 dólares que se invirtieron para constituir la compañía y la cuota de renovación de derechos de 1 000 dólares anuales.

Eso sí, ante la ola de denuncias, Luis Miguel aplicó su infalible as bajo la manga: dejarse ver, lo cual opacaría cualquier nota negativa. Primero propició que se hablara de su físico, cuando en abril de 2017 posó con su estilista, Emilio Uribe, en una fotografía publicada con su autorización en la cuenta de Instagram de Uribe. En esa imagen se veía a un Luis Miguel un poco más esbelto, de traje impecable, pero con otra cara. Es decir, la sonrisa de oreja a oreja y los dientes perfectamente blancos seguían ahí, pero no se apreciaba ninguna línea de expresión y las cejas estaban casi borradas.

Un mes más tarde se estrenó el promocional de la serie de Netflix, en el que se veía a ese nuevo Luis Miguel caminando en una casa de playa y su voz pronunció la siguiente frase: "Durante décadas, muchas personas han hablado de mi vida. Pero ha llegado el momento de que la verdad salga a la luz. Versiones hay muchas. Verdades sólo hay una. Ésta es mi historia". Era el inicio oficial de un proyecto que daría vida al Sol después de su ocaso. No se anunció fecha de estreno, pero todos sabían que 2018 marcaría un antes y un después en las series biográficas en México y toda Hispanoamérica.

***

Ya expliqué en pocas palabras quién era Antonio Cue Sánchez Navarro, pero ¿qué hay del otro socio de Gato Grande, Miguel Alemán Magnani? Este empresario tiene una historia familiar en la política que se remonta a los tiempos de la Revolución mexicana y que el prestigiado periodista Miguel Ángel Granados Chapa resumió perfectamente en un artículo titulado "El siglo de los Alemán".

El bisabuelo de Alemán Magnani fue el general de división Miguel Alemán González, quien era magonista, es decir, precursor de la lucha armada en contra de Porfirio Díaz. Se alzó en armas en su natal Acayucan, Veracruz, en septiembre de 1906. Cuando la rebelión fue reprimida por la dictadura, pudo escapar y regresar a tiempo para unirse a las fuerzas maderistas que derrocaron al régimen porfirista. Posteriormente fue fiel seguidor de Francisco I. Madero y combatió a Victoriano Huerta, para después militar en el constitucionalismo de Venustiano Carranza. El general Alemán siempre luchó contra aquellos que traicionaban los principios de la Revolución, lo que significa que toda su vida se enfrentó a quienes llegaban al poder, como sucedió con Álvaro Obregón y su intento por reelegirse. También perteneció al movimiento escobarista, llamado así por su líder José Gonzalo Escobar, que no reconoció la Presidencia de Emilio Portes Gil en 1929. El ejército federal dio alcance al reducido grupo revolucionario en Mata de Aguacatilla, Veracruz, donde el general falleció el 20 de marzo de ese año.

Nacido en Sayula, Veracruz, Miguel Alemán Valdés, hijo del general Alemán y abuelo de Miguel Alemán Magnani, no siguió el ejemplo militarista de su padre y se graduó de la Escuela Nacional de Jurisprudencia un año antes de la muerte de éste, en junio de 1928. Al año siguiente, mientras el general combatía en contra del régimen, él se afilió al Partido Nacional Revolucionario (PNR) de Plutarco Elías Calles. En 1931 se casó con Beatriz Velasco Mendoza y tuvieron tres hijos: Miguel III, Beatriz y Jorge Francisco.

Sobre Miguel Alemán Valdés, Granados Chapa escribió que "fue el suyo un trayecto fulgurante, veloz, bendecido por la suerte". Y no se equivocó. El padrino de este político, el general Cándido Aguilar, logró que lo nombraran magistrado del tribunal superior. Tras el asesinato de Manlio Fabio Altamirano Flores, candidato a la gubernatura de Veracruz, Alemán se convirtió en candidato único y, luego, en gobernador del estado, con tan sólo treinta y tres años.

Posteriormente, Manuel Ávila Camacho solicitó a Alemán que dejara a un lado la gubernatura para ser su coordinador de campaña. Ya electo, Ávila Camacho lo nombró secretario de Gobernación y, seis años después, se convirtió en el delfín que ocupó la silla del águila del 1 de diciembre de 1946 al 30 de noviembre de 1952.

No está de más precisar que la casa donde Luis Miguel, a la edad de diez años, cantó para Paulina López-Portillo a principios de 1981 es la misma que el presidente Miguel Alemán mandó erigir a su llegada a Los Pinos. La construcción y decoración de la nueva residencia, llamada Casa Miguel Alemán, tomó cinco años, por lo que la familia presidencial sólo pudo disfrutarla durante un año, hasta 1952, cuando finalizó ese sexenio.

Ahora bien, a Miguel Alemán Valdés se le recuerda por traer a México la primera modernización, que comenzó el tránsito de la sociedad rural a la urbana con base en la industrialización y las comunicaciones. De hecho, fue en esta segunda área donde su hijo, Miguel Alemán Velasco, decidió incursionar después de graduarse como licenciado en derecho en la Universidad Nacional Autónoma de México (UNAM).

El mundo del espectáculo atrajo desde joven a Miguel Alemán III. Antes de cumplir veintiún años ya había creado una productora de radio y televisión llamada Televoz, en la que el Charro Cantor, como se le conocía al actor Jorge Negrete, figuraba como socio. En 1958, con la venia del entonces presidente Adolfo Ruiz Cortines, Miguel organizó la primera Reseña Mundial de Cine de Acapulco, que era un esfuerzo por acercar al público mexicano a las películas ganadoras de festivales fílmicos como Cannes, Venecia y Berlín. En esa muestra se proyectaron algunas cintas clásicas del cine internacional, como *El rostro,* de Ingmar Bergman; *Los cuatrocientos golpes,* de François Truffaut, y *La fortaleza escondida,* de Akira Kurosawa. Hábil para los negocios, el cachorro de Los Pinos ha pertenecido a los consejos de administración de empresas como Aeronaves de México, Grupo Chihuahua, Mexicana de Cobre, Inverlat y Seguros América.

En la televisión se dedicó a producir programas periodísticos y llegó a ser director de noticieros en Televisa. De hecho, de acuerdo con Claudia Fernández y Andrew Paxman, cuando Emilio Azcárraga Milmo le confió los noticieros en 1968, le advirtió: "Te va a tocar el departamento más caro, de menor auditorio y que causa más problemas, pero tenemos que saber si funciona o no".

Ya como accionista, Miguel Alemán Velasco llegó a ocupar la presidencia de Televisa en 1986. Los autores de la biografía *El Tigre. Emilio Azcárraga y su imperio Televisa* describieron esa breve etapa como una primavera para la empresa porque se contrapuso a lo que venía siendo habitual en el ideario de Emilio Azcárraga, quien veía a la televisión como un mecanismo de entretenimiento más que de información, como lo hacía Alemán Velasco.

Ahora bien, un paréntesis amoroso. En 1954 la Miss Universo Christiane Magnani Martel, coronada el 17 de julio de 1953, nacida en Francia, visitó varios países de América Latina, entre ellos México, última parada de su viaje. En una comida íntima en la casa del actor y productor de cine Emilio *el Indio* Fernández, a la Miss la sentaron con un apuesto joven que sabía francés y que la ayudó a comunicarse con los demás comensales. No pasó mucho tiempo antes de que esa pareja se enamorara, formalizara su noviazgo y se casara en una ceremonia de no más de 30 invitados.

En 1962 Miguel Alemán Velasco y Christiane Magnani Martel vieron nacer a su primogénita Claudia, a quien siguieron Mónica, Miguel IV —nacido el 25 de abril de 1966— y Carla. Debido al trabajo de su papá, los niños Alemán siempre estuvieron atentos a lo que pasaba en Televisa. De hecho, así fue como Carla, la hija menor, conoció a su futuro marido, Toño Mauri, cuando este último comenzaba a destacar en el grupo musical Fresas con Crema.

De acuerdo con el testimonio de Toño Mauri, otorgado en *La entrevista con Yordi Rosado* el 24 de julio de 2022, un día su amiga Martha Aguayo, que en ese momento conducía el canal de videos TNT junto con Angélica Rivera Hurtado, le presentó a "una amiga". Ésta era Carla Alemán Magnani, a quien Toño ya había visto mucho antes y en repetidas ocasiones en los estudios de grabación de Televisa, porque la joven se paseaba libremente, con el poder que le daba la posición de su papá en la empresa.

Toño cuenta que, en una de sus primeras salidas, Carla le pidió que la llevara a una fiesta de cumpleaños de un amigo de su hermano, tras haber asistido a un evento en el que ella lo acompañó como jurado de un concurso de baile. Toño aceptó sin saber que la fiesta era nada más y nada menos que del ídolo juvenil Luis Miguel y que, efectivamente, el festejado estaba con el hermano de Carla, Miguel Alemán Magnani.

Ése es, tal vez, el primer testimonio de un integrante indirecto de la saga de los Alemán que da fe de la antigua amistad entre Luis Miguel y Miguel Alemán Magnani, quien si bien comparte mes de nacimiento con Micky, le lleva cuatro años, puesto que él nació en 1966 y su tocayo en 1970.

* * *

En un perfil publicado en mi plataforma digital *Cuna de Grillos,* la periodista Érika Roa escribió que Luis Miguel y Miguel Alemán Velasco se conocieron en la adolescencia. Donde se les recuerda mucho de jóvenes es en la discoteca Baby'O, de Acapulco, Guerrero. Aquel recinto, creado en 1976 por Eduardo Cesarman, era el lugar favorito de Luis Miguel, Miguel Alemán, el Burro Van Rankin, Beto Santos y David Antúnez.

Antes de incursionar en el mundo del espectáculo, Miguel estudió derecho en la Universidad Anáhuac, campus Norte. En la década de los ochenta estuvo al frente de la estación de radio WFM, fundada en 1985 y alojada en la frecuencia 96.9 de FM. Desde allí, Miguel IV ayudó a revolucionar el concepto de la radio tradicional, dando oportunidad como creador de contenido y locutor a Alejandro González Iñárritu, quien décadas más tarde se convertiría en un importante cineasta mexicano y ganador del Oscar, en al menos cuatro ocasiones. Hay que mencionar que, por aquellas cabinas también pasaron Martín Hernández y Charo Fernández.

Posteriormente, y siguiendo el ejemplo de su papá, Miguel Alemán Magnani ocupó varios cargos en Grupo Televisa;

llegó a ser vicepresidente de imagen corporativa y vicepresidente de promoción, publicidad y prensa. También, al lado de Emilio Azcárraga Jean, logró traer a México el concepto Hard Rock Café en la década de los noventa. Amante de la fiesta brava, en equipo con Rafael Herrerías dirigió por casi 25 años la Plaza México.

En 2005 su nombre se haría más famoso al inaugurar la aerolínea de bajo costo Interjet, de la que entonces era presidente ejecutivo. No era algo ajeno a la familia: su abuelo, como presidente de México, construyó el nuevo edificio del Aeropuerto Central, que durante su administración pasó a llamarse Aeropuerto Internacional de la Ciudad de México (AICM). Asimismo, su papá fue abogado de Aeronaves de México e incluso creó Aeroméxico. Así que, continuando la línea, a Miguel Alemán Magnani le tocó impulsar la nueva forma de viajar dentro del país y a sus fronteras cercanas.

Pese a la cercana relación de Miguel Alemán y Luis Miguel, muy pocas veces se les vio juntos en eventos importantes, ya fuera de carácter familiar o profesional. Por ejemplo, Luismi no asistió a la boda de su tocayo con Vanessa Serrano Cuevas en Veracruz, en mayo de 2002, y eso que en su récord de la gira *Mis romances* no aparece fecha de concierto en ese mes. Además, de acuerdo con Martha Figueroa, durante el sexenio en que Miguel Alemán Velasco fue gobernador de su estado natal (de 1998 a 2004), "Luis Miguel estuvo yendo muchas veces a Veracruz a cantar y tenía una relación con ellos [...]. Y ellos veían en qué eventos lo metían y siempre aprovechaban ese nexo que tenían con Luis Miguel, de toda la vida, para hacer grandes cosas en Veracruz".

¿Quién lo iba a decir? En la tierra jarocha donde se inventaron que había nacido Luis Miguel, el gobierno del priista Miguel Alemán Velasco fue altamente generoso con un artista que, aunque ya se sabía que había nacido en Puerto Rico y se había naturalizado mexicano, de vez en vez, durante las entrevistas periodísticas, volvía a la mentira que más veces repitió durante su adolescencia: "Nací en México".

Para su enlace, los Alemán Serrano dispusieron que la boda fuera muy veracruzana: las edecanes que recibían a los invitados y los acompañaban a sus lugares lucieron atuendos típicos y el banquete, servido en mesas con manteles artesanales de Tlacotalpan, incluyó robalo al acuyo con hierba santa, langosta, *casse* de Huatusco, merengón de salsa de mango y crepas de morillas.

El enlace de Miguel y Vanessa tuvo lugar en el Hotel Mocambo, en Boca del Río, donde María Félix y Agustín Lara pasaron una noche de su luna de miel. Entre los invitados de los novios se encontraban el entonces gobernador del estado, Fidel Herrera; el dueño de TV Azteca, Ricardo Salinas Pliego, y el cantante Emmanuel, quien, dicho sea de paso, está casado con Mercedes Alemán, que comparte apellido con el novio. Y si bien Luis Miguel no estuvo para dedicar una canción a los nuevos esposos, no hizo falta. La mamá de Miguel Alemán tomó el micrófono y entonó para ellos una de las canciones más famosas de Édith Piaf: "Non, je ne regrette rien".

Antes de que Angélica Rivera impusiera la moda del proceso de nulidad matrimonial —en su caso con el hermano de Verónica Castro, José Alberto *el Güero* Castro—, Miguel Alemán y Vanesa Serrano recibieron sus respectivas nulidades eclesiásticas de sus bodas anteriores. Fue así como en 2005 se volvió a armar la fiesta, pero ahora en la Ciudad de México.

La ceremonia religiosa se llevó a cabo en el altar de la parroquia de Santa Teresita del Niño Jesús, que se ubica en Lomas de Chapultepec. Para esa ocasión, los novios ya llevaban compañía: sus dos hijos, Miguel V y María Vanessa, a quienes años después se unió Daniel. El acto fue pequeño y discreto; sólo asistieron familiares cercanos, que no sumaban más de 50. Entre ellos nuevamente faltó Luis Miguel.

De acuerdo con Claudia de Icaza, a quien entrevisté en octubre de 2022, "la relación de amistad de Miguel Alemán Magnani con Luis Miguel es real. Es un nivel de gente que quiere a un Luis Miguel a pesar de, y que ahí está, y es lo último que hemos visto de alguien en el poder que le ha dado la mano a Luis Miguel".

Martha Figueroa confirmó esa apreciación cuando afirmó en mi pódcast en Podimo que

> la amistad que hicieron Miguel Alemán Magnani y Luis Miguel es hasta el día de hoy. Se hicieron cuates de chavos y siguen siendo amigos. Esa amistad se hizo fuertísima. Y parece ser que Luis Miguel un tiempo era como un hijo más en casa de los Alemán, por la cosa familiar que todo mundo

conocemos de Luis Miguel, [que] no era exactamente como un ambiente familiar normal; como que ahí lo acogieron como un hijo más, y sí se lleva muy bien, hasta la fecha, con toda la familia. Los señores Alemán lo quieren muchísimo. Miguel y él son de verdad amigos, amigos a prueba de todo; se lleva muy bien con las hermanas, se lleva muy bien con Toño Mauri… Es una familia a la que le tiene mucho respeto y mucho cariño.

En 2007, dos años después de la boda de Miguel y Vanessa, el evento familiar y religioso más importante en la vida adulta de Luis Miguel lo unió de nuevo con su tocayo. Fue el bautizo de su heredero, el pequeño Miguel Gallego Arámbula, quien tenía siete meses y fue apadrinado por Alemán Magnani y su esposa Vanessa Serrano.

De acuerdo con Martha Figueroa, los Alemán Serrano fueron los padrinos oficiales. No obstante, según la periodista, Luis Miguel quiso que "sus actuales cinco mejores amigos también fueran padrinos emergentes, porque nunca se sabe las vueltas que va a dar la vida. Que te falló uno, pues llamas a los otros". Tres de los cuatro padrinos suplentes confirmados por Martha son Alejandro Asensi, representante de Micky, el empresario nuevoleonense Alberto Santos Boesch y el torero español Enrique Ponce, entonces casado con Paloma Cuevas, quien actualmente es la pareja oficial de Luis Miguel.

El bautizo del primogénito de Luismi se llevó a cabo en el exclusivo complejo residencial El Pedregal, en San José del Cabo, Baja California, con alrededor de 70 invitados. Para recordar el evento, Miguel Alemán mandó hacer un centenario conmemorativo, además de regalar todos los boletos de avión a la familia Arámbula.

* * *

Tuvo que pasar una década para que los medios de comunicación publicaran otra nota con los dos Migueles juntos. No fue la mejor de las circunstancias. Como lo escribí antes, fue el día que Luis Miguel acudió a la Corte para entregarse, y Miguel Alemán le ayudó a pagar un millón de dólares por concepto de fianza para no ingresar a la cárcel.

Como me comentó Claudia de Icaza:

> Yo de los Alemán —honestamente te lo digo—, que no te lo podría decir de otros: son gente buena. Que han querido a un Luis Miguel más allá del interés de la figura pública. Ellos sí son unas personas que siempre han estado atrás de Luis Miguel dando soporte. Y no nada más soporte económico; estoy hablando del soporte que Luis Miguel nunca tuvo con su familia original. Los Alemán, perdón, perdón, pero ahí sí mis respetos, con el cariño y el soporte que le han dado a Luis Miguel en todos los sentidos.

De acuerdo con la última biografía autorizada de Luismi, *Oro de Rey* (2021), de Javier León Herrera y Juan Manuel Navarro, el nuevo amanecer del cantante empezó a gestarse cuando "el gran luchador se dio cuenta en 2016 que no saldría del hoyo por sí solo y pidió ayuda. Miguel Alemán Magnani, amigo de toda la vida, fue consciente de la gravedad de la situación y el plan de rescate empezó a tomar forma en su mente".

La estrategia era sencilla y complicada al mismo tiempo. Había muchos demonios que exorcizar, puesto que el Sol había pasado la mayor parte de su existencia en el ojo público. Dar a conocer su vida era algo que siempre lo había bloqueado. Sin embargo, ésa era la piedra angular del plan global de rescate: "Una serie de televisión sobre su vida no solamente era negocio en sí, sino que podía generar un efecto de empatía que multiplicara el resto de los negocios, acelerara los tiempos de amortización previstos y relanzara con fuerza al cantante hacia una nueva y exitosa etapa, con un disco nuevo y una gira maratoniana que garantizaría el retorno del dinero".

De acuerdo con Javier y Juan Manuel, el primer paso era convencer a Luis Miguel; para Miguel Alemán, eso no fue difícil por tres motivos: el poco margen de maniobra financiera del cantante en ese momento, la tendencia televisiva a favorecer las biografías de los famosos y la posibilidad de filtrar lo que se quisiera dar a conocer, pues Alemán sabía que había temas delicados que seguían pesando en la mente y el corazón de su amigo.

Con el visto bueno para la serie de televisión, Alemán tomó su celular y comenzó a llamar a la gente que en su opinión estaría interesada en invertir en un fideicomiso que ayudara a Luis Miguel a pagar sus deudas, y en rescatar su carrera reactivándola con una imagen nueva y cercana a la gente a través de su bioserie. Los interesados fueron el propio Miguel Alemán Magnani; Carlos Slim Domit, presidente del consejo de administración de Teléfonos de México (Telmex), América Móvil y Grupo Carso; Alejandro Soberón, presidente y director general de la Corporación Interamericana de Entretenimiento (CIE), y Carlos Bremer, presidente del Consejo de Value Grupo Financiero.

Miguel Alemán Valdés escribió alguna vez: "Mi padre decía que la política es una ciencia de conciencia, constancia y circunstancia, y la última pesa más que las otras dos. La circunstancia es la ciencia exacta de la política; en política hay que estar, hay que esperar a que se den precisamente las circunstancias necesarias".

Su nieto, Miguel Alemán Magnani, encontró las circunstancias necesarias para reavivar, con ayuda de sus socios y de una serie de televisión, la carrera de su amigo de juventud, quien también era el artista mexicano más exitoso de todos los tiempos.

Si bien la serie ya estaba anunciada, había que encontrar el camino para crear un efecto multiplicador con la misma fórmula que ya había sido probada con éxito: un disco seguido de presentaciones en vivo. No se necesitaba nada nuevo; Luis Miguel había pasado más de una década sin un verdadero éxito. En noviembre de 2017 el cantante dio a conocer la portada de *¡México por siempre!*, compendio de 14 canciones de música mexicana, con temas de alcance popular para la siguiente gira, como "Deja que salga la luna", "Que te vaya bonito" y "Serenata huasteca".

El disco tuvo un buen recibimiento. De acuerdo con la empresa Warner Music, *¡México por siempre!* se mantuvo en el primer lugar de ventas en el país durante las primeras tres semanas, y en ese tiempo le valió al artista un disco de platino por haber vendido más de 60 000 copias.

A la bienvenida de *México por siempre!* se sumó el anuncio de una nueva gira en el Auditorio Nacional a partir del 21 de febrero de 2018. Eso sí, para evitar cancelaciones, Luis Miguel estaría obligado a entregar un certificado médico o someterse a un examen de voz antes de sus presentaciones.

En esta ocasión, en el Auditorio prefirieron evitarse la gestión de los conciertos, así que OCESA se encargó de la producción y la promoción. La fuente que confió esta información a Juan Carlos García, periodista del periódico *Reforma,* y que reveló las nuevas medidas precautorias para los espectáculos del cantante, explicó que tanto éste "como la empresa desean que recupere su buena imagen, la cual se deterioró porque hubo *shows* a los que no se presentó […]. No quieren que vuelva a suceder".

La promoción del disco comenzó con el sencillo "La fiesta del mariachi", el cual tuvo su respectivo videoclip, grabado en el bellísimo San Miguel de Allende. El video muestra al Mariachi Vargas de Tecatitlán tocando en las calles del pueblo; al final hay una fiesta, con Luis Miguel cantando en el centro de la localidad, entre la parroquia y el quiosco.

Dicen que una imagen vale más que mil palabras, y en este caso hay una fotografía que representa el regreso de Luis Miguel. Fue tomada a principios de mayo de 2017, en el hotel MGM de Las Vegas, después de la pelea de box entre Saúl "Canelo" Álvarez y Julio César Chávez Jr. en la T-Mobile Arena.

En ella se aprecia al Canelo Álvarez escoltando a Luis Miguel, junto con Miguel Alemán Magnani, Miguel Torruco, hijo del secretario de Turismo en el sexenio del presidente López Obrador, y el destacado empresario regiomontano Carlos Bremer Gutiérrez.

Tiempo después, el Canelo explicó la historia de la imagen: "No es cosa que me incumba, pero yo estaba en ese momento cuando estaban hablando de eso; también estaba Luis Miguel allí. Fue en Las Vegas, cuando peleé con Chávez Jr. Empezaron a hablar sobre ayudarle y darle para adelante a sus asuntos".

Aunque Saúl también es amigo de Luis Miguel, se negó a participar en el fondo de inversión, porque "no me gusta involucrarme con mis amigos, siempre me gusta mantener mi amistad".

Por su parte, Carlos Bremer narró lo siguiente: "Platicamos Miguel Alemán, Slim, Luis Miguel y yo de la posibilidad de un plan donde hubiera un fideicomiso y se pudiera reunir a las personas con las que había quedado mal, ir resarciéndoles el daño y que todo el mundo se pusiera en el plan del rescate". Cada participante debía aportar cinco millones de dólares; en un plazo menor de dos años, todos podrían recuperar su capital más un interés del 5% que superaba lo que ofrecía cualquier fondo de inversión.

Bremer, el socio que más ha hablado al respecto, reveló la conversación que tuvo con Micky. Cuando éste le dijo: "No, Carlos, es que hay que cambiar el planeta", el empresario contestó: "No, no. Hay que cambiar la mala impresión que dejaste hace poquito; luego cambiamos el planeta, mi amigo". Según

Bremer, a Luis Miguel hay que hablarle derecho, "porque luego es muy chiflado; digo, como fue una gloria en todos los países y en todo".[2]

Cuando le pregunté a Martha Figueroa si se tiene que ser condescendiente con los artistas para ganarse su simpatía, la columnista y autora de libros me respondió que sí, pero que el caso de Luis Miguel es único. Él no resiste la crítica; "si la aguanta se la tienes que decir en el momento adecuado y de la forma adecuada, y te pone atención. Pero, si se la dices desde un lugar que le suena tantito feo, ahí se acabó. Y de veras te congela".

Pasaron pocas semanas después del lanzamiento del disco y el anuncio de su nueva gira cuando por fin Luis Miguel recibió una buena noticia. El 1 de diciembre de 2017 se supo que la demanda por incumplimiento de contrato que había iniciado Alejandro Fernández quedaba disuelta gracias a que el cantante de música vernácula y Lion Productions, Inc., la compañía que representa a Luis Miguel, habían llegado a un acuerdo.

A inicios de 2018, la buena racha continuaba: Luis Miguel logró otro acuerdo extrajudicial con la compañía que lo había demandado por el adeudo de la renta de una residencia que ocupó en Los Ángeles, cuyo monto ascendía a 232 000 dólares (el costo mensual del arrendamiento rondaba los 58 000 dólares). El caso quedó finiquitado ante la Corte Superior de Los Ángeles, pero no se publicó la suma por pagar.

---

[2] Información tomada de "Impulsa Bremer a Luismi", nota de Paula Ruiz publicada en el *Reforma* el 17 de agosto de 2017.

Con esas dos cuentas saldadas, llegó el momento de regresar al Auditorio Nacional. El 21 de febrero Luis Miguel se disponía a exorcizar todos los demonios y demostrar al público que, aunque el Sol se había ocultado, siempre se podía tener un nuevo amanecer.

El cantante inició su concierto puntualmente, a las 21:00 horas. Los acordes de "Si te vas" hicieron que las casi 10 000 personas que prácticamente llenaban el Auditorio gritaran eufóricas. Junto a ocho músicos y tres coristas, Luis Miguel se mostró afable y dispuesto a disfrutar de su reencuentro con el público. "Grandes motivaciones para regresar a los escenarios: una es la música y otra, ustedes", expresó Micky para deleite de todos.

Hubo una gran conexión. Era otro Luis Miguel el que ahora se acercaba al escenario para saludar a sus fans y estrecharles la mano. Casi se completaron las dos horas de un *show* que, si bien volvió a ser un compendio de éxitos, se vestía de gala con los temas más recientes de *¡México por siempre!* Tal vez pensando en lo que vendría gracias a Netflix, Luis Miguel terminó esas presentaciones con temas que para sus fanáticos llegarían a tener otro significado, como "Palabra de honor" y "La incondicional".

Las presentaciones del Sol no sólo se realizaron en lugares con gran aforo. El 10 de abril de 2018, Value Grupo Financiero cumplió 25 años de existencia y su CEO y presidente del consejo, Carlos Bremer, ofreció un festejo muy especial, con un *show* de Luis Miguel que duró más de una hora.

No podía ser de otra forma. Luis Miguel le debía confianza y dinero a este miembro del selecto grupo que se arriesgó a invertir para hacer posible su regreso. El artista parecía sincero cuando hizo una pausa en su presentación y dijo: "Felicidades a todos, 25 años. Muchas gracias por todo su cariño. Felicidades, Carlos. Felicidades a todos, muy amables. Muchas gracias por su cariño, por sus aplausos, por cantar conmigo, por hacer posible una noche más de magia y cosas bellas".

De hecho, el empresario dijo haber ideado el concierto incluso antes de que Value Grupo Financiero comenzara a operar. Bremer recuerda que, en la época en que Luis Miguel interpretó "Sueña" —tema de la película *El jorobado de Notre Dame,* de Disney—, se le acercó y le comentó: "En dos semanas empiezo un proyecto y ojalá, algún día, puedas dar un evento privado para mi gente". Bueno, eso dijo, pero la verdad es que la compañía se fundó en 1993 y la película se estrenó en 1996.

* * *

El 22 de abril de 2018 el mundo se reunió para ver en Netflix el primer episodio de la vida del cantante en *Luis Miguel, la serie.* Se sabía del éxito que podía tener, el morbo que podía generar, pero pocos imaginaron el impacto de esta telenovela —aunque se le llame serie—, capaz de hacer que la gente sintiera compasión por una estrella infantil explotada por un padre sin escrúpulos.

La primera temporada tuvo la clásica fórmula de los dramas mexicanos: un villano reconocible, la aspiración de alejarse de la pobreza y la identificación por parte del espectador con los problemas de pareja del personaje principal, sus amores y desamores, así como la soledad a consecuencia del éxito.

Cuando el periódico *El País* le preguntó a Martha Figueroa cómo podría explicar el éxito de la serie, ella respondió: "Está contando unos secretos que [Luis Miguel] ha guardado durante mucho tiempo. Deja que todo el mundo entre a mirar. Y muchos creen que lo están conociendo por fin. Aunque él es indescifrable".

Las noticias buenas sobre las deudas y los juicios no paraban de llegar. El 11 de mayo trascendió en los medios de comunicación que, por fin, Luis Miguel había pagado a su exrepresentante y examigo William Brockhaus la totalidad del monto estipulado por el juez.

A 13 semanas del estreno de su primera temporada, *Luis Miguel* ya era una serie de culto. Poco más de un año después de la foto en Las Vegas, en julio de 2018, el grupo que coordinó el fideicomiso comenzó a ver los rendimientos de su inversión.

Mientras Miguel Alemán Magnani era la mente maestra detrás del resurgimiento de Micky, Carlos Bremer se convirtió en el vocero del grupo. Fue él quien declaró que el Sol había recibido cinco millones de dólares por la primera temporada de la serie y que Netflix había ganado un millón de suscriptores en México por esa producción fenomenal.

En julio de 2018, a poco de haber terminado la primera entrega, comenzaron las negociaciones para realizar la continuación. Bremer no temía sacudir el avispero al declarar que más le valía a Netflix abrir la cartera porque ya se había demostrado el poder del Sol. "Si yo fuera él [Luis Miguel], no aceptaría menos de 10 millones de dólares", confesó uno de los tiburones del *reality* de emprendimiento y negocios *Shark Tank México*.

En agosto, el periódico *Reforma* informó que Miguel Alemán Magnani, José Luis Ramírez, Antonio Cue y Carlos Bremer se habían reunido para idear una estrategia con el fin de superar el éxito de la primera temporada de la bioserie de Luis Miguel. Tal vez para ejercer presión sobre Netflix, Bremer declaró que, aunque Gato Grande Productions estaba dispuesta a darle prioridad a la oferta de esta empresa de entretenimiento, venderían la historia al mejor postor gracias a que "la segunda temporada ya se cotizó al triple, y puede ser que llegue a más".

En 2018, después de una intensa gira en la que rompió su récord de presentaciones en el Auditorio Nacional, con 35 *shows*, un Luis Miguel cansado fue objeto del abucheo de sus seguidores. El círculo había vuelto a cerrarse. Del Luis Miguel que buscaba reivindicarse con su público surgió de nuevo el que dejó de respetarlo y se presentó con una hora y media de retraso, el que olvidó las canciones en el bloque del mariachi y se mostró ofuscado con su banda.

Al narrar su experiencia en ese concierto, la poderosa periodista de espectáculos Pati Chapoy comentó, sin intención de justificar a Luismi, que la fatídica presentación había tenido lugar el mismo día en que Marcella Basteri, mamá del artista, cumpliría años. "El asunto es que yo vi a un Luis Miguel cansado, apático, tratando de complacer a su público en lo que quería el público […]. De pronto sí hubo abucheos, pero al final de cuentas el cariño que Luis Miguel se ha ganado allí estaba", dijo Chapoy en su programa *Ventaneando*, en TV Azteca.

De acuerdo con Pati, debido al mal espectáculo, uno o dos centenares de personas se formaron para solicitar un reembolso. En los testimonios de la gente que se transmitieron en el programa, se pudo apreciar el desencanto de los fanáticos. Comentarios como "Que alguien le ayude y lo metan a rehabilitación" o "Una falta de criterio con el público, un asco" se escucharon en el programa de mayor audiencia en ese horario y con ese concepto.

No fue la única protesta. Cuando en la entrega de los Grammy Latinos Thalía anunció que Luis Miguel había ganado el premio al mejor álbum del año y aclaró que su colega no estaba presente para recibir el galardón, en la transmisión desde el MGM Grand Garden Arena de Las Vegas se escuchó un sinfín de abucheos.

La pandemia por covid-19 retrasó el rodaje de la segunda parte de *Luis Miguel, la serie*. El primer episodio se transmitió el 18 de abril de 2021 y los fanáticos no esperaron mucho para ver el desenlace. La tercera temporada se lanzó en octubre del mismo año. El veredicto de la audiencia fue que ninguna temporada resultó tan buena como la primera.

Cuando en 2022 los medios nacionales informaron que Luis Miguel finalmente había pagado la pensión alimenticia de sus hijos Miguel y Daniel, el empresario Carlos Bremer confirmó que habían sido liquidadas todas las deudas que el Sol tenía cuando se creó el fideicomiso en 2017.

En ese momento también se consideró el regreso de Luis Miguel a los escenarios para 2023. Al respecto, Bremer aclaró: "Creo que su regreso sí será el 2023. Platicamos bastante, lo sentí muy bien, le eché muchas porras, le dije que lo necesitamos de regreso. Creo que se va a preparar muy bien".

De acuerdo con un sondeo efectuado por el diario *Reforma*, cuando se hizo público que Luis Miguel comenzaría su gira en agosto de 2023, la primera tarde que salieron a la venta los boletos, cerca de 2.3 millones de personas esperaban en línea para poder obtener un lugar en uno de los diferentes conciertos programados en México. En otras palabras, si Luis Miguel hubiera deseado concentrar todos sus conciertos en el Estadio Azteca, habría podido tener 27 llenos totales.

En agosto de 2023, las primeras reseñas de la gira, que se inició en Argentina, destacaban la figura esbelta de un nuevo Luis Miguel, más entregado a su público y enamorado.

Hasta noviembre de 2023, fecha en que se terminó de escribir este libro, la novia del Sol es Paloma Cuevas. Se les vio juntos desde finales de 2022, aunque se conocieron desde niños gracias a la amistad que unió a sus padres, Luisito Rey y Victoriano Valencia. Como ya lo mencioné, Paloma estuvo casada con Enrique Ponce, con quien tuvo dos hijas, Paloma y Bianca. En 2021 ambos se separaron y a ella no se le conoció ninguna pareja hasta que los paparazzi la fotografiaron bien acompañada de Luis Miguel.

Pero Micky no sólo se ha reivindicado en el escenario. El 14 de octubre de 2023, su primogénita Michelle Salas contrajo nupcias con el empresario venezolano Danilo Díaz Granados en la Toscana italiana, en la finca Il Borro, una propiedad medieval restaurada por Ferruccio Ferragamo, hijo del presidente de la prestigiosa marca Salvatore Ferragamo. Salas eligió Italia para celebrar su boda por considerar que en ese país hay una fusión perfecta entre "historia, naturaleza y tradición".

La revista *Vogue*, en su edición para México y Latinoamérica, tuvo la exclusiva de las imágenes y los detalles de la boda. Por esa publicación supimos que entre los asistentes estuvo Stephanie Salas, madre de la novia, en compañía de su actual pareja, el actor Humberto Zurita. También estuvo presente la actriz Camila Valero, hermana de Michelle. Quien no aparece en el álbum familiar que se hizo público es Luis Miguel.

Sin embargo, el cantante canceló su presentación del 17 de octubre en Tampa para hacer una pausa entre sus conciertos del 13 de octubre en Miami y del 18 en Boston, con el fin de poder acompañar a su primogénita el día de su boda, el sábado 14. Cosa poco usual, en la primera mitad del camino al altar, Michelle, quien lució un impactante y kilométrico vestido de la firma Dolce & Gabbana, con joyas de Tiffany & Co., fue acompañada por Stephanie Salas y la segunda mitad por Luis Miguel, quien la entregó a su prometido, según la revista *Quién*. La misma publicación —que mostró imágenes del Sol durante el enlace, donde se mantuvo un paso atrás de la madre de su hija— informó que Luismi no cantó en la recepción y sus canciones no se escucharon durante la fiesta, pero sí bailó con su hija "The Way You Look Tonight", de Frank Sinatra.

* * *

En 2019 un avión de Interjet transportó al pasajero 100 millones de la Ciudad de México a Nueva York, para entonces la aerolínea acumulaba cinco trimestres consecutivos de pérdidas y decenas de cancelaciones de vuelos, además de padecer la partida de 200 empleados.

No sólo eso: la compañía debía a la Secretaría de Hacienda una importante cantidad por impuestos. La pandemia asestó el golpe de gracia, e Interjet suspendió operaciones el 11 de diciembre de 2020. En julio de 2021 un juez ordenó la detención de Miguel Alemán Magnani, acusado por el delito de defraudación fiscal, realizada a través de su aerolínea, por más de 66 millones de pesos. Lo último que se supo de él es que reside en Francia, pues tiene la nacionalidad francesa gracias a su madre Christiane Magnani de Alemán. Pese a que la Interpol emitió una ficha para su captura, su detención aún no es viable por ser ciudadano galo.

ANEXO

INTERNACIONAL

Argentina

Cuando Daniel Santos, periodista de *La Voz,* publicó la devastadora crónica de la actuación de Luis Miguel en la primera presentación de su gira, a finales de 2015 en el estadio Orfeo, parecía que se rompía una historia de amor de 32 años entre el cantante y la ciudad de Córdoba.

El primer flechazo entre ambos ocurrió el 6 de agosto de 1983, cuando el pequeño Micky ofreció un recital para celebrar el Día del Niño en esa provincia, que por aquella época se conmemoraba el primer domingo de agosto. Con un traje completamente blanco, Luismi interpretó "Directo al corazón", "Decídete" y "Dos enamorados". Al año siguiente, se convirtió en el cantante más joven, con apenas catorce años de edad, en dar un concierto como solista en el estadio mundialista Mario Kempes, antes llamado Chateau Carreras, al que le caben hasta 57 000 espectadores. A partir de entonces, los cordobeses abrazaron con fuerza a la incipiente estrella que extendió su talento y carisma a otras coordenadas de la República Argentina.

También hay que decir que la historia de amor de los padres de Luis Miguel en ese mismo país contribuyó, de alguna manera, a despertar la empatía hacia aquel niño que para entonces ya había grabado por lo menos tres álbumes de estudio en México. Fue en las páginas de la revista *Canal TV*, en 1969, donde apareció la fotografía de Luis Gallego caminando por el centro bonaerense con Marcella Basteri, quien recargaba la cabeza en el hombro izquierdo del artista español.

En el artículo "Cosa repentina" se informó que Luisito Rey se había casado en Buenos Aires, noticia que algunos creyeron y otros no, pero que *Canal TV* confirmó durante el estreno de *Quiero llenarme de ti* (1969), película del cantante Sandro de América. En ese momento y en ese lugar, Luisito presentó a la futura mamá de Luis Miguel como "Marcella, mi señora".

Luisito Rey describió la relación de esta forma: "Todo comenzó el verano último en Mar de Plata. Nos conocimos y al poco tiempo ya éramos algo más que amigos… Después partí de gira por Latinoamérica. La distancia nos hizo comprender muchas cosas. Nos escribíamos todos los días. A mi regreso resolvimos casarnos. Sin barullo. Como dos desconocidos. No quise que se tomara esto como algo promocional. Nos queremos y somos felices. Es todo". Mucho tiempo después se supo que la boda fue un invento, pero de inicio se asemejó

INTERNACIONAL

al amor romántico que anhelaban las lectoras de la revista *Canal TV*.

En 1982 Luisito Rey regresó a Argentina acompañado de su primogénito Luis Miguel para hacerlo debutar en *Sábado de todos*, programa con diferentes secciones que se transmitía en vivo por el canal público Argentina Televisora Color (ATC), producido por Marcelo Serantoni y Roberto Fontana, y conducido por Leonardo Simons.

Hay dos hechos que significan mucho para Luis Miguel y que ocurrieron precisamente en Argentina. El primero es la sorpresiva visita de su madre en el *backstage* justo antes de iniciar su concierto en el Luna Park el 16 de marzo de 1985. Luismi declaró en un programa de televisión posterior: "La verdad, sentí una gran emoción porque en la vida me podía imaginar que podía estar mi madre ahí. Sobre todo, después de tres meses de no haber estado juntos".

La televisión mostró el momento en que se reencontraron madre e hijo, quienes se abrazaron durante una eternidad. Con lágrimas en los ojos, Marcella no podía expresar lo que sentía cuando le acercaron el micrófono. Luis Miguel tampoco podía quitar la sonrisa de su rostro. Y cuando le preguntaron qué podía decir del recibimiento de los argentinos, respondió, sin dejar de sonreír: "Siempre he recibido un cariño y una admiración muy bonita por parte del público argentino, y desde hace tres años que inicié mi carrera, siempre he venido a la Argentina a ofrecer mis mejores canciones y espero seguir haciéndolo a futuro, y ofrecer lo mejor de mí a este grandioso público que se lo merece".

Después del reencuentro en el camerino, Luis Miguel hizo pasar a su madre al escenario. Ella se sentó estoica a contemplar y admirar con orgullo y devoción a su hijo cantarle la canción "Marcela", tema que Luis Rey compuso cuando la conoció. Esa escena, que todavía podemos ver gracias al archivo de YouTube, y que fue muy bien recreada en *Luis Miguel, la serie* de Netflix, fue la última aparición de Marcella Basteri en público.

Siete años después, el 12 de diciembre de 1992, el Luna Park fue testigo de otro hecho importante en la vida de Micky. La tarde de ese día, Luis Miguel aterrizó en tierras argentinas, procedente de Barcelona. Había dicho adiós a su papá tres días antes.

De acuerdo con la crónica de Javier León Herrera en su libro *Luis Mi Rey,* Luisito Rey sufrió una taquicardia la madrugada del lunes 30 de noviembre. Tras recibir los primeros cuidados en un hospital de Sant Boi, fue internado de emergencia en el Hospital de Bellvitge, en la localidad de Hospitalet de Llobregat. Avisado por sus tíos de las complicaciones de salud de su papá —ocasionadas por una neumonía y un sistema de defensa prácticamente nulo que provocaron que Luisito tuviera que ser asistido por respiración artificial en cuidados intensivos—, Luis Miguel envió a Alex McCluskey a Barcelona a supervisar la situación.

Después de averiguar el estado de salud de Luis Gallego Sánchez, e imposibilitado para cumplir el deseo de su representado de trasladar a su papá a un mejor hospital por lo delicado de su condición, Alex informó a Luis Miguel de la situación. Éste suspendió sus compromisos y se trasladó de Asunción, Paraguay, a Barcelona, España, a bordo de su avión privado.

El miércoles 9 de diciembre, Luis Miguel llegó a Barcelona acompañado de Hugo López, Jaime Camil Garza, su hija Erika Camil y Tony Starr —esposa de Camil Garza—. Ese día, Luis Miguel, su hermano Álex y sus tíos se turnaron para estar en las últimas horas de vida del cantautor. La noche cayó y, cerca de las once del 9 de diciembre de 1992, Luis Gallego Sánchez se despidió del mundo.

En el escenario del Luna Park, en Buenos Aires, hubo llanto entre cada canción. De pronto, Luis Miguel, de pie y con lágrimas en los ojos, la voz completamente quebrada, comenzó un discurso trastabillando:

Quiero agra... Quiero... Antes que nada, quisiera disculparme de alguna forma por no tener la oportunidad de estar, esta noche, como siempre..., como siempre he deseado estar. Pero esta noche es una noche un poco diferente para mí, y yo quisiera que entendieran que, básicamente, el tener la oportunidad de estar con ustedes, de estar con la gente de alguna forma, me parece para mí lo más importante, porque en realidad el poder tener el cariño de todos ustedes es lo más importante para mí. Y yo quisiera que me ayudaran a estar esta noche con todo mi grupo de músicos y con toda la gente para hacer una noche divertida, una noche bonita, porque la vida es divertida y la vida es bonita y hay que disfrutarla. Por eso yo quiero desearles a todos y cada uno de ustedes que están aquí esta noche, mucha felicidad y que compartan todo lo que tengan con la gente que quieren. No mañana, sino hoy, y que siempre tengan algo que dar a otra persona, porque lo más bonito que tenemos es el amor, es el cariño de un ser humano. Muchas gracias.

La gente coreó su nombre por minutos hasta que el Sol se recompuso y con su singular carisma gritó: "¡Ahora por favor acompáñenme, acompáñenme con esta canción que sigue!". Inmediatamente sonaron los acordes de "Ahora te puedes marchar". Las canciones no dejaron de sucederse, y Luis Miguel completó uno de los conciertos más emotivos y más difíciles de su carrera. El hombre que lo había lanzado al firmamento, que también era su padre, había cerrado los ojos para siempre.

No sería la única flecha que le apuntaría directo al corazón. Un año después, en noviembre de 1993, Luis Miguel tuvo otro doloroso adiós. Éste no ocurrió en Argentina, pero sí tuvo que ver con un argentino. Ese mes falleció Hugo López, el representante que acompañó a Micky al estrellato cuando el cantante cumplió la mayoría de edad y se emancipó de su papá.

* * *

El poder no pudo resistirse a los rayos del Sol. En 1994 salió a la luz, a través de la revista *Gente,* una relación poco conocida entre Luis Miguel y los hijos de Carlos Saúl Menem, presidente de Argentina entre 1989 y 1999, y que, de acuerdo con el periódico *El País,* será recordado por un mandato en el que hubo una moneda fuerte y corrupción, privatizaciones y desempleo, dinero fácil y pobreza.

Hasta ahora sólo se tiene documentado un encuentro entre Luis Miguel, Carlos Saúl Facundo Menem Yoma y Zulema María Eva Menem Yoma. Ocurrió en noviembre de 1994, cuando Luismi estuvo casi un mes en tierras argentinas para presentar su *Segundo Romance Tour.* En una entrevista de 2019 con la conductora Verónica Lozano —en su programa *Cortá por Lozano,* transmitido por la cadena pública Televisión Federal—, Zulema aseguró que su hermano, conocido como Carlos Menem Jr., tenía una amistad con Micky y salían juntos cuando éste visitaba Argentina. Sin embargo, Carlos siempre impedía que Zulemita, como se le llama coloquialmente, tuviera relación con el cantante.

En 1994 Carlos organizó una excursión para ir a conducir motos acuáticas. (Cabe señalar que este hijo de Menem era piloto de *rally* desde 1987). Además de Luis Miguel, al viaje también asistieron las modelos Lorena Giaquinto y Mariela Beriguistain, Guillermo Coppola, representante de Diego Armando Maradona, y Ramón Hernández, asesor político del entonces presidente Carlos Menem.

Pese al carácter exclusivo de la excursión, en la que todos viajaron en helicóptero hasta el delta y fueron resguardados por un operativo de alta seguridad que incluyó policías, vigilancia privada y helicópteros, la revista de espectáculos *Gente* logró fotografiar y hacer una crónica del evento. De acuerdo con el semanario argentino, una vez que los invitados llegaron a la isla se encontraron con el empresario Mario Falak, quien les prestó su yate *Concorde*.

En su primer intento con la moto acuática, Luis Miguel se subió detrás de Carlos Menem Jr., quien iba al volante. Después de un par de horas, Micky se sintió con la confianza suficiente para manejar, de lo cual existe evidencia fotográfica.

Zulema extendió el relato de ese día mencionando un incidente: mientras Luismi pudo conducir su moto sin ningún percance, ella chocó y salió volando hacia el agua. Zulema recuerda que fue el propio Luis Miguel quien se lanzó para ayudarla a salir, aunque su hermano también se acercó para rescatarla.

Carlos Menem Jr. murió al año siguiente, en 1995, pero la amistad entre Luis Miguel y Zulema continuó. En 1999, durante su visita a Argentina como parte de la gira *Amarte es un placer* —en la que tuvo tres presentaciones en el Estadio Vélez Sarsfield, con capacidad para 50 000 personas—, Luis Miguel invitó a cenar y bailar a Zulemita después de un concierto.

En esa ocasión, el periódico *Clarín* informó que Zulemita había acompañado al mexicano a cenar en el restaurante La Rosada, de Puerto Madero. En ese lugar comieron bifes de chorizo, achuras y helado de postre. La velada continuó y hacia las dos de la mañana llegaron juntos a El Infierno, un local del Paseo de la Infanta, en el barrio de Palermo, en Buenos Aires.

En el boliche —o discoteca, en nuestro argot mexicano—, Luismi y Zulemita siguieron comiendo quesos, fiambres, palmitos y langostinos, y bebieron champaña. En el selecto grupo que esa noche rodeó a la hija del presidente y al ídolo de la música estuvieron Mónica Gostanián —hija de Armando Gostanián, empresario argentino que se desempeñó como director de la Casa de Moneda de Argentina durante las presidencias de Carlos Menem—, otras amigas y Polo Martínez, quien, según Javier León Herrera, es uno de los mejores amigos del cantante.

De hecho, de acuerdo con el periodista español, Polo asegura que Luis Miguel le confesó que su papá se había llevado a la tumba el paradero de su mamá, que quería que Aracely Arámbula fuera la madre de sus hijos y que su verdadero amor era Daisy Fuentes y no Mariah Carey.

En la pista de El Infierno todos disfrutaron y bailaron canciones de ritmo latino de Elvis Crespo o del mismo Luis Miguel. *Clarín* publicó que al lado había un desfile de modas y que Micky espió tras la cortina a las modelos Lara Bernasconi y Fernanda Villaverde. La juerga terminó a eso de las cuatro de la mañana del día siguiente.

En la entrevista que le concedió a Verónica Lozano, la hija de Menem confesó que Luis Miguel la invitó a seguir la noche en su hotel, pero que ella se negó, aunque después se arrepintió.

Al día siguiente, Zulemita disfrutó, junto con 50 000 fanáticos, de otro de los conciertos de Luis Miguel en el Estadio Vélez Sarsfield. Eso sí, como hija del primer mandatario argentino, estuvo en un espacio libre de público, donde por protocolo se ubicaba la gente de la Cruz Roja y el personal de control.

Quince años después, exactamente en 2014, como parte de su gira *Déjà vu*, Luis Miguel se reencontró con Zulemita Menem en el concierto exclusivo que se llevó a cabo en el salón La Rural. Se vendieron 183 mesas que para la gala tuvieron lleno total. Para entonces, poco o nada quedaba de los Menem Yoma: el hijo había muerto en 1995, a los veintiséis años de edad, en un accidente de helicóptero; el padre, tras una década en el poder, había dejado la jefatura del Estado en 1999.

Casi una década después de aquella gala, en 2023, durante uno de los diez conciertos con los que Micky abrió su más reciente gira, Zulema compartió en sus historias de Instagram el video del momento en que el artista mexicano, desde el Movistar Arena de Buenos Aires, la señaló cuando cantaba el fragmento de "La media vuelta" que dice "porque quieras o no, yo soy tu dueño", y le dedicó esa parte de la canción.

En el video también se observa la reacción de una Zulema cautivada y feliz por el gesto del Sol de México. ¿Cómo fue posible captar los dos lados de la moneda? Zulema explicó que su hijo Luca Bertoldi, fruto de su matrimonio con el empresario italiano Paolo Bertoldi, la grabó a ella.

* * *

No hay una prueba fehaciente que confirme la existencia de un noviazgo entre Zulema Menem y Luis Miguel. Con quien sin duda sí tuvo una aventura el *sex symbol* mexicano fue Luciana Salazar, sobrina de Ramón Bautista Ortega, mejor conocido por su nombre artístico de Palito Ortega, quien primero fue ídolo musical y luego gobernador de Tucumán entre 1991 y 1995, y senador por la misma provincia entre 1998 y 2001. (De acuerdo con los autores de *Oro de Rey*, Ortega, aliado de Carlos Menem, le dijo a Luis Miguel, en una cena en Tucumán, que tenía que presentarse como candidato a la Presidencia de México, porque ganaba con seguridad, por el amor que se veía que le tenían sus compatriotas. Lo que seguramente no sabía Palito Ortega era que, para que eso tuviera un mínimo de posibilidades, Luis Miguel tenía que haber nacido en México).

En 2002, unos amigos organizaron una velada de bienvenida para Luis Miguel. A la reunión fueron invitadas las modelos Silvina Luna, Sofía Zámolo, Karina Jelinek, Paulina Médici, Luciana Salazar, sobrina de Ortega, y la esposa de éste, Evangelina Salazar.

Según el periódico *Reforma*, Luciana Salazar fue la última en abandonar la *suite* presidencial del Park Tower Hotel a las ocho de la mañana del día siguiente. En entrevista para el diario, Luciana confesó que todo en Luis Miguel la había impactado: además de ser hermoso, era sensible, cariñoso y respetuoso. Agregó que, en la intimidad, Micky "es igual que sobre el escenario. Es el prototipo del príncipe azul. Todas soñamos ser amadas por alguien como él". La modelo argentina también reveló: "Me fui pasadas las ocho de la mañana. Él me dio un beso y me dijo que le había gustado mucho conocerme. Yo quedé tan emocionada que no pude dormir hasta el día siguiente".

* * *

Luis Miguel no ha restringido su círculo de influencia política a la derecha argentina. En 2012, como parte de su gira *Grandes éxitos,* la presidenta Cristina Fernández de Kirchner lo recibió en la Casa Rosada, sede del gobierno argentino.

No se sabe si su entrada fue planeada o no, pero el mexicano más internacional fue recibido por el ministro de Interior y Transporte, Florencio Randazzo. A continuación, el cantante entró al despacho presidencial justo cuando finalizaba el encuentro entre la presidenta y la delegación de las Abuelas de Plaza de Mayo,[1] que conmemoraban el 35 aniversario de la organización, además de celebrar el Día del Derecho a la Identidad.

Luis Miguel fue presentado a las abuelas por la presidenta Cristina Fernández, y el grupo se tomó fotos con él en el antedespacho presidencial. La señora Estela de Carlotto, quien encabezaba la agrupación, dijo que fue un grato regalo. Por su parte, el ídolo aseguró que conocía a las abuelas e incluso sabía que cumplían 35 años en su lucha.

Tras despedir a la delegación, Cristina y Luis Miguel charlaron a solas por unos 20 minutos. También intercambiaron obsequios frente a testigos y cámaras fotográficas y de video oficiales. Él le entregó un gran ramo de flores y la señora presidenta le dio, como recordatorio de su visita a la Argentina, una placa en plata grabada por el orfebre Juan Carlos Pallarols.

---

[1] Abuelas de Plaza de Mayo es un grupo que se conformó para buscar hijos de desaparecidos que fueron robados y dados en adopción ilegal por agentes de la dictadura argentina, comandada por la Junta Militar, o por sus cómplices. Hasta 2012, la organización había logrado que 107 nietos pudieran recuperar su identidad.

INTERNACIONAL

España

En 1999 Luis Miguel se dispuso a grabar un nuevo disco. Ese año estaba completamente enamorado de la cantante estadounidense Mariah Carey. Después de haber realizado tres discos de la mano de Juan Carlos Calderón —*Luis Miguel 87, Busca una mujer* y *20 años*—, compositor y cantante volvieron a trabajar juntos en Acapulco para dar vida a *Amarte es un placer*, título del álbum y de una canción que reflejaba el momento amoroso en que se encontraba Micky.

De acuerdo con Javier León Herrera y Juan Manuel Navarro, biógrafos del Sol, "Luis Miguel le contó [a Calderón] con detalle cómo estaba su corazón en esos momentos. Acababa de conocer a Mariah y estaba flechado. El disco reflejaría el hastío de su gastada relación con Daisy Fuentes y el fulminante enamoramiento con Mariah Carey".

El lanzamiento del disco tuvo lugar en septiembre de 1999 en Madrid, España. Rompiendo la tradición de cantar durante las fiestas patrias mexicanas en Las Vegas, Estados Unidos, Luis Miguel decidió dar un paso al frente y presentarse en la plaza de toros de Las Ventas. La gira que comenzaba en España tenía que ser la consagración de Luismi, quien estaba en boca de todos tanto por su música como por su relación con una estrella internacional de la talla de Mariah —quien, dicho sea de paso, estuvo casada con el empresario de la industria musical Tommy Mottola en la década de los noventa. En el año 2000 se casó con la cantante mexicana Thalía, quien, según Martha Figueroa, fue novia de Luis Miguel—.

La apuesta era grande: a las tres fechas de Las Ventas siguieron dos en la plaza de toros de Valencia, una en la plaza de toros de Zaragoza, los estadios de futbol de Valladolid, Marbella y Vigo, el Palau Sant Jordi de Barcelona y el Palacio de los Deportes de Gijón, en Asturias.

Cuentan los autores de *Oro de Rey* que Luismi viajó por carretera con su amigo y futuro compadre, el torero Enrique Ponce, desde Valencia hasta Madrid. El momento había llegado. El 15 de septiembre de 1999, Luis Miguel festejó la independencia de su país adoptivo en el corazón del antiguo imperio, y lo conquistó.

El Sol sabía que no era un día normal y por ello, de acuerdo con la crónica publicada en el periódico *El País,* estuvo nervioso desde su arribo, pendiente del sonido, la orquesta, los videos, los puños y el cuello de su camisa. Cuando llegó la hora de presentarse ante los más de 15 000 espectadores que habían pagado su boleto, Micky salió con una deslumbrante sonrisa para comenzar a cantar "Vuelve".

Entre el público se encontraban personalidades como la cantante mexicana Paulina Rubio y su entonces novio, el arquitecto español Ricardo Bofill, la modelo y presentadora mexicana Jaydy Michel, la cantante española Marta Sánchez, así como el cantante y comediante Julio Sabala. Después de dos horas de concierto, el público coreó al unísono "torero, torero" para demostrar que, si se hubiera tratado de una corrida de toros, Luis Miguel habría salido en hombros de la plaza.

Cinco años después, en 2004, Luismi se volvió a presentar en Las Ventas como parte de su gira *33*. En esa ocasión, entre el público había dos espectadores de excepción: los príncipes de Asturias. No se tiene conocimiento de que Luis Miguel sea el cantante favorito de alguno de los ahora reyes de España. De hecho, en su libro *Letizia, una mujer real,* Carmen Duerto hizo la siguiente lista con la música predilecta de la reina consorte: Dire Straits, The Pretenders, Coldplay, Billy Joel, Robbie Williams, Supertramp, Pink Floyd, Celia Cruz, Víctor Jara, Joaquín Sabina y los clásicos Wagner y Mozart (en especial el *Réquiem*).

Lo que también sabemos —y la información ha sido confirmada por distintas fuentes— es que, durante su estancia en México, Letizia anduvo con Luis Miguel. Bueno, no con el de este libro, sino con Luis Miguel González, quien fue su jefe en el periódico *Público* de Guadalajara en los seis meses que la española vivió en la Perla Tapatía —en 1995, según la revista *Quién,* y en 1996, de acuerdo con el periódico *El Mundo*—.

Gracias al artículo de Erika Roa publicado en abril de 2004 en la revista *Quién* sabemos cómo era Letizia Ortiz Rocasolano, quien llegó a nuestro país para estudiar un posgrado en la Universidad de Guadalajara, en el estado de Jalisco.

Entrevistada por Roa, Sara Cuéllar, compañera de trabajo de Letizia, declaró que ésta era muy bailadora, que le encantaba la salsa y que acudían seguido al Salón Veracruz. "A la ahora reina de España le gustaba comer en la fonda Irma Corajes, que se encontraba a la vuelta de las oficinas del periódico. Le encantaba la carne asada con tortillas recién hechas que ahí servían. En el Bar Barbanegra pasaba largas horas escuchando música en vivo y a su cantante favorita, Sara Valenzuela, del grupo La Dosis".

La Letizia de ese entonces era muy sencilla, saludaba a todos y conocía incluso a la persona que cuidaba los coches en el edificio donde vivía. Su actitud, inteligencia y belleza hacían que fuera querida y odiada, dependiendo de a quién se le preguntara. Siempre se mostró muy independiente e irreverente, defensora de sus ideas, aunque a veces se movía a la sombra de Alonso Guerrero, su pareja y con quien estuvo casada de 1998 a 1999.

En ese entonces, en sus gustos musicales ya figuraba Joaquín Sabina, aunque también le gustaban U2, Maná y Chavela Vargas. Creía que la realeza española era intocable ante la prensa de su país. El príncipe Felipe le parecía guapo, pese a que a ella no le gustaban los hombres con pelo rizado.

Años después, en el concierto de Luis Miguel en Las Ventas, doña Letizia estaba sentada al lado de ese hombre de pelo rizado en los asientos de la plebe. Es decir, en lugar de ocupar la zona VIP reservada para personajes como ellos, los entonces príncipes se sentaron en los asientos que consiguió Paloma Rocasolano, la mamá de Letizia, en un tendido enfrente del escenario, muy cerca de donde se hallaban Paloma Cuevas y su esposo Enrique Ponce. Además de los príncipes, entre la crema y nata congregada en la plaza estaban Cristina de Borbón-Dos Sicilias y su marido, Pedro López-Quesada, Miriam Ungría, José Miguel Fernández Sastrón, Borja Thyssen y Mónica Cruz.

Eso sí, Letizia y Felipe llegaron unos minutos tarde. No por algún contratiempo ni por falta de puntualidad, sino porque los fotógrafos sólo tienen permitido hacer fotos en las dos primeras canciones. Por lo tanto, debido a la falta de flashazos en torno a ellos, prácticamente nadie en el público se dio cuenta de su presencia durante el concierto.

En la crónica publicada por Roseta L. del Valle para el periódico *ABC* se lee que los príncipes de Asturias se contagiaron enseguida del ambiente, aunque a doña Letizia se le veía mucho más entregada cantando todas y cada una de las canciones del Sol de México, mientras que su esposo a veces se perdía contemplando la plaza y sus asistentes.

Luis Miguel salió a dar uno de sus mejores conciertos de esa época, con un traje impecable y un peinado que en ningún momento se movió. Y, como ya se había hecho costumbre, desde un inicio se metió al público al bolsillo, incluyendo a los futuros reyes de España.

Mónaco

Las voces de *Busca una mujer* fueron grabadas en 1988 en Mediterranean Studios de Ibiza, y el éxito del disco llevó a Luis Miguel a ganar el World Music Award que otorga el principado de Mónaco. A finales de abril de 1990, Micky recibió el galardón de manos de la princesa Estefanía de Mónaco —hija menor de los príncipes Raniero III de Mónaco y Grace Kelly—; fue el primer artista latinoamericano al que se confirió esa distinción.

Un año después, Estefanía visitó Acapulco como parte del cartel de Televisa para el primer Festival Acapulco. Esta vez fue Luis Miguel quien le entregó su medalla de participación, luego de que ella interpretó en el escenario las canciones "Ouragan", "Flash" y "Young Ones Everywhere". Después de que Raúl Velasco lo presentó a la audiencia, un muy sonriente Luis Miguel saludó al público y a Estefanía con dos besos. Posteriormente habló en inglés para darle la bienvenida a la princesa y desearle una excelente estadía en el puerto.

Con la medalla en la mano, Micky subrayó la importancia que tenía la visita de la princesa y enseguida le preguntó a ésta si México era como lo había imaginado. Ella contestó que sí, que los mexicanos eran amigables y cariñosos, y que estaba muy feliz de encontrarse ahí. Luis Miguel le entregó su medalla y por lo bajo le dijo: "I love you".

La camaradería en el encuentro no pasó inadvertida para nadie. Las revistas del corazón inmediatamente activaron la alerta por un supuesto noviazgo. *Caras*, en su edición de Argentina, publicó que Estefanía aprovechó el tiempo que estuvo en México para disfrutar del ambiente de Acapulco. Ya enfiestada y sin zapatos, quiso entrar al Baby'O, pero los cadeneros se lo impidieron. De acuerdo con la publicación, al día siguiente Micky llamó al gerente del lugar para informarle quién era la rubia a la que no habían dejado pasar y solicitar que esa noche sí le permitieran el acceso.

En mi portal *Cuna de Grillos* se dio a conocer otra anécdota ocurrida durante la visita de Estefanía de Mónaco a Acapulco y protagonizada por Luis Miguel y Miguel Alemán

INTERNACIONAL

Magnani. De acuerdo con mi CISEN (Comadres que Investigan sobre la Élite Nacional), la versión que circuló en ese entonces fue que el cantante le llevó serenata a la integrante de la realeza europea para conquistarla. La realidad es que sí llevaron serenata, pero fue más por Miguel Alemán IV, quien estaba enamorado de la princesa.

Los jóvenes no la tuvieron fácil. El guardaespaldas de Estefanía, Daniel Ducruet, no permitió que se acercaran. Tiempo después, los mexicanos entendieron que Ducruet era el amor en turno de la princesa, quien quedó embarazada de él a los pocos meses de su visita a México.

Luis Miguel visitó en tres ocasiones más el principado de Mónaco. La primera tuvo lugar en 1991, cuando se le otorgó el segundo World Music Award. La segunda fue en mayo de 1995; esa vez, a punto de entregársele su tercer galardón, Luis Miguel fue recibido por el príncipe Alberto de Mónaco, quien le dio la bienvenida en el Yacht Club de la ciudad en cuanto llegó. Pese a esa notable acogida, algo pasó con los carteles promocionales de la ciudad que omitieron la presencia del artista, y sólo el último día la organización colocó una improvisada calcomanía que descuadraba los anuncios.

Micky quedó a deber un poco en esa visita. A diferencia del resto de los artistas, como Céline Dion, Laura Pausini o Sheryl Crow, que llevaron a sus músicos o utilizaron pista de acompañamiento, el Sol utilizó *playback* en su interpretación de "El día que me quieras".

Años más tarde, Luis Miguel hizo un alto en su gira por España para visitar Mónaco y recibir un nuevo World Music

Award el 6 de mayo de 1998, por ser el latino con más discos vendidos. En esa ocasión asistieron estrellas internacionales como Andrea Bocelli, los Backstreet Boys, Gloria Estefan, Mike Tyson y la futura novia de Luismi, Mariah Carey.

En el Sporting Club de Mónaco, durante el ensayo de los temas que Micky iba a interpretar al día siguiente, una persona se acomodó para escucharlo cantar. Sin dejar que terminara la canción, el individuo comenzó a exclamar: "*Wonderful, wonderful!*". El insolente no era otro que Stevie Wonder, a quien posteriormente Luis Miguel saludó y agradeció su admiración, haciéndole saber que era mutua.

Al día siguiente, Luismi se ganó al público con su interpretación de "Voy a apagar la luz" y "Contigo aprendí". Un vocero del comité organizador comentó que Luis Miguel "merecidamente se hizo acreedor de este premio porque [...] es un gran vendedor de discos". Por cierto, ése sería uno de los últimos eventos públicos donde se vería juntos a Luis Miguel y Daisy Fuentes.

EPÍLOGO

De las sombras de la decadencia ha emergido un resplandor de redención que parece haber encendido una nueva llama en el corazón de Luis Miguel. La aclamada serie que arrojó luz sobre su turbulenta vida le ha otorgado una segunda oportunidad para conquistar el mundo con su música y su historia. Ahora, en una nueva gira, el Sol de México ha dejado atrás la apatía del pasado, comprometiéndose de manera inquebrantable con su público.

Sus canciones resuenan con poder y pasión renovados, como si cada nota fuera un eco de su renacimiento. Pero más allá de su redención artística, Luis Miguel también ha encontrado paz y plenitud como padre, lo que se pudo apreciar en la boda de su hija Michelle Salas. También ha hallado la estabilidad en el siempre pantanoso terreno del amor, como lo ha mostrado en su relación con Paloma Cuevas. Cual fénix resurgiendo de sus cenizas, el Rey ha recuperado su corona como una de las leyendas vivas de la música, demostrando que, a pesar de las tormentas del pasado, siempre hay espacio para un nuevo amanecer en la vida de una estrella.

AGRADECIMIENTOS

Cuando se escribe un libro con los testimonios inéditos de los otros protagonistas de la historia, así como con las anécdotas de quienes fueron testigos de primera fila y con las referencias primigenias de otros autores, sin duda, se convierte en un proyecto colectivo con un mérito absoluto para cada voz. A todos ustedes, gracias, porque a lo largo de estos años de investigación me han permitido mostrar a detalle ese ángulo poco explorado de la inacabable biografía de Luis Miguel.

Gracias a mi esposo Brando Alcauter Munguía, quien de manera constante es el primer filtro al que acuden mis ideas y, con su amor y honestidad, las acompaña de principio a fin hasta materializarlas. Gracias por la lectura de cada página y por las aportaciones significativas. Gracias por la alegría compartida en cada logro obtenido. Gracias por el abrazo solidario cuando la vida se hace pesada.

A Andrés Ramírez por refrendar su apuesta en mí. A Enrique Calderón, Eloísa Nava y a todo el talento de Penguin Random House, por llevar este libro a buen puerto.

A Paulina López-Portillo Romano por la confianza de dar su primera entrevista para este libro sobre el día en que Luis Miguel cantó en su boda, y por derrumbar mitos y leyendas. A su hija Tatiana Ortiz-Rubio López-Portillo y a su sobrina Leonora Tovar López-Portillo por su ayuda para convencer a "La madrina de Luismi" de romper el silencio.

A Enrique de la Madrid Cordero por compartirme lo que le tocó vivir como habitante de Los Pinos en los días que el ídolo de la música solicitó ayuda al presidente de México, Miguel de la Madrid Hurtado, para encontrar a su mamá Marcella Basteri.

A Luz María "Lucero" Resano Bravo por su curiosidad en mi trabajo, que se tradujo en una de las mayores aportaciones de este ejemplar: las fotografías nunca antes vistas de Luis Miguel en Los Pinos cantando en la fiesta de 15 años de la hija del presidente Carlos Salinas de Gortari. Su crónica, como asistente al evento, también fue oro molido.

A la fotógrafa Blanca Charolet por su mirada aguda y sus anécdotas que le dieron color a una historia que, de inicio, pretendía mostrar el vínculo de Luis Miguel con los López-Portillo y terminó siendo sobre la relación del cantante con los Salinas Occelli.

AGRADECIMIENTOS

A Carlos Hernández Mendoza, quien trabajó junto conmigo en la investigación de cada capítulo para llegar a documentos y datos insospechados.

A Wendolín Perla, directora de Contenido de Podimo en México, quien, desde mi propuesta planteada a mediados de 2022, me apoyó con la producción de mi pódcast *Luis Miguel ¿Culpable o no?*, el cual sembró los primeros guiones que maduraron hasta cosechar este libro.

Al productor Pedro Torres, quien generosamente se sumergió en sus recuerdos de décadas atrás para contar, con su memoria cinematográfica, su historia con Micky.

Al doctor Gerardo Estrada Rodríguez, quien, debido a su paso como la máxima autoridad del Palacio de Bellas Artes y del Auditorio Nacional, era un imprescindible para hablar de los días en que Luismi pasó por ambos recintos. A su esposa Hilda Trujillo, gracias por la gestión.

A Martha Figueroa, periodista de espectáculos, por su análisis y conclusiones en la entrevista para mi pódcast, la cual fue retomada en este material.

A la periodista Claudia de Icaza por sus incendiarias declaraciones que permiten el contraste necesario de toda biografía.

A Rahel Ávila Guzmán porque su entrevista me permitió atar los cabos necesarios para el capítulo en donde narré la historia de cuando Luis Miguel se convirtió en la imagen turística del estado de Guerrero.

A mi querida Cristi Chávez, una de las mujeres que más quiere a Acapulco y Acapulco la quiere a ella, por hacer que las cosas se logren.

A Carlos Ramírez, director del periódico *El Independiente*, por permitirme bocetar este libro a través de mi columna "Política para guapos".

A Ana Cristina Fox de la Concha por las precisiones necesarias. A Margarita Zavala Gómez del Campo por contribuir en este proyecto, a través de la autorización de la entrevista con Alejandro Limón-Lason González, y compartir su experiencia con el Sol.

A Gerardo Islas Maldonado (Q.E.P.D.), quien me dio la foto de Luis Miguel de niño con el presidente de México José López-Portillo en la boda de su hija Paulina, pues, en gran medida, esa imagen me impulsó para hacer preguntas cuyas respuestas hoy forman parte de este libro.

A mi maestra Diana Penagos, a quien me une el paso por la revista *Quién* y la coautoría en dos libros, por sus consejos, por menores que parezcan, sobre abrazar los proyectos y dejarlos ir.

A Erika Roa y Jessica Sáenz, amigas, lectoras y colaboradoras de los primeros guiones.

A Ana Laura Sánchez-Díaz Monge por compartirme sus anécdotas en el reporteo para *Quién*, y lo mismo para el fotógrafo Rodrigo Terreros. Al reportero Hanzel Zárate de la O por su reporte y aporte desde Acapulco.

A los integrantes del Ejército mexicano, quienes, desde la figura del anonimato, contribuyeron con información relevante sobre los días en que se filmó el videoclip de "La incondicional" en el Heroico Colegio Militar. Gracias a Janet Jiménez Solano, por su valiosa mediación.

AGRADECIMIENTOS

A Carlos Alberto Navarrete Barajas por ser un incondicional de la amistad, por compartirme sus conocimientos en Administración Pública y solicitudes de información.

A Polimnia Romana Sierra Bárcena, diputada del Congreso de la Ciudad de México, por hacer mención de esta investigación periodística en el podio del recinto legislativo.

A Eduardo Amerena Lagunes, coordinador ejecutivo del Auditorio Nacional, por facilitarme toda la información de Luis Miguel con la que cuentan en sus archivos.

A todas las integrantes de mi CISEN (Comadres que Investigan sobre la Élite Nacional) por sus informes, contactos, chismes e información relevante para elaborar este libro.

BIBLIOGRAFÍA

Fernández, Claudia y Andrew Paxman. *El Tigre: Emilio Azcárraga y su imperio Televisa*. México, Grijalbo Mondadori, 2000.

Garciadiego, Javier. *El Ejército Mexicano: 100 años de historia*. México, El Colegio de México, 2014.

González G., José. *Lo negro del Negro Durazo*. México, Editorial Posada, 1983.

Icaza, Claudia de. *Luis Miguel, el gran solitario*. México, EDAMEX, 1994.

León Herrera, Javier. *Luis Mi Rey: La apasionante historia de Luis Miguel*. Madrid, Intolema, 1997.

León Herrera, Javier. *Luis Miguel: La historia*. Madrid, Aguilar, 2018.

León Herrera, Javier y Juan Manuel Navarro Salinas. *Oro de Rey: Luis Miguel, la biografía*. Madrid, Aguilar, 2021.

Martínez V., Daniel O. *Monsiváis en la frontera*. Baja California, Gobierno del Estado de Baja California, 2020.

Muñoz Altea, Fernando y Magdalena Escobosa Hass de Rangel. *La Historia de la Residencia Oficial de Los Pinos*. México, Presidencia de la República, Dirección de Comunicación Social, 1988.

Rodríguez Cruz, Olga. *El 68 en el cine mexicano*. México, Universidad Autónoma de la Ciudad de México, 2022.

Salinas Basave, Daniel. *La liturgia del tigre blanco: una leyenda llamada Jorge Hank Rhon*. México, Océano, 2012.

Scherer García, Julio y Carlos Monsiváis. *Parte de guerra, Tlatelolco 1968: Documentos del General Marcelino García Barragán: Los hechos y la historia*. México, Aguilar, 1999.

Sefchovich, Sara. *La suerte de la consorte*. México, Océano, 2003.

Tavira Álvarez, Alberto. *Los Salinas: Retratos de los Cachorros del Poder*. México, Planeta, 2014.

Hemerografía

CAPÍTULO 2. LOS DE LA MADRID

Carrillo, Pablo César, "Defiende Miguel de la Madrid a su hijo Federico", *Reforma*, 20 de marzo de 1998.

Corpus, Lorena, "El misterio de Marcela", *Reforma*, 01 de julio de 2018.

Gallegos, Chucho, "¡Qué... qué!", *Reforma*, 15 de abril de 2010.

Marí, Carlos, "Niega De la Madrid relaciones de su hijo", *Reforma*, 15 de abril de 2003.

Navarro, Juan Manuel, "Cierran tiendas sólo para él", *Reforma*, 09 de noviembre de 1995.

BIBLIOGRAFÍA

Notimex, "Sospechan que indigente es Marcela", *Reforma*, 21 de agosto de 2018.

Rangel, Ivett, "Miguel de la Madrid Cordero: descubre su vida fuera de Los Pinos", *Reforma*, 20 de agosto de 2001.

Staff Reforma, "Recuerda 'La Chule' a mamá de Luismi", *Reforma*, 06 de noviembre de 2018.

CAPÍTULO 3. El secretario de la Defensa Nacional

Gortari, Carlos Salinas de, "Un gran soldado mexicano", *El Universal*, 27 de marzo de 2017.

Halloran, Richard, "Navy Recovers from Yearlong Recruiting Slump", *The New York Times*, 29 de agosto de 1986.

Redacción, "'La incondicional' de Luis Miguel impulsó el servicio militar", *El Universal*, 01 de junio de 2018.

CAPÍTULO 4. Los Salinas

Cruz Bárcenas, Arturo, "Fui víctima del complot Televisa, Hacienda y Presidencia: Brizuela", *La Jornada*, 30 de agosto de 2006.

Fernández, Claudia y Andrew Paxman, "Azcárraga: las relaciones de poder", *Reforma*, 20 de febrero de 2000.

Garay, Adriana, "Debuta Luis Miguel entre lágrimas", *Reforma*, 05 de diciembre de 1993.

Garay, Adriana y Guadalupe Reyes, "Muere mánager de Luis Miguel", *Reforma*, 01 de diciembre de 1993.

García, Juan Carlos, "Está Cecilia Salinas comprometida", *Reforma*, 17 de enero de 2003.

Hinojosa, Oscar y Florence Toussaint, "La televisión: órgano de propaganda del candidato del PRI", *Proceso*, 1 de febrero de 1988.

León, Angélica de, "Festeja Lola Como 'La Grande'", *Reforma*, 26 de octubre de 1994.

Marín, Nora, "Gobierna en Los Pinos ambiente de fiesta", *Reforma*, 02 de octubre de 2002.

_____, "Lleva Luismi 13 años de amor con el Auditorio", *Reforma*, 16 de enero de 2004.

Redacción, "El día que Salinas hizo mexicano a Luis Miguel", *El Universal*, 9 de julio de 2018.

Reyes, Guadalupe y Angélica de León, "Llevan cenizas de promotor de Luismi a su país natal", *Reforma*, 02 de diciembre de 1993.

Staff Reforma, "Aplaude Salinas a Luis Miguel", *Reforma*, 29 de agosto de 1994.

Valdez, Leticia, "Dice Luismi adiós al año y a sus fans", *Reforma*, 03 de diciembre de 1993.

CAPÍTULO 5. Los Fox y los Calderón

Bartra, Bruno, "Hace Luismi historia", *Reforma*, 12 de febrero de 2004.

Castillo, Alberto, "Rechazan a Luismi", *Reforma*, 06 de noviembre de 2001.

BIBLIOGRAFÍA

Collado, Fernando del, "Amarlo es un placer", *Reforma*, 03 de marzo de 2002.

Estrada, Nora Alicia, "Es un 'Sol' de plata", *Reforma*, 19 de abril de 2006.

Fernández, Alejandro, "Quiere un México trabajador y seguro", *Reforma*, 01 de enero de 2007.

Figueroa, Martha, "De Vuelta al Ruedo / El 'nuevo' romance de Luis Miguel", *Reforma*, 22 de abril de 2003.

Fuentes Berain, Úrsula, "'Celebremos México': un llamado de corazón", *Reforma*, 02 de septiembre de 2005.

García, Juan Carlos y Lupita Aguilar, "Alfredo Gatica y Cecilia Salinas: darán el sí en Cuernavaca", *Reforma*, 10 de abril de 2003.

García, Juan Carlos, "Es fan de Ricky", *Reforma*, 22 de febrero de 2001.

_____, "Busca Luismi el Alcázar", *Reforma*, 03 de noviembre de 2001.

Garavito, Jonathan, "Busca Luismi promover a México", *Reforma*, 17 de septiembre de 2004.

Hernández, Mary, "Darán zarpazo en Bellas Artes", *Reforma*, 17 de noviembre de 2001.

Hidalgo, Jorge Arturo y Jorge Reyes, "Provoca Marta enfrentamiento", *Reforma*, 05 de octubre de 2001.

León, Angélica de, "'Celebran' la riqueza de México", *Reforma*, 31 de agosto de 2005.

Luna, Gamaliel, "'No quiero ser grosero'", *Reforma*, 19 de enero de 2003.

Marín, Nora, "No soy mejor ni peor", *Reforma*, 28 de julio de 2000.

_____, "Debuta el 'Potrillo' en Bellas Artes", *Reforma*, 30 de julio del 2000.

Marín, Norma, "Cumple Luismi 32 años de puro amor", *Reforma*, 19 de abril de 2002.

Melgar, Ivonne, "Apoyará Elton John a la Primera Dama", *Reforma*, 28 de septiembre de 2001.

Navarro, Juan Manuel, "Rompe Micky récord de premios", *Reforma*, 21 de marzo de 2000.

Staff, "Canta Luismi 500 temas", *Reforma*, 17 de febrero de 2004.

Torres, Evelyn, "¿Son o se parecen?", *Reforma*, 10 de julio de 2001.

CAPÍTULO 6. LA IMAGEN DE GUERRERO

Agencias, "Gana Luis Miguel su segundo Grammy", *Reforma*, 02 de marzo de 1995.

Aguirre Rivero, Ángel, "Carlos Slim", *Milenio*, 27 de noviembre de 2021.

_____, "Carlos Slim", *Milenio*, 11 de diciembre de 2021.

_____, "Pie de la Cuesta", *Milenio*, 05 de marzo de 2022.

_____, "Slim y Acapulco", *Milenio*, 04 de marzo de 2022.

_____, "La casa de los vientos", *Milenio*, 23 de junio de 2023.

Barrera, Idalia, "Su mejor fan… su nueva novia", *Reforma*, 01 de febrero de 2013.

_____, "¡Se acabó!", *Reforma*, 09 de noviembre de 1996.

Disagirón, Luis Miguel, "Un refugio para el 'jet set'", *Reforma*, 06 de octubre de 2002.

Flores, Alejandra, "Prepara Luismi desarrollo inmobiliario", *Reforma*, 24 de mayo de 2007.

BIBLIOGRAFÍA

Flores, Sergio, "Indemniza Luismi a sus empleados", *Reforma*, 29 de enero de 2000.

———, "Lo tachan de 'desconsiderado'", *Reforma*, 22 de enero de 2000.

Frías, Cayetano, "Toqué la muerte. Luis Miguel", *Reforma*, 17 de noviembre de 1995.

Fuentes, Víctor, "Demanda Luis Miguel a la Semarnat", *Reforma*, 01 de noviembre de 2006.

Garay, Adriana, "¿Ni ganadores ni perdedores?", *Reforma*, 01 de febrero de 1995.

———, "'No daña imagen de Luis Miguel'", *Reforma*, 15 de enero de 1995.

———, "Retiene Luis Miguel 'su corona'", *Reforma*, 06 de diciembre de 1995.

García Fernández, Rubén, "'Paulina' se interpone en su 'romance'", *Reforma*, 10 de octubre de 1997.

———, "Graba Luismi las rancheras", *Reforma*, 28 de agosto de 1995.

García, Juan Carlos, Alberto Castillo y Nora Martín, "¿Es el ocaso del Aca Fest?", *Reforma*, 21 de mayo de 2001.

Gómez, Norma Angélica, "Daisy es solamente su amiga", *Reforma*, 04 de mayo de 1995.

———, "Recibe el Príncipe Alberto a Luis Miguel", *Reforma*, 02 de mayo de 1995.

Guerrero, Jesús, "Guerrero: el año de la turbulencia", *Reforma*, 30 de diciembre de 1996.

———, "Clama Aguirre paz a criminales", *Reforma*, 16 de mayo de 2011.

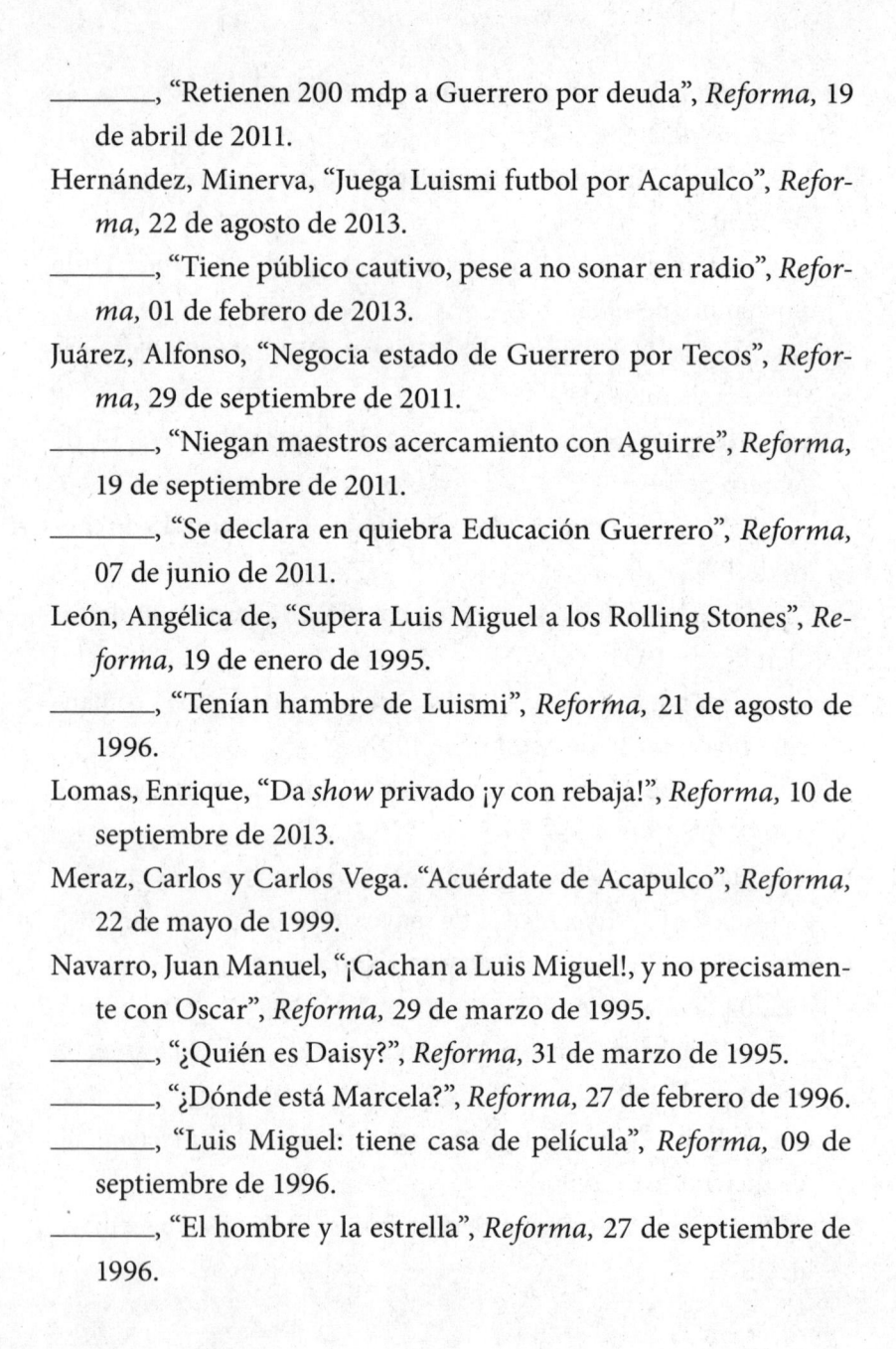

_____, "Retienen 200 mdp a Guerrero por deuda", *Reforma*, 19 de abril de 2011.

Hernández, Minerva, "Juega Luismi futbol por Acapulco", *Reforma*, 22 de agosto de 2013.

_____, "Tiene público cautivo, pese a no sonar en radio", *Reforma*, 01 de febrero de 2013.

Juárez, Alfonso, "Negocia estado de Guerrero por Tecos", *Reforma*, 29 de septiembre de 2011.

_____, "Niegan maestros acercamiento con Aguirre", *Reforma*, 19 de septiembre de 2011.

_____, "Se declara en quiebra Educación Guerrero", *Reforma*, 07 de junio de 2011.

León, Angélica de, "Supera Luis Miguel a los Rolling Stones", *Reforma*, 19 de enero de 1995.

_____, "Tenían hambre de Luismi", *Reforma*, 21 de agosto de 1996.

Lomas, Enrique, "Da *show* privado ¡y con rebaja!", *Reforma*, 10 de septiembre de 2013.

Meraz, Carlos y Carlos Vega. "Acuérdate de Acapulco", *Reforma*, 22 de mayo de 1999.

Navarro, Juan Manuel, "¡Cachan a Luis Miguel!, y no precisamente con Oscar", *Reforma*, 29 de marzo de 1995.

_____, "¿Quién es Daisy?", *Reforma*, 31 de marzo de 1995.

_____, "¿Dónde está Marcela?", *Reforma*, 27 de febrero de 1996.

_____, "Luis Miguel: tiene casa de película", *Reforma*, 09 de septiembre de 1996.

_____, "El hombre y la estrella", *Reforma*, 27 de septiembre de 1996.

BIBLIOGRAFÍA

Navarro, Juan Manuel y Rubén García Fernández, "Luis Miguel y Daisy: confirman noviazgo", *Reforma,* 30 de marzo de 1995.

Notimex, "Deslumbra 'el Sol' en Acapulco", *Reforma,* 23 de marzo de 2013.

_____, "Pone Luismi a la venta mansión en LA", *Reforma,* 01 de agosto de 2013.

Ramos Ávalos, Jorge, "Misión imposible", *Reforma,* 21 de julio de 2013.

Redacción, "Dará Luis Miguel *show* en Nayarit", *Reforma,* 16 de enero de 2013.

_____, "Demanda Aracely Arámbula a Luismi", *Reforma,* 06 de febrero de 2013.

_____, "Disfruta Luismi velada romántica", *Reforma,* 27 de abril de 2013.

_____, "Tenía Micky apoyo de 'políticos'", *Reforma,* 08 de abril de 1995.

_____, "Pero lo acompaña en secreto", *Reforma,* 05 de mayo de 1995.

_____, "Abre Luis Miguel su gira '95 en EU", *Reforma,* 31 de agosto de 1995.

Romero, Tania, "Acuérdate de Acapulco", *Reforma,* 19 de abril de 2005.

Ronquillo, Víctor, "Todo es igual", *Reforma,* 21 de agosto de 1996.

Santamaría, Jorge, "Arranca campaña", *Reforma,* 27 de octubre de 2013.

Staff, "Graba Derbez gratis campaña por Acapulco", *Reforma,* 18 de noviembre de 2013.

———, "Aumenta Aguirre su seguridad", *Reforma,* 31 de agosto de 2011.
Tejeda, Manuel, "Predicen que Ale sufrirá más por salud", *Reforma,* 05 de enero de 2013.
Tinajero, Cirze, "Traerán a Acapulco a Banderas y Griffith", *Reforma,* 03 de octubre de 2012.
Vallejo, Norma, "Mi exesposa está en el pasado", *Reforma,* 21 de mayo de 1995.

CAPÍTULO 7. Los Hank

Carrasco A., Jorge, "Madrazo: herencia de poderosos", *Reforma,* 05 de noviembre de 1999.
Cervantes, Miguel, "Visita González Iñárritu Tijuana", *Reforma,* 06 de agosto de 2005.
———, "Estrena auto de lujo Jorge Hank Rhon", *Reforma,* 20 de febrero de 2006.
Corpus, Aline, "Reconoce Hank Rhon pendientes", *Reforma,* 28 de noviembre de 2006.
Farah, Douglas, "Prominent Mexican Family Viewed As Threat to U.S.", *The Washington Post,* 2 de junio de 1999.
Figueroa, Martha, "De Vuelta al Ruedo / La boda de Luis Miguel", *Reforma,* 22 de noviembre de 2006.
———, "De Vuelta al Ruedo / Adela y Hank", *Reforma,* 11 de julio de 2007.
García, Juan Carlos, "Quiere Luismi a los peques", *Reforma,* 29 de noviembre de 2006.

BIBLIOGRAFÍA

——————, "Es un lujo… pero Luismi lo vale", *Reforma*, 22 de noviembre de 2006.

Gardner, René, "Pinta de rojo Jorge Hank a Tijuana", *Reforma*, 11 de septiembre de 2005.

Hidalgo, Jorge Arturo, "Sólo un buen administrador de los bienes del Señor", *Reforma*, 13 de agosto de 2001.

Jiménez, Benito, "Crecen crímenes en gestión de Hank", *Reforma*, 29 de noviembre de 2005.

Núñez, Ernesto, "Abren otro frente, ahora en Tijuana", *Reforma*, 02 de enero de 2007.

Olvera, Verónica, "Piensa Luismi primero en la familia", *Reforma*, 13 de noviembre de 2006.

Pérez, Miguel, "Celebra Hank sus 70 con 'dinos' y avestruces", *Reforma*, 31 de agosto de 1997.

Sánchez, José Luis, "Es Hank Rhon eje de escándalos", *Reforma*, 24 de mayo de 1995.

Staff, "Acusa PGR a Hank de encubrir policías", *Reforma*, 22 de septiembre de 2006.

——————, "El hijo del profesor", *Reforma*, 02 de agosto de 2004.

——————, "Procesan hoy a Hank Rhon", *Reforma*, 24 de mayo de 1995.

——————, "Un alcalde desenfrenado", *Reforma*, 29 de noviembre de 2005.

Trejo, Amparo, "Niega Jorge Hank estar bajo pesquisa", *Reforma*, 04 de marzo de 1995.

Vidal, Francisco, "Retratos de Familia: la dinastía Hank", *Reforma*, 05 de marzo de 1995.

CAPÍTULO 8. El Peñanietismo

Binotti, Agustina, "Un viaje íntimo al extraño mundo de Luis Miguel", *Clarín,* 21 de noviembre de 2015.

Camhaji, Elías, "'Sky', el yate que Luis Miguel escondió tras una empresa de las Islas Vírgenes Británicas", *El País,* 05 de octubre de 2021.

Carrillo, Luis, "Reclaman a Luismi que cante", *Reforma,* 16 de febrero de 2015.

Cisneros, Salvador, "Cancela Luis Miguel show tras 30 minutos", *Reforma,* 18 de noviembre de 2015.

_____, "Deja *show* otra vez; sufre laringitis", *Reforma,* 19 de noviembre de 2015.

Corpus, Lorena, Alejandro Jasso y Osvaldo Coronado, "Aguantan lluvia y frío por Luismi", *Reforma,* 02 de enero de 2015.

Corpus, Lorena, "Harán serie sobre vida de Luis Miguel", *Reforma,* 21 de noviembre de 2016.

EFE, "Pospone Luismi gira por EU", *Reforma,* 14 de diciembre de 2015.

Fuentes, Víctor, "Le exige corte Rolls Royce", *Reforma,* 02 de mayo de 2017.

García, Juan Carlos, "Negocia disquera librarse de Luismi", *Reforma,* 24 de noviembre de 2015.

_____, "El ocaso de 'el Sol'", *Reforma,* 02 de marzo de 2015.

_____, "De 15 millones baja a uno", *Reforma,* 07 de abril de 2015.

_____, "El Sol no llena palenque de Texcoco", *Reforma,* 10 de abril de 2015.

BIBLIOGRAFÍA

―――――, "Mandan a Luismi a terapia… ¡laboral!", *Reforma*, 18 de julio de 2016.

―――――, "Ya no dará Luis Miguel el Grito en el Caesars", *Reforma*, 26 de junio de 2015.

―――――, "Antes de dar *shows*, comprobante médico", *Reforma*, 16 de diciembre de 2017.

Garibay, Daniel y Xulio Guillén, "Goza Luismi su primer palenque", *Reforma*, 11 de octubre de 2014.

Garibay, Daniel, "Alistan gira el Sol y el Potrillo", *Reforma*, 12 de noviembre de 2015.

Guillén, Xulio, "Debuta el Sol en palenque sin llenarlo", *Reforma*, 10 de octubre de 2014.

Gutiérrez, Vicente, "El Auditorio Nacional es una empresa exitosa: Gerardo Estrada", *El Economista*, 15 de abril de 2016.

Icaza, Claudia de, "¡La cereza en el pastel!", *Reforma*, 13 de febrero de 2015.

Jiménez, Lorena, "Manda cambiar alfombra para sus *shows*", *Reforma*, 01 de octubre de 2014.

Navarro, Enrique, "Tiene Luis Miguel poca convocatoria", *Reforma*, 13 de septiembre de 2015.

Nieto, Antonio, "Exige Potrillo a Luismi dls. 5 millones", *Reforma*, 24 de enero de 2017.

Notimex, "Demandan al Sol por incumplimiento", *Reforma*, 19 de febrero de 2015.

―――――, "Hace Luis Miguel enojar a sus fans", *Reforma*, 20 de septiembre de 2014.

―――――, "Cancelan *show* de Luismi; detienen a tres", *Reforma*, 08 de febrero de 2015.

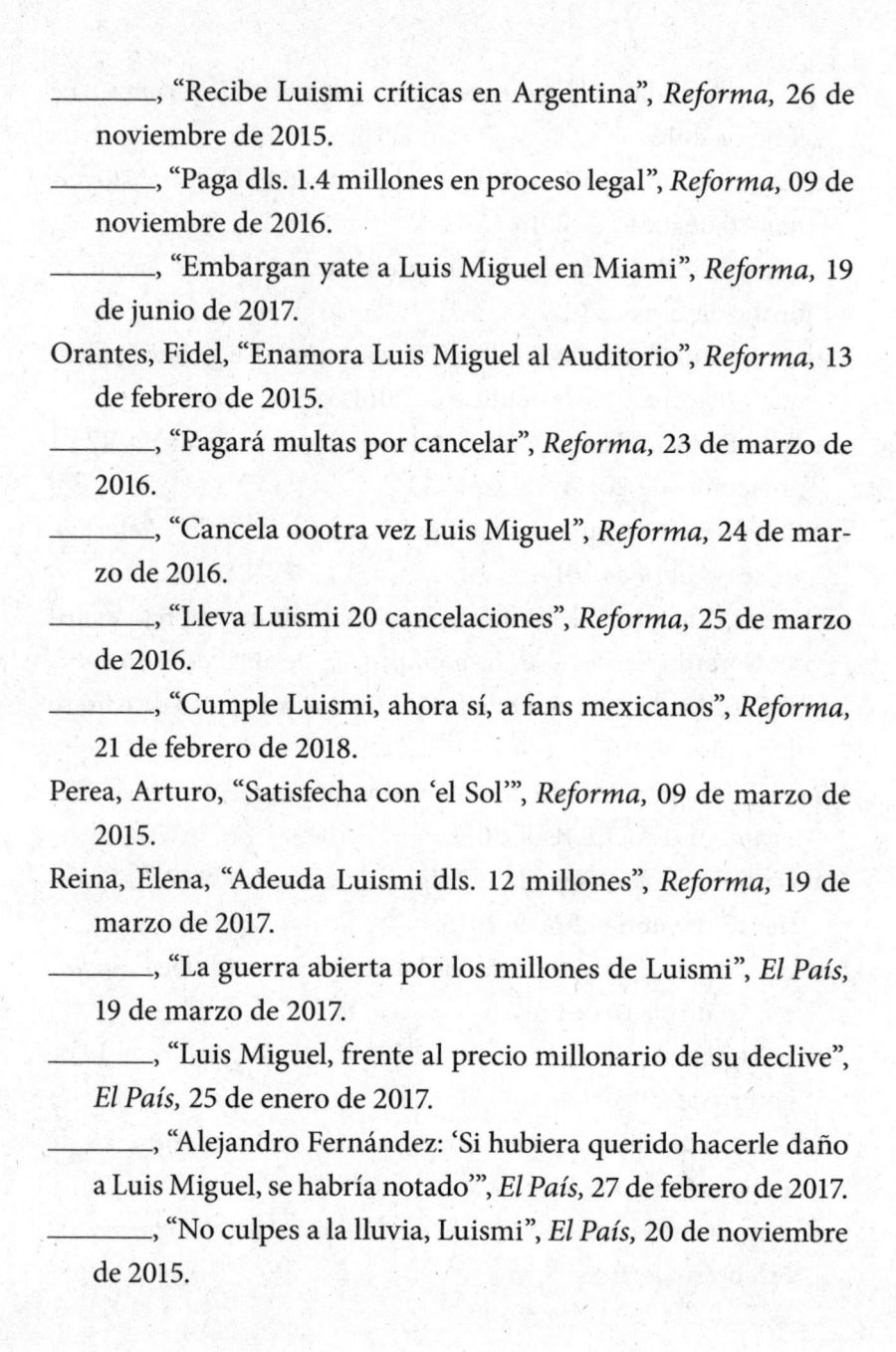

―――, "Recibe Luismi críticas en Argentina", *Reforma,* 26 de noviembre de 2015.

―――, "Paga dls. 1.4 millones en proceso legal", *Reforma,* 09 de noviembre de 2016.

―――, "Embargan yate a Luis Miguel en Miami", *Reforma,* 19 de junio de 2017.

Orantes, Fidel, "Enamora Luis Miguel al Auditorio", *Reforma,* 13 de febrero de 2015.

―――, "Pagará multas por cancelar", *Reforma,* 23 de marzo de 2016.

―――, "Cancela ooootra vez Luis Miguel", *Reforma,* 24 de marzo de 2016.

―――, "Lleva Luismi 20 cancelaciones", *Reforma,* 25 de marzo de 2016.

―――, "Cumple Luismi, ahora sí, a fans mexicanos", *Reforma,* 21 de febrero de 2018.

Perea, Arturo, "Satisfecha con 'el Sol'", *Reforma,* 09 de marzo de 2015.

Reina, Elena, "Adeuda Luismi dls. 12 millones", *Reforma,* 19 de marzo de 2017.

―――, "La guerra abierta por los millones de Luismi", *El País,* 19 de marzo de 2017.

―――, "Luis Miguel, frente al precio millonario de su declive", *El País,* 25 de enero de 2017.

―――, "Alejandro Fernández: 'Si hubiera querido hacerle daño a Luis Miguel, se habría notado'", *El País,* 27 de febrero de 2017.

―――, "No culpes a la lluvia, Luismi", *El País,* 20 de noviembre de 2015.

BIBLIOGRAFÍA

Rosas, Héctor y Luis Hernández, "Cobra Luismi 16 millones para cerrar año", *Reforma*, 08 de diciembre de 2014.

Saldaña, Aldo H. "Las marcas de 'el Sol'", *Reforma*, 21 de abril de 2014.

Santos, Daniel, "Luismi completó un *show* que, igual, será mejor olvidar", *La Voz*, 25 de noviembre de 2015.

Staff, "Se cae gira Potrillo-Luismi", *Reforma*, 18 de febrero de 2016.

_____, "¿Evade manutención?", *Reforma*, 12 de abril de 2014.

_____, "Pierde Luismi demanda millonaria", *Reforma*, 30 de mayo de 2016.

_____, "Resuelve Luismi otra demanda", *Reforma*, 10 de enero de 2018.

_____, "Pospone Luis Miguel dos *shows* más en DF", *Reforma*, 20 de noviembre de 2015.

_____, "Pierde Luismi demanda millonaria", *Reforma*, 30 de mayo de 2016.

_____, "Así regresa 'el Sol', *Reforma*, 07 de noviembre de 2017.

Tejeda, Manuel, "Luismi estrena promotor: el Auditorio", *Reforma*, 05 de noviembre de 2014.

_____, "Apoyan a 'el Sol' con mitin en Auditorio", *Reforma*, 02 de abril de 2016.

Tzuc, Pedro Diego, "'El Sol' no sale en Mérida", *Reforma*, 08 de febrero de 2015.

_____, "Cuesta 11 millones plantón de Luismi", *Reforma*, 09 de febrero de 2015.

Zubieta, Rodolfo G., "Enamora 'Luismi' al Auditorio", *Reforma*, 29 de enero de 2015.

_____, "'El Sol' brilla distinto", *Reforma*, 29 de enero de 2015.

CAPÍTULO 9. Miguel Alemán Magnani

Cantú, Régulo, "Cumbre bilateral", *Reforma,* 19 de abril de 2013.

Cantú, Régulo y Paula Ruiz, "Bremer está de fiesta", *Reforma,* 11 de abril de 2018.

Carreño, Dalila, "Una corrida de gala", *Reforma,* 09 de diciembre de 2000.

Carriles, Luis, "Sale Burillo de Televisa", *Reforma,* 19 de marzo de 1996.

Corona, Sonia, "Se venden cachivaches de expresidente: la familia de Miguel Alemán subasta los enseres de su residencia en París", *El País,* 12 de marzo de 2022.

Corpus, Lorena, "Harán serie sobre vida de Luis Miguel", *Reforma,* 21 de noviembre de 2016.

Figueroa, Martha, "De Vuelta al Ruedo / Dos bautizos", *Reforma,* 18 de julio de 2007.

Fuentes, Víctor, "Le exige corte Rolls Royce", *Reforma,* 02 de mayo de 2017.

García, Juan Carlos, "Antes de dar *shows*, comprobante médico", *Reforma,* 16 de diciembre de 2017.

_____, "Bautizan al hijo de Luis Miguel", *Reforma,* 14 de julio de 2007.

Granados Chapa, Miguel Ángel, "Plaza Pública / El Siglo de los Alemán", *Reforma,* 25 de abril de 1999.

Hernández, Imanol, "Bendicen su unión", *Reforma,* 14 de septiembre de 2005.

_____, "La meta: el techo del Mundo", *Reforma,* 09 de diciembre de 2005.

BIBLIOGRAFÍA

Hernández, Luis, "Miguel Alemán Magnani cumple 55 años", *Reforma*, 23 de abril de 2021.

Jasso, Alejandro, "¿Luismi enamorado?", *Reforma*, 15 de marzo de 2018.

Leal, Guillermo, "Luismi es el rey. Enrique Ponce", *Reforma*, 16 de febrero de 2009.

López, José Joaquín, "Sucede hasta en las mejores familias", *Reforma*, 03 de julio 2005.

Navarro, Juan Manuel, "Luis Miguel: derroche de gala y energía", *Reforma*, 12 de marzo de 2000.

_____, "Después de su trabajo, Luismi se va a descansar", *Reforma*, 28 de febrero de 2000.

Nieto, Antonio, "Exige Potrillo a Luismi dls. 5 millones", *Reforma*, 24 de enero de 2017.

Notimex, "Embargan yate a Luis Miguel en Miami", *Reforma*, 19 de junio de 2017.

Orantes, Fidel, "Cumple Luismi, ahora sí, a fans mexicanos", *Reforma*, 21 de febrero de 2018

Redondo, Antonio, "De fiesta con 'el Canelo'", *Reforma*, 12 de mayo de 2017.

Reina, Elena, "Adeuda Luismi dls. 12 millones", *Reforma*, 19 de marzo de 2017.

Ruiz, Paula, "Mi boda será la del año. Palazuelos", *Reforma*, 18 de noviembre de 2003.

_____, "¿Cómo paga sus deudas?", *Reforma*, 16 de julio de 2018.

_____, "Se embolsa dls. 5 millones", *Reforma*, 23 de julio de 2018.

_____, "Luismi se cotiza al triple", *Reforma*, 14 de agosto de 2018.

_____, "¡Bremer VIP!", *Reforma*, 10 de abril de 2018.

_____, "'Nunca pensó que iba a vender todo'", *Reforma*, 17 de mayo de 2023.

_____, "¿Cómo paga sus deudas?", *Reforma*, 16 de julio de 2018.

_____, "Planean regreso de Luismi en 2023", *Reforma*, 22 de septiembre de 2022.

_____, "Promueve la mejor versión de Luismi", *Reforma*, 13 de octubre de 2018.

Ruiz, Paula y Alejandro Jasso, "Regia desvelada", *Reforma*, 16 de marzo de 2018.

Staff, "Así regresa 'el Sol'", *Reforma*, 07 de noviembre de 2017.

_____, "Resuelve Luismi otra demanda", *Reforma*, 10 de enero de 2018

_____, "Le llueve tupido a Luismi", *Reforma*, 27 de diciembre de 2017.

_____, "Dicen que Luismi ya bautizó a Miguelito", *Reforma*, 11 de julio de 2007.

_____, "Miguel Alemán Magnani: mecenas del entretenimiento nacional", *Reforma*, 09 de julio de 2021.

_____, "Los abogados de Miguel Alemán Magnani señalan que reside en Francia", *El País*, 13 de julio de 2021.

Sánchez Osorio, Nicolás, "La Crónica…", *Reforma*, 25 de mayo de 2002.

Santiago, Fabiola, "Revelará Luis Miguel su vida", *Reforma*, 21 de noviembre de 2016.

BIBLIOGRAFÍA

Zubieta, Rodolfo G., "Le cumple Luismi a Bremer", *Reforma*, 13 de abril de 2018.

Anexo Internacional

Bacino, Juan Pablo, "Todos los detalles de la lujosa estadía de Luis Miguel en Punta", *La Nación*, 23 de febrero de 2012.

Fizner Adler, Silvia, "Luis Miguel y su relación con la Argentina", *La Nación*, 2 de agosto de 2023.

Font, Consuelo, "Letizia vuelve a México, donde se estrenó como periodista", *El Mundo*, 26 de junio de 2015.

Gómez, Norma Angélica, "Recibe el Príncipe Alberto a Luis Miguel", *Reforma*, 02 de mayo de 1995.

_____, "Recibe Luis Miguel World Music Award", *Reforma*, 04 de mayo de 1995.

Moreno, Dolores, "Todos los detalles de la exclusiva gala de Luis Miguel", *La Nación*, 17 de octubre de 2012.

Navarro, Juan Manuel, "Principado tiene 'Rey'", *Reforma*, 07 de mayo de 1998.

_____, "El Príncipe lo premiará", *Reforma*, 17 de abril de 1998.

_____, "Quiere sorprender con su actuación", *Reforma*, 09 de octubre de 1997.

_____, "En España ya lo quieren", *Reforma*, 19 de julio de 1999.

Redacción, "Goza una noche con 'el Sol'", *Reforma*, 28 de noviembre de 2002.

_____, "Luis Miguel, mucha salsa y *show*", *Clarín*, 05 de noviembre de 1999.

Staff, "Todo sobre la reconciliación de Al Pacino y Lucila Polak", *La Nación,* 24 de octubre de 2012.

———, "Antes de hablar por Cadena, Cristina juntó a Luis Miguel con las Abuelas de Plaza de Mayo", *La Nación,* 22 de octubre de 2012.

———, "Luis Miguel ya está en Argentina", *La Nación,* 12 de octubre de 2012.

———, "Cristina intercambió regalos con Luis Miguel en la Casa Rosada", *La Capital,* 23 de octubre de 2012.

Revistas

González, Renata, "Así salvó Miguel Alemán Magnani la carrera de Luis Miguel", *Quién,* 8 de julio de 2021.
https://www.quien.com/espectaculos/2021/07/08/miguel-aleman-magnani-salvo-carrera-luis-miguel-aprehension

Magaña, Juan Manuel, "Los Pinos en días de incertidumbre y neoliberalismo", *Arquitectura y Obras,* 30 de diciembre de 2012.
http://www.obrasweb.mx/arquitectura/2012/12/29/los-pinos-en-dias-de-incertidumbre-y-neoliberalismo

Reyes, Laura, "Acapulco estrena parte del túnel más largo de México", *Expansión,* 17 de abril de 2017.
https://expansion.mx/nacional/2017/04/17/acapulco-estrena-parte-del-tunel-mas-largo-de-mexico

Roa, Erika, "El pasado oculto de Letizia de España", *Quién,* abril de 2004.

Sánchez, Ana Laura, "La espectacular boda de Mara Hank y Marc Moret", *Quién,* 22 de diciembre de 2006.

BIBLIOGRAFÍA

Villagrán, Mario, "La versión real sobre cómo logró Luis Miguel grabar en el Colegio Militar", *Quién,* 27 de mayo de 2018. https://www.quien.com/espectaculos/2018/05/27/la-version-real-sobre-como-logro-luis-miguel-grabar-en-el-colegio-militar?utm_source=internal&utm_medium=link-recommended

Artículos académicos y boletines

Boletín de prensa. "Guerrero es la entidad con mayor afectación en los delitos que impactan la percepción de seguridad", *Centro de Investigación para el Desarrollo A. C.,* 14 de mayo de 2013.

Boletín de prensa. "Ranking de las 50 ciudades más violentas del mundo 2013", *Consejo Ciudadano para la Seguridad Pública y la Justicia Penal A.C.,* 2013.

Piñeyro, José Luis, "Las fuerzas armadas en la transición política de México", *Revista Mexicana de Sociología,* vol. 59, núm. 1, enero-marzo, 1997, pp. 163-189.

Ramos, José María, "Estados Unidos – México: entre el conflicto y la cooperación gubernamental (1981-1990)", *Revista Mexicana de Política Exterior,* númNo. 30, pPrimavera 1991.

Documentos legales

Declaration of William Zysblat, Case 1:15-cv-02707-KBF Document 88, 11 de noviembre de 2015.

"Informe Trimestral Confidencial Correspondiente al Periodo Julio-Septiembre 1987", Embajada de México en Israel, Acervo Histórico Diplomático, 30 de Septiembre de 1987.

Joint Pretrial Order, Case 1:15-cv-02707-KBF Document 83, 11 de noviembre de 2015.

Solicitud electrónica de la Plataforma Nacional de Transparencia con Folio N° 120207223000003

Trial Statement of Plaintiff William Brockhaus, Case 1:15-cv-02707-KBF Document 85, 11 de noviembre de 2015.

Valdés, Raúl, Telex Ref: REM-81302 Embajada de México en Israel, Acervo Histórico Diplomático, 4 de diciembre de 1986.

Sitios web

https://rankiapro.com/en/marc-a-moret-founder-ceo-obnek-wealth-management-advisor-month/

https://www.womensbrainproject.com/team/mara-hank-moret/

https://enriquekrauze.com.mx/queda-salinas/

https://www.festivalacapulco.com/post/festival-acapulco-1991

https://www.enlacejudio.com/2018/02/24/judios-mexicanos-en-siglo-xxi-presente-pujante/

https://www.aap.com.au/factcheck/maverick-top-gun-stat-turns-out-to-be-a-real-goose/

Youtube

Los polémicos y grandes amigos de Andrés García
https://www.youtube.com/watch?v=F55i2V8NKHk&t=60s

Roberto Palazuelos y Jorge "el Burro" Van Rankin en *Pinky Promise*, T. 3-Ep. 7
https://www.youtube.com/watch?v=2A0tul1ON_A

BIBLIOGRAFÍA

Susana Giménez entrevista a Luis Miguel en su casa de Acapulco – Telefe – Año 1996
https://www.youtube.com/watch?v=BJ2QOuIvW30
Luis Miguel entrevista 360 Argentina 1993
https://www.youtube.com/watch?v=jl9tCeUbR24
Lanzamiento álbum *Luis Miguel* a nivel mundial desde Las Vegas, USA
https://www.youtube.com/watch?v=SYCounnxJOs
Luis Miguel entrevista Myrka Dellanos, Univisión, 2000
https://www.youtube.com/watch?v=tkEb5mBpyi0
Luis Miguel decepcionó a sus fans: lo abuchearon y decían que estaba ¡borracho o drogado!
https://www.youtube.com/watch?v=lv0KB_4fshM
Andrés García confesó que Luis Rey le pidió ayuda para asesinar a Marcella Basteri
https://www.youtube.com/watch?v=iK2NX6cyvns
Luis Rey le pidió a Arturo Durazo y a mí desaparecer a Marcella, mamá de Luis Miguel
https://www.youtube.com/watch?v=y1gu6Nu74e8
De Historia en Historia – El libro de Claudia de Icaza coincide con la serie de Luis Miguel
https://www.youtube.com/watch?v=5uY3674E8tk
Luis Miguel cantándole a Marcella
https://www.youtube.com/watch?v=XtvkvcUvs38
Show Luis Miguel Luna Park 1992 – Incluye discurso muy triste
https://www.youtube.com/watch?v=SLH-1ndHE0U
Luis Miguel con su mamá Marcella en el Luna Park, Argentina
https://www.youtube.com/watch?v=XDUrAmV5-lY

Luis Miguel – "La incondicional" (video oficial)
https://www.youtube.com/watch?v=wOjzo02Tmck
Luis Miguel y la "mafia del poder": su relación con Salinas
https://www.youtube.com/watch?v=R9UDnGfGflA
Luis Miguel – "Cuando calienta el sol" (video oficial)
https://www.youtube.com/watch?v=gTkJ-nP6pXY
Luis Miguel – "El día que me quieras" (video oficial)
https://www.youtube.com/watch?v=xk0O35bcIFc
Historia de B.C.: Centro Turístico Agua Caliente. Perspectivas de su expropiación
https://www.youtube.com/watch?v=hjBRr_z3OFA
Así fue la lujosa boda de Michelle Salas en Italia
https://www.youtube.com/watch?v=L9Rn2XJV544
Luis Miguel – "Soy Guerrero" – Acapulco video promocional
https://www.youtube.com/watch?v=MS7uoLJYi98
Luis Miguel – "Yo que no vivo sin ti" – (video oficial, 1987)
https://www.youtube.com/watch?v=3Bbeop2xiHo
Luis Miguel ¿ya saldó su deuda millonaria? | Suelta la Sopa | Entretenimiento
https://www.youtube.com/watch?v=AGTp1uBASoY
Luis Miguel cancela concierto en Mérida, Parte 1
https://www.youtube.com/watch?v=--1gDT3Zqkw
Luis Miguel cancela concierto en Mérida, Parte 2
https://www.youtube.com/watch?v=xyvIa7koQN4
Luis Miguel cancela abruptamente concierto en el Auditorio Nacional
https://www.youtube.com/watch?v=9D5ELyNr8Kc